정신과 의사가 붓다에게 배운
마음치료 이야기

정신과 의사가 붓다에게 배운
마음치료 이야기

당신의 불안한 마음에 대한 정신의학적 지침서

정신과 전문의 **전현수** 지음

불광출판사

▶ **일러두기**

이 책에 인용된 경전 중 『앙굿따라 니까야』와 『디가 니까야』 그리고 『청정도론』은 초기불전연구소의 대림 스님과 각묵 스님이 번역한 것이고, 『맛지마 니까야』와 『쌍윳따 니까야』는 한국빠알리성전협회의 전재성 선생님이 번역한 것입니다.

전재를 허락해 주신 대림 스님, 각묵 스님 그리고 전재성 선생님께 감사드립니다.

◆ 들어가는 말 ◆

붓다에게 배운
마음 치료 이야기를 시작하며

이 책은 정신과 의사로서 정신치료를 전문으로 하는 내가 불교를 수행하고 공부하는 과정에서 이해하고 터득한 것을 적은 것입니다. 현실을 있는 그대로 보고 현실에 맞게 살아갈 때 우리는 세상을 행복하게 살 수 있습니다. 현실을 있는 그대로 본다는 것은 세상이 어떻게 돌아가는지 아는 것과 자기 자신의 마음 그리고 다른 사람의 마음을 있는 그대로 아는 것입니다. 있는 그대로 아는 것은 아주 어렵습니다. 다만 있는 그대로 보려고 노력하는 것입니다.

불교는 세상을 있는 그대로 보고 순리대로 살아가라고 가르칩니다. 불교에는 붓다라는 위대한 인물이 목숨을 건 수행 끝에 깨달은 인간과 세상에 대한 지혜가 들어 있습니다. 붓다는 사물의 본질만 꿰뚫은 것이 아니라 일상사에도 아주 능통했습니다. 그래서 불교에는 세상을 살아가는 데 필요한 지혜가 풍부합니다. 보통의 사람은, 우리의 몸과 마음 그리고 세상에 대해, 있는 그대로 보지 못하기 때문에 우리의 몸과 마음 그리고 세상에 대해, 자기가 원하는 것을 추구하다가 자기가 생각했던 것과는 다른 결과에 부딪혀 고통을 겪습니다. 불교적 지혜를 수행이나 공부를 통해 체득할 수 있다면, 살아가면서 훨씬 편안하고, 하는 일에서 성공할 수 있고, 더 행복해질 수 있다고 나는 생각합니다.

불교뿐만 아니라 다른 종교에도 우리가 세상을 바로 보고 살아가는 데 힘이 되게 하는 요소가 있다고 생각합니다. 이런 생각을 하게 된 계기는 '수도와 정신치료'라는 제목의 학술대회를 참가하면서부터였습니다. 이 학술대회는 불교, 유교, 노장사상, 기독교, 힌두교, 이슬람교의 성직자나 학자, 연구자가 먼저 그 종교의 교리와 수행에 대해 발표를 하면 그 발표에 대해 그 종교에 대해서 잘 아는 정신치료자가 토론을 하는 방식으로 진행이 되었습니다. 나는 불교 쪽의 토론자로 참여했습니다. 한 자리에서 이 세상의 모든 종교가 어떻다 하는 것을 알 수 있는 좋은 시간이었습니다. 각 종교의 전문가가 발표하는 것을 보고 알게 된 것은 모든 종교가 공통점을 가지고 있다는 것이었습니다. 내가 이해하기로는 모든 종교는 두 가지 공통점을 갖고 있었습니다. 하나는 자신의 마음을 정화하라는 것이고 다른 하나는 남을 도우라는 것입니다.

이러한 사실을 알고 난 뒤 느낀 점은 어느 종교든지 제대로 믿는 사람은 인격자고 좋은 이웃이라는 것이었습니다. 어떤 종교인이 잘못하면 그것은 그 종교를 믿는 사람의 문제지, 종교 자체가 문제는 아니라는 것을 알았습니다.

내가 불교의 지혜를 추구하게 된 계기는 개인적인 경험에 근거합니다. 나는 정신과 전공의 시절에 불교를 만났습니다. 그러고 나서 세상의 이치를 알게 되었습니다. 인생이 편안해졌고 살아가는 데 큰 도움이 되었습니다. 내가 불교로부터 도움을 받았듯이 사람들도 불교로부터 도움을 받는다면 사람들의 정신적 문제를 해결하는 데 도움이 될 것이라는 확신이 들었습니다.

이때부터 불교의 지혜를 활용해 사람들의 정신적 문제를 해결하는 데 관심을 가지게 되었습니다. 불교를 본격적으로 공부하기 시작한 것이 1985년이니 25년의 세월이 흘렀습니다. 그동안 불교와 정신치료 두 분야를 공부하고 경험한 것이 이 책에 담겨 있습니다.

불교수행을 통해 어떤 것을 경험하면, 그 경험이 나에게 미친 영향을 검토하고, 도움이 되었다면 그 경험이 보편적인 것인지를 내 나름대로 검토합니다. 그래서 보편적인 경험이라고 판단되면 그것을 불교 용어가 아닌 일반적이고 보편적인 언어를 써서 사람들의 정신적 문제를 치유하는 데 활용합니다. 이러한 경험을 모은 것이 이 책입니다. 이 책에는 정신치료자로서의 경험과 불교 수행자 내지 공부하는 사람으로서 내 경험이 사람들의 정신적인 문제를 치유하는 데 어떻게 활용할 수 있는지에 대한 내용이 들어 있습니다.

1장에는 우리가 살아가면서 알고 있으면 우리도 행복하고 주위 사람도 행복하게 해 줄 수 있고, 우리 마음을 다스리는 데 도움이 되는 공감, 전이, 초심에 대한 내용이 들어 있습니다.

2장에는 내가 수행을 통해서 알게 되어 사람들의 정신적 문제를 치유하는 데 활용하는 세상의 이치, 몸과 마음의 본질과 상호관계, 후회의 본질, 명상의 본질과 이득이 담겨 있습니다.

3장에는 우리가 살아가면서 겪게 되는 여러 가지 문제들, 예를 들면 불안, 정신적·신체적 고통, 불면증, 자살의 위험성, 이성에 대한 욕망 등을 극복하는 구체적인 방법을 제시하고 또한 치유에 꿈을 활용하는 것과 최면을 통해 떠올린 기억과 정신의학적으로 본 윤회에 대해 고찰하고 있습니다.

4장에는 불교에서는 우리 존재를 어떻게 보고 어떤 해결책을 제시하는지, 붓다가 제시하는 여섯 가지 단계적인 가르침과 그 정신치료적인 유용성, 불교경전에 나와 있는 번뇌 해결 방법, 인간관계의 지혜를 담아 보았습니다.

마지막으로 에필로그에는 바쁜 일상 속에서 어떻게 수행할 수 있는지 그 방법을 모색해 보았습니다.

정신치료와 불교, 두 분야 다 경험이 중요하기 때문에 충분한 경험을 하는 데 많은 시간과 노력이 듭니다. 각기 두 분야를 충분히 경험하였더라도 사람들의 정신적인 문제를 해결하는 데 효과적인 융합 모델을 만드는 것은 쉬운 일이 아닙니다. 그래서 같은 관심을 가진 불교, 심리학, 정신의학계의 전문가들과 같이 2003년 공부 모임을 만들어 같이 공부도 하고 머리를 맞대고 의논도 하며 많은 도움을 받았습니다. 그러다가 2007년에는 그동안 같이 공부한 사람들을 중심으로 한국불교심리치료학회를 만들어 불교적 지혜를 심리치료에 활용하기 위한 토대를 닦고 있습니다.

이만큼이라도 경험할 수 있기까지 많은 사람의 도움이 있었습니다. 무엇보다도 좋은 도반인 아내의 이해가 큰 힘이 되었습니다. 불교심리치료의 확립이라는 어려운 길에서 같이 공부하고 의견을 나누고 힘이 되어준 윤호균 선생님, 미산 스님, 김재성 선생님, 서동혁 선생님, 그리고 한국불교심리치료학회 운영위원들과 주기원 선생을 비롯한 간사 여러분에게 고마움을 표합니다. 그리고 불교적 지혜라는 새로운 분야가 가미된 나의 이 작업을 같이 나눈 환자분들에게도 고마움을 표합니다. 특히 다른 사람을 돕는 일이라면 자신의 사례를 발표하라고 기꺼이 허락한 환자분에게 감사를 드립니다.

그리고 번역하신 불교경전의 인용을 흔쾌히 허락해 주신 초기불전연구원의 대림 스님, 각묵 스님, 그리고 한국빠알리성전협회 전재성 박사님에게 깊이 감사드립니다.

이 책의 출판을 결정해 준 불광출판사의 류지호 주간과 원고를 보기 좋고 읽기 좋게 만드는 데 큰 힘을 쓴 이상근 팀장 그리고 편집부 식구들 모두에게 고마움을 표현합니다.

끝으로 여기에 언급은 안 했지만 여러 가지로 조언하고 도움을 주신 분들께 고마움을 표합니다.

2010년 4월
전현수

| 차례 |

◆ 들어가는 말 _005

1장 마음 열기 - 공감, 전이, 초심

1-1 공감 · 017
경험하는 자아와 관찰하는 자아 | 정서지능
앙굴리마라 이야기 | 공감 훈련

1-2 전이(轉移) · 030
긍정적 전이와 부정적 전이 | 돌부처 이야기 | '포기하지 마십시오'

1-3 초심(初心) · 037
흔들리는 마음의 마지막 비상구, 초심

2장 마음 알기 - 명상을 통한 순간 집중과 효과

2-1 '세상의 이치'라고 부르는 것 · 045
우리는 '나'인 동시에 '남'이다 | '나'만 있는 것이 아니라 무수한 '나'가 있다
익숙한 것에서 멀어지기 | 인간관계를 변화시키는 '세상의 이치'

2-2 현재(순간) 집중을 통한 생각 다스리기 · 059

스스로 자기를 보게 하는 치료 | 현재를 힘들게 하는 과거로 간 마음
미래를 고민하는 것 역시 현재를 힘들게 한다 | 마음의 길이 나는 이유
마음을 현재에 집중하는 기술 | 마음을 돌려 생각을 다스리기

2-3 후회의 본질 · 089

생각은 하는 것이 아니라 일어나는 것 | 후회를 보는 다른 시선

2-4 명상의 열한 가지 이득 · 098

고통의 원인은 지나간 과거에 대한 후회, 오지 않은 미래에 대한 걱정

3장 마음 다루기 — 현재(순간) 집중을 통한 마음과 몸의 치료

3-1 불안의 발생과 극복 · 109

불안의 본질은 집착 | 프로이트가 말한 불안 | 붓다가 말한 불안에 대한 가르침

3-2 자살하는 사람의 심리와 도와주는 법 · 121

자살의 심리학 | 불교에서 보는 자살

3-3 이성에 대한 욕망을 다스리는 법 · 133

이성에 대한 욕망을 다스린 붓다의 제자들 이야기
있는 그대로 보는 것이 욕망을 없애는 길

3-4 불면증을 다스리는 법 · 143
잠은 조건이 될 때 찾아온다 | 불면증의 자연 보조제, 바디 스캔

3-5 몸과 마음의 치유는 '관찰'로부터 시작된다 · 154
신체의 고통 관찰하기 | 정신적 고통 관찰하기 | '지켜보는 것'으로 치료가 된 환자

3-6 몸이 아프다고 마음도 꼭 아파야 하는 것은 아니다 · 161
몸이 아플 때 화를 내는 것은 아픈 몸에 화살을 한 대 더 맞는 것
몸과 마음의 본질을 알면 더 이상 아프지 않다

3-7 자애명상으로 분노를 다스린다 · 171
'화'의 지속기간은 90초 | 분노에 특효약 자애명상 | 자애명상의 구체적 방법

3-8 다르다는 걸 인정하면 더욱 행복해지는 부부관계 · 182
부부, 각자 다르다는 걸 아는 것이 일심동체 | 부부가 마음을 맞춰가는 3단계

3-9 꿈을 통한 마음 치유 · 191
붓다의 꿈 해석

3-10 정신의학에서 보는 윤회 · 199
전생을 기억하는 사람들 | 최면상태에서 전생을 기억하는 사람들
전생에 대한 기억은 실재일까? | 전생 경험은 수행을 통해서 해야

4장 마음 나누기 - 내가 붓다에게 배운 마음 치료

4-1 붓다는 실제로 어떤 분인가? · 215
붓다는 탁월한 치료자 | 붓다의 일상이 주는 감동

4-2 붓다가 말한 우리의 존재와 상황 그리고 해결책 · 225
몸이 우리의 말을 듣고 있다고 생각하는 것은 착각 | 팔정도, 윤회에서 벗어나는 길

4-3 붓다의 단계적 가르침과 그 가르침의 정신치료적 유용성 · 237
단계적인 수행을 말한 붓다 | 붓다가 말한 여섯 단계

4-4 붓다가 말한 번뇌를 해결하는 다섯 단계의 가르침 · 252
번뇌는 나의 적

4-5 붓다에게 들어보는 인간관계의 지혜 · 258
말해야 할 것과 말하지 말아야 할 것 | 진실한 말과 적절한 때
칭찬과 비방을 받을 때 | 잘못을 지적한 자와 잘못을 지적받은 자의 태도

◆ **에필로그** : 내가 '지금', '여기에서' 무엇을 하고 있는지 아는 것이 중요합니다 _270

1 마음 열기

— 공감, 전이, 초심

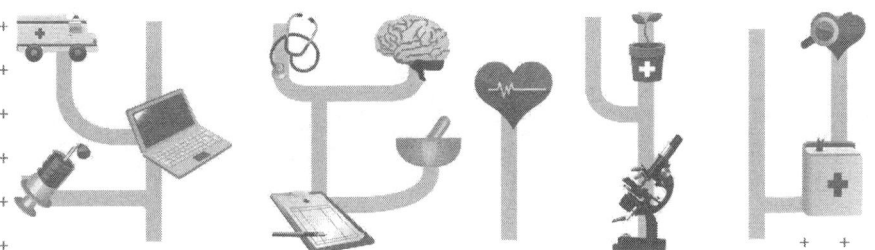

공감은 한마디로 정의한다면 자신을 멈추고 상대방의 마음속으로 들어가서 상대방의 마음에서 일어나는 일을 아는 것입니다. 공감은 동정과는 다릅니다. 동정은 나를 유지하면서 상대의 안 좋은 처지에 대해 '안됐다' 하고 생각하는 것입니다. 그러나 공감은 상대방이 느끼는 그대로 느껴 보려고 하는 것입니다.

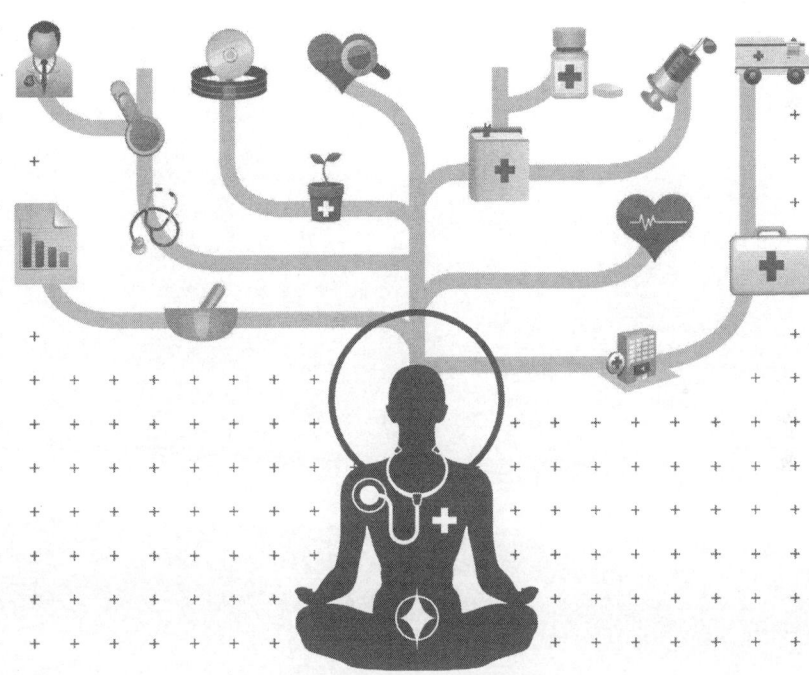

1-1

공감 共感

정신치료를 하는 정신과 의사로 생활하면서 알게 된 것 중에 가장 소중한 것은 공감이었습니다. 공감은 정신치료에서 가장 필수적인 요소입니다. 물론 치료자가 환자에게 하는 공감을 말합니다.

정신치료에는 많은 종류가 있습니다. 정신분석을 창시해 현대적이고 과학적인 정신치료를 가능하게 한 지그문트 프로이트(Sigmund Freud) 이후 많은 정신치료 학파가 나타났습니다. 칼 구스타브 융(Carl Gustav Jung)의 분석심리학, 프릿츠 펄스(Fritz Perls)의 게슈탈트 치료, 행동치료, 인지치료, 의미치료, 인본주의 치료, 도(道) 정신치료 그리고 최근의 마음챙김 정신치료에 이르기까지 수없이 많은 정신치료의 형태가 있고 앞으로도 많은 정신치료 방법이 새로 생길 것입니다.

이렇게 많은 정신치료가 있어 각기 다양한 방법이 사용되지만 모든 정신치료에는 공통되는 것이 있습니다. 그 중에서도 가장 공통되는 것은 어떤 방법을 쓰는 정신치료자든 환자에 대해서 공감을 하려고 한다는 것입니다. 치료자가 공감 능력을 갖추는 것은 치료 능력을 갖추는 것과 같습니다. 칼 로저스(Carl R. Rogers)라고 하는 미국의 저명한 심리치료자가 어떤 심리치료가 효능이 있는지 연구했습니다. 그는 다음의 세 가지를 갖추고 있는 치료자의 심리치료가 효능이 있다는 것을 밝혀냈습니다. 그것은 바로 '공감적인 이해', '무조건적인 수용', '진실성'입니다. 여기서도 보듯이 성공적인 치료에 공감은 필수입니다.

공감은 한마디로 정의한다면 자신을 멈추고 상대방의 마음속으로 들어가서 상대방의 마음속에서 일어나는 일을 아는 것입니다. 영어로는 'put oneself into another's shoes'라고 합니다. 말하자면 남의 신을 신고 먼 거리를 가는 것입니다. 공감은 동정과는 다릅니다. 동정은 나를 유지하면서 상대의 안 좋은 처지에 대해 '안 됐다' 하고 생각하는 것입니다. 그러나 공감은 상대방이 느끼는 그대로 느껴 보려고 하는 것입니다.

실제로 공감을 해 보려고 하면 쉽지 않다는 것을 알게 됩니다. 남의 마음은 우리의 마음이 아니기 때문에 알 수 없습니다. 다만 알려고 노력할 뿐입니다. 우리는 남에 대해 추측하고 판단하고 선입견을 갖습니다. 그러나 공감을 하려고 노력해 보면 우리가 남을 있는 그대로 안다는 것이 거의 불가능하다는 사실을 알게 됩니다.

남은 우리가 들어갈 수 없는 거대한 세계라는 것을 알게 되면 남이라는 거대한 세계에 대한 존중이 생깁니다. 그래서 남에 대한 선입견, 추측, 판단을 내려놓게 됩니다. 그러고는 남을 유심히 보게 되고, 남이 하는 말을 귀 기울여 듣게 됩니다. 우리의 표정이나 말, 행동은 마음에서 나온 것입니다. 말이나 표정, 행동을 따라가면 마음에 도달하게 됩니다. 그래서 사람의 말이나 표정, 행동은 그 사람의 마음을 아는 데 중요한 자료가 됩니다.

공감은 훈련입니다. 모든 훈련이 그렇듯이 훈련하는 데 시간이 필요합니다. 공감은 사람을 이해하는 지름길이라고 볼 수 있습니다. 추측이나 판단보다 시간이 많이 걸리지만 확실합니다. 추측이나 판단은 자칫하면 모래성이 될 수 있지만 공감을 통해 쌓아 올린 사람에 대한 이해는 견고한 성이 됩니다.

경험하는 자아와 관찰하는 자아

정신치료자는 공감을 통해 환자를 이해합니다. 치료자는 환자에게 항상 질문을 합니다. 질문을 통해 환자가 자신에게 있었던 일을 있는 그대로 말할 수 있게 합니다. 시간이 지날수록 환자에 대한 이해가 쌓입니다. 또 환자도 치료자가 하는 질문에 대답하여 자신의 이야기를 하면서 자기가 경험하면서도 깨닫지 못한 것을 깨닫기도 합니다. 환자들은 가끔 "왜 이걸 몰랐지요.", "아, 이렇게도 생각해 볼 수 있네요." 하는 말을 합니다.

치료시간에 하는 치료자의 질문은 환자로 하여금 중요한 것을 보게끔 하는 질문입니다. 환자는 자신이 중요한 경험을 해놓고도 그 의미를 모르는 경우가 있습니다. 그때 질문을 통해 그것을 보게 합니다. 그리고 환자는 치료자의 질문에 대답하면서 자신을 보게 됩니다. 자신을 보는 훈련을 합니다. 자신을 보는 훈련이 잘되면 남이 나를 객관적으로 보듯이 내가 나를 객관적으로 보게 됩니다.

정신분석이론에 의하면 자아에는 두 종류가 있습니다. 경험하는 자아와 관찰하는 자아입니다. 밥을 먹으면 그것은 경험하는 자아입니다. 밥을 먹으면서 먹는 행위를 관찰하면 그때 관찰하는 자아가 작동하는 것입니다. 관찰하는 자아가 작동하면, 행위를 하면서 잘못된 것을 수정하는 것이 가능합니다. 예를 들면 말을 할 때 관찰적 자아가 작용하면 말을 잘못 할 때 고치는 것이 가능합니다. 이런 측면에서 보면 정신치료는 관찰적 자아를 발달시키는 과정입니다. 명상을 해도 관찰적 자아가 발달합니다.

정신치료에서 공감을 중요시하는 이유는, 공감이 정신불건강과 정신적인 문제 그리고 정신장애의 발생과 치료에 중요한 역할을 한다고 보기 때문입니다. 예를 들어 부모나 중요한 사람이 아이에게 공감을 하지 못할 때 정신적인 문제가 생기고 치료자가 환자에게 공감을 함으로써 치료가 된다고 봅니다.

환자는 치료자로부터 이해받고 있다고 느낄 때 자신의 속마음을 털어놓습니다. 치료자가 자신의 마음을 있는 그대로 안다고 환자가 느낄 때, 이해받는다는 느낌을 받습니다. 환자의 마음을 있는 그대로 아는 길이 공감입니다. 치료자는 공감을 통해서 추측이나 판단을 하지 않고 환자의 마음을 있는 그대로 압니다. 치료자를 믿고 속마음을 털어놓는 것 자체가 치료입니다. 괴로운 일이 있는데 아무에게도 말 못하고 속으로 끙끙 앓다보니 가슴은 답답하고 소화도 안 되고 온몸이 아프던 사람이 진료실에 와서 자신의 고민을 시원하게 탁 털어 놓고 나서는 가슴 답답하던 것도 풀리고 속도 뚫리고 몸이 가뿐해지는 것을 많이 봤습니다.

정서지능

공감의 중요성을 밝힌 것은 정신치료가 세상에 한 기여 중에 아주 중요한 것입니다. 그런데 공감은 치료실에서만 중요한 것이 아닙니다. 모든 인간관계에서도 중요합니다. 우리의 행불행과 성공, 실패가 인간관계에 달렸다고 해도 과언이 아닙니다. 그렇게 중요한 인간관계의 열쇠가 되는 것이 공감입니다. 공감의 중요성을 밝힌 연구와 저서가 있어 소개하겠습니다.

미국의 다니엘 골먼(Daniel Goleman)이라는 사람이 1995년에 쓴 『정서지능(Emotional Intelligence)』(국내에는 『EQ 감성지능』이라는 제목으로 번역됨)이라는 책이 바로 그 책입니다. 이 책에서 다니엘 골먼은 EQ라는 용어를 만들었고 지금은 EQ를 모르는 사람이 없을 정도로 널리 알려져 있습니다. 이 책은 주로 1960년대부터 1990년대 초반까지 했던 실험과 연구를 종합하여 쓴 것입니다. 무엇이 공부를 잘하게 하고 인생에서 성공하게 하며 사람을 행복하게 하는지에 대해서 많은 실험과 연구가 있었습니다.

EQ 연구의 중요한 한 축을 이루고 있는 것은 공감에 대한 연구입니다. 학생들, 회사원 그리고 결혼생활을 하는 많은 사람을 대상으로 어떤 사람이 성공하고 행복한지를 관찰했습니다. 연구 결과 성공과 행복에 공감이 중요한 역할을 한다는 것이 밝혀졌습니다.

누가 성공하고 행복한지를 알아보려고 시행한 많은 실험과 연구의 결과를 종합해 볼 때 EQ에서 가장 중요한 요소는 자기절제와 타인에 대한 공감 능력이었습니다. 얼마만큼 자기 자신이 하고 싶은 욕망과 충동을 참고 뒤로 미룰 수 있느냐 하는 자기절제와 인간관계에서 다른 사람의 마음을 잘 헤아릴 수 있는 공감 능력이 EQ의 핵심이었습니다. 그래서 자기절제가 잘 되고 상대방에 대해서 공감이 잘 되면 EQ가 높은 것입니다.

공감 능력이 좋은 아이들이 친구들 사이에서 가장 인기가 있었고 선생님에게 호감도 받으며 학업성적도 뛰어났습니다. 공감은 인간관계의 근본이 됩니다. 왜냐하면 상대방의 마음이 어떠한지 잘 모르면 그 사람과 잘 통할 수 없고 진정한 인간관계를 잘 맺을 수 없기 때문입니다.

얼마 전 한 신문의 칼럼에서 '21세기의 문맹은 공감이 안 되는 것이다'라는 내용의 글을 읽었습니다. 공감의 중요성이 알려지는 것을 보고 반가웠습니다. 공감은 힘든 세상을 살아가는 데 좋은 친구와 같은 것입니다. 우리를 즐겁게 하는 것도 사람이고 힘들게 하는 것도 사람입니다.

나를 포함한 모든 사람이 행복은 추구하고 고통은 피하려고 합니다.

공감을 통해 사람들이 뭘 추구하고 뭘 피하려는지 정확히 알고 난 뒤 사람들과 호흡을 맞추면 편하고 행복하게 살 수 있습니다. 마치 스텝이 잘 맞는 춤처럼 추기도 쉽고 보기도 좋습니다.

우리는 상대를 잘 모를 때, 특히 상대가 셀 때 두려움에서 방어적이 되기 쉽습니다. 공감을 통해 상대를 있는 그대로 알 때 두려움이 없어집니다. 사람은 누구나 두려워하는 것이 있습니다. 그 두려워하는 것을 가지고 그 사람과 만날 수 있습니다. 상대를 잘 모르고 두려움에서 나온 말이나 행동이 상대를 자극하여 위험합니다. 어떤 사람이든지 존중하고 자극하지 않으면 위험하지 않습니다. 공감을 통해 상대를 잘 파악하면 상대를 섣불리 자극하지 않습니다.

앙굴리마라 이야기

아무리 힘든 대상도 파고 들어갈 빈틈이 있습니다. 붓다가 그 당시 수백 명을 죽인 살인자 앙굴리마라를 찾아가 교화한 것을 보면 그것을 알 수 있습니다. 『앙굴리마라의 경』(맛지마 니까야 제3권 492~496쪽)에 보면 붓다 당시에 꼬살라 국에 앙굴리마라라는 살인자가 있었습니다. 그는 잘못된 종교적 신념으로 사람을 죽여 죽은 사람의 손가락으로 화환을 만들었습니다. 앙굴리마라라는 이름도 손가락으로 만든 화환이라는 뜻입니다.

나라에 지금으로 치면 계엄령이 내렸지만 속수무책이었습니다. 사람들은 벌벌 떨었고 앙굴리마라가 있는 곳에서는 낮에도 수십 명씩 무리를 지어서 거리를 지나곤 했습니다. 경전의 주석서에 의하면 앙굴리마라는 목표하는 천 개의 손가락 중 999개의 손가락을 얻고 난 뒤 마지막 손가락 하나를 채우기 위해 자신의 어머니를 살해하기로 되어 있었습니다.

그때 붓다가 탁발을 마치고 식사를 한 후에 앙굴리마라가 있는 곳으로 찾아갑니다. 그것을 보고 사람들이 "수행자여, 이 길로 가지 마십시오. 이 길에는 앙굴리마라라는 살인자가 있습니다. 그는 잔인하여 손에 피를 묻히고 살육을 일삼고 생명에 대한 자비가 없습니다. 그는 마을과 도시와 지방을 황폐하게 만듭니다. 그는 사람을 죽여서 손가락으로 화환을 만들고 있습니다. 수행자여, 이 길을 열 사람, 스무 사람, 서른 사람, 마흔 사람, 쉰 사람이 모여서 가도, 오히려 그들은 살인자인 앙굴리마라의 손아귀에 놓일 것입니다."라고 말했습니다. 그러나 붓다는 묵묵히 앞으로 나아갔습니다.

앙굴리마라는 붓다가 멀리서 오고 있는 것을 보았습니다. 붓다를 보면서 다음과 같이 생각했습니다. '참으로 놀라운 일이다. 참으로 이전에 없었던 일이다. 이 길을 열 사람, 스무 사람, 서른 사람, 마흔 사람, 쉰 사람이 모이고 모여서 가도, 오히려 그들은 나의 손아귀에 놓인다. 그런데 이 수행자는 혼자서 동료도 없이, 생각컨대 운명에 이끌린 듯이 오고 있다. 내가 어찌 이 수행자의 목숨을 빼앗지 않겠는가.'

앙굴리마라는 칼과 방패를 잡고 활과 화살을 메고 붓다를 바싹 쫓아갔습니다. 그때 붓다는 신통력을 발휘하여 앙굴리마라가 온 힘을 다해 달려도 보통걸음으로 걷고 있는 붓다를 따라잡을 수 없게 하였습니다.

그래서 앙굴리마라에게 다음과 같은 생각이 들었습니다. '참으로 놀라운 일이다. 참으로 이전에 없었던 일이다. 나는 일찍이 질주하는 코끼리를 따라잡을 수 있었다. 나는 일찍이 질주하는 말을 따라잡을 수 있었다. 나는 일찍이 질주하는 수레를 따라잡을 수 있었다. 그런데 온 힘을 다해 달려도 보통걸음으로 걷고 있는 이 수행자를 따라 잡을 수 없다.'

그는 멈추어서 붓다에게 다음과 같이 말했습니다. "수행자여, 멈추어라. 수행자여, 멈추어라." 이에 붓다는 "앙굴리마라여, 나는 멈추었다. 너도 멈추어라."고 답했습니다.

그러자 앙굴리마라는 다음과 같이 생각했습니다. '이 수행자는 석가족의 아들로 진실을 말하고 진실을 주장하는 자다. 그런데 이 수행자는 자신은 걸으면서 〈나는 멈추었다. 앙굴리마라여, 너도 멈추어라.〉라고 말한다. 내가 이 수행자에게 그것에 대하여 물어보면 어떨까.'

그래서 앙굴리마라는 붓다에게 시로써 다음과 같이 물었습니다. "수행자여, 그대는 가면서 '나는 멈추었다'고 말하고 멈춘 나에게 '그대도 멈추어라'고 말한다. 수행자여, 나는 그대에게 그 의미를 묻는다. 어찌하여 그대는 멈추었고 나는 멈추지 않았는가."

"앙굴리마라여, 나는 언제나 일체의 살아있는 존재에 폭력을 멈추고 있다. 그러나 그대는 살아있는 생명에 자제함이 없다. 그러므로 나는 멈추었고 그대는 멈추지 않았다."

이 말을 듣고 앙굴리마라는 "오, 드디어 이 수행자가 위대한 선인으로 나를 위해 이 커다란 숲에 나타나셨네. 나에게 진리를 가르쳐 준 그대의 시를 듣고 나는 참으로 영원히 악함을 버렸습니다."라고 말했습니다. 그러고는 붓다에게 귀의하여 제자가 되었습니다.

공감 훈련

앞의 경에서 전개된 상황은 극단적이지만 아무리 힘든 대상도 파고들어갈 빈틈이 있다는 교훈을 찾을 수 있습니다. 우리가 살아가면서 우리로서는 감당하기 힘든 사람과 부딪칠 때 두려워서 피하거나 방어적이 되어 상대를 자극하기보다는, 비록 입장은 다르지만 상대를 존중하고 자극하지 않고 상대와 공존할 수 있는 부분을 찾는다면 상대와 같이 할 수 있는 부분을 찾을 수도 있을 것입니다.

그러면 이렇게 중요한 공감을 어떻게 훈련할 것인가에 대해 생각해 보겠습니다. 나의 경우는 처음 정신치료자가 되기 위해 교육 분석을 받을 때부터 공감의 중요성을 알았습니다. 그래서 그때부터 공감 훈련을 했습니다. 지하철을 타면 앞에 앉은, 모르는 사람의 마음속에서 무엇이 일어나고 있을까 하고 지켜보려고 했습니다. 나를 멈추고 그 사람이 되어보려고 노력했습니다. 그 사람이 짓는 표정이 있으면 거기에 마음이 묻어져 있다고 보고 그 마음이 되어보려고 노력했습니다. 지하철뿐만 아니라 어디서든 사람을 보면 그렇게 했습니다. 당연히 진료실에서도 그랬습니다. 진료실에서는 환자의 마음에서 일어나는 것에 대한 확실한 정보를 하나하나 모을 수 있었습니다.

이런 공감 훈련을 통해 사람을 대하면 그 사람 마음속에서 일어나는

일을 정확히 알지는 모르지만 그 사람에 대해 선입관을 가지고 추측하고 판단하는 것은 하지 않습니다. 무슨 말이라도 그 사람이 자신의 마음을 이야기하면 그것을 소중히 하고 자세히 듣습니다. 그 사람의 마음에서 하는 소리를 들으려고 온 신경이 다 가 있기도 합니다. 그 사람의 마음에서 나온 것은 표정이든 말이든 행동이든 놓치지 않으려고 애씁니다. 그래서 어떤 사람이 한 말이든 잘 기억하게 됩니다. 사람의 마음을 알 준비가 되어 있기 때문에 사람을 있는 그대로 파악하는 것이 빠릅니다.

사람을 만날 때 사회적 직위나 위치나 은연중에 가지는 선입견보다는 그 사람의 마음과 만납니다. 예를 들어 종교 지도자나 지위가 높은 사람을 만날 때 그런 지위나 지위에 대해 가지는 기대심리보다는 지금 이 자리에서 만나는 그 사람의 마음과 만나게 됩니다. 누구를 만나든 당당해지고 의미 있는 시간이 되게 합니다.

공감에 기반을 둔 인간관계는 남에게 상처를 주지 않습니다. 그런 만큼 갈등이 적습니다. 인간관계에서 억지를 부리지 않습니다. 그리고 겸손해집니다. 우리는 우리가 알고 있다고 생각할 때 자만에 빠집니다. 누구를 봐도 무엇을 봐도 우리는 모릅니다. 그래서 알려고 할 뿐입니다. 이런 마음을 가지면 자연히 겸손해지고 누구를 봐도 존중하는 마음이 듭니다. 사람과의 갈등과 충돌이 줄게 됩니다.

이런 훈련을 자꾸 하면 이런 쪽으로 우리 속에 시스템이 생깁니다. 그런 쪽으로 감각이 발달하게 됩니다. 공감 능력이 생기면 생길수록 살아가면서 편해지고 행복해지고 주위 사람들의 호응을 얻어 성공할 수 있습니다. 세상을 살아가는 데 큰 재산이 됩니다.

우리가 공감의 중요성을 알고 훈련하여 어느 정도 우리 것이 되면 가족이나 주위 사람에게 알리도록 해야 합니다. 그래야 우리는 좀 더 나은 사회 속에서 살게 됩니다.

자식에게 공감을 가르쳐 주는 경우를 보겠습니다. 먼저 부모가 아이에게 공감하고 공감적 반응이 쌓이면 아이는 자연스럽게 공감에 대해 익숙하게 됩니다.

때로는 다른 사람의 감정이 어떠할 것인지 물어보고 그것을 헤아리도록 하고 그것에 대해 같이 이야기합니다. 필요한 경우 부모가 대상이 되어 아이에게 부모의 마음이 어떤지 물어보게 하고 직접 그 답을 아이에게 해 주면 아이의 공감을 확인할 수 있는 기회가 됩니다. 애완동물이나 심지어는 식물이 어떤 상태인지에 대해 공감하려는 노력을 아이와 같이 학교공부 하듯이 한다면 공감 능력이 크게 향상될 수도 있습니다. 공감 능력은 노력으로 얼마든지 개발될 수 있습니다.

지금도 그렇지만 과학기술의 발달로 교통수단이 발달하여 세계는 이제 왕래가 잦아지고 서로 만날 일이 많습니다. 어떤 의미에서는 이제 우리는 세계시민입니다. 다른 나라의 문화를 이해해야 합니다. 문화까지 공감해야 합니다. 다른 나라와 공감하지 않고 서로를 이해 못할 경우, 가족이나 이웃, 직장동료 사이에 생길 수 있는 갈등이나 분쟁보다 그 영향이 훨씬 클 수 있습니다. 티베트 망명정부의 정치적·종교적 지도자이고 노벨 평화상 수상자인 달라이 라마와 심리학자, 과학자와의 대화를 주관하는 단체인 '마음과 생명연구소(The Mind and Life Institute)'에서 2009년 10월 미국 워싱턴에서 진행한 학술대회 주제도 '세계 시민을 어떻게 공감 능력과 자비심이 있는 사람으로 교육할 것인가'였습니다.

그 어느 때보다도 공감이 중요한 때입니다. 그래서 '21세기의 문맹은 공감이 안 되는 것이다'라는 말까지 나왔다고 봅니다. 개인적으로나 사회적으로 공감에 대한 중요성을 인식하는 것이 필요하다고 봅니다.

1-2

전이 轉移

치료 시간에 치료자와 환자 사이에는 일상적인 만남에서 일어나는 인간관계와는 다른 특수한 관계가 형성됩니다. 환자에게 치료자에 대해서 전이 현상이 일어나는 것입니다.

전이는 정신분석학에서 사용하는 용어입니다. 전이는 환자가 어렸을 때 부모나 주위 중요한 사람에게 가졌던 감정, 태도 등을 치료자에게 가지는 것을 말하는데, 이것은 무의식적으로 일어납니다. 무의식적으로 일어난다는 것은 환자는 모른다는 것입니다. 전이가 일어났을 때 환자는 치료자가 자신으로 하여금 그런 감정을 실제로 유발한다고 생각합니다. 예를 들면 치료자는 환자를 치료하려고 최선을 다하고 있는데 환자는 치료자가 자신을 하찮게 여기고 무시한다고 생각합니다.

긍정적 전이와 부정적 전이

전이는 긍정적 전이와 부정적 전이가 있습니다. 긍정적 전이는 치료자에 대해서 가지는 우호적인 감정입니다. 치료자를 믿고 치료자를 이상적인 사람으로 생각합니다. 부정적인 전이는 치료자에 대해 안 좋게 생각하게 합니다. 치료자가 자신을 무시한다든지 돈만 벌려고 한다든지 하는 부정적인 생각을 합니다. 긍정적인 전이든 부정적인 전이든 전이가 일어나고 있다는 것을 치료자는 알고 그것을 치료에 이용해야 합니다.

치료자-환자 관계는 무의식을 건드리기 때문에 매우 조심해야 합니다. 치료자가 하는 말이 환자의 무의식에 바로 영향을 주기도 합니다. 어떤 환자는 치료 시간에 이런 말을 했습니다. "선생님, 이상해요. 여기서 선생님이 제게 하는 말은 그대로 실천하게 돼요. 밖에서 다른 사람이 그렇게 하라 하면 하지 않는데, 선생님이 말하면 그대로 하게 돼요. 참 이상해요."

이런 현상이 일어나는 것은 여러 가지 이유가 있습니다. 정신치료에서는 치료자와 환자 사이에 충분한 의사소통이 있습니다. 그리고 환자의 입장과 시각에서 상황을 검토합니다. 물론 현실을 무시하거나 왜곡하지는 않습니다. 그래서 환자가 느낄 때 '아, 이렇게 하는 것이 나에게 진정으로 좋겠구나' 하는 생각이 듭니다. 이런 것들이 치료자가 하는 말을 받아들이게 하는 요인이 되지만 앞서 말한 전이도 작용합니다.

그래서 이런 이유로 치료 시간에 중요한 메시지가 담긴 이야기를 환자에게 하면 환자의 마음속에 그 이야기가 새겨져 살아가면서 환자에게 큰 힘이 될 수 있습니다. 환자에게 내가 살아가면서 경험한 것이나 들었던 것 중 환자에게 도움이 될 수 있는 것을 이야기합니다. 다음에 소개하는 이야기는 그런 이야기 중의 하나입니다. 이 이야기는 동료 정신과 의사에게 들은 이야기인데, 한국 근대의 대표적인 선승인 경봉 스님이 참선을 하는 스님에게 자주 했던 이야기라고 합니다.

돌부처 이야기

이야기의 시대 배경은 아마도 조선시대인 것 같습니다. 한 비단 장수가 비단을 짊어지고 이 마을 저 마을 다니면서 비단을 팔았습니다. 비단 장수에게는 짊어지고 다니는 비단이 전 재산입니다. 그래서 비단을 무엇보다도 소중히 하고 철저히 챙겼습니다. 어떤 경우에도 비단에서 눈을 떼지 않았습니다.

그러던 어느 날이었습니다. 그리 높지 않은 언덕을 넘게 되었습니다. 언덕을 넘다가 용변이 마려웠습니다. 그래서 주위를 둘러보았더니 아무도 없었습니다. 저 멀리까지 봤지만 사람의 인기척이 전혀 없었습니다. 그래서 비단을 풀숲에 풀어놓고 조그만 인기척이라도 바로 알 수 있는, 얼마 떨어지지 않은 곳에 들어가 신경을 곤두세우고 용변을 보고 나왔습니다. 그런데 비단이 없어진 것입니다. 바로 사방을 둘러보고 이쪽저쪽으로 뛰어가 봤지만 아무도 없었습니다. 귀신이 곡할 노릇이었습니다. 귀신에 홀린 기분이었습니다. 그러나 분명한 것은 비단이 없어졌다는 사실입니다. 자신의 전 재산이 눈앞에서 사라진 것입니다. 망연자실하게 앉아 있다가 지푸라기라도 잡는 심정으로 관가를 찾아갔습니다.

관가를 찾아가 원님에게 자초지종을 다 이야기했습니다. 아무 말 없이 이야기를 듣던 원님이, 사람이 아니라도 그 광경을 본 것이 있는지 물었습니다. 그래서 비단 장수는 생각을 해 보았지만 그 자리에 뭐가 있었는지 잘 떠오르지 않았습니다. "잘 모르겠다."고 하니 원님이 "그래도 뭔가 그 광경을 목격한 것이 있을 테니 잘 생각해보라."고 했습니다. 그때 비단 장수의 머리에 돌부처가 떠올랐습니다. "원님, 그 자리에 돌부처가 서 있었습니다."라고 대답하니 원님은 관아 관졸들에게 돌부처를 가지고 오라고 시켰습니다. 돌부처가 수레에 실려 관가 마당에 끌려 왔습니다.

원님은 돌부처에게 "네 눈앞에서 이 사람의 비단이 모두 없어졌다. 이 사람에게 비단은 전 재산이다. 네가 말하면 이 불쌍한 사람의 문제를 해결할 수 있다. 어떻게 된 일인지 말해 보아라. 네가 본 일을 그대로 말만 하면 된다. 말해라."라고 엄숙하고 진지하게 말했지만 돌부처는 묵묵부답으로 서 있기만 했습니다. 원님은 한참을 기다린 후에 언성을 높여서 말했습니다.

"지금까지는 너를 증인 신분으로 대우해 줬는데 계속 이렇게 말하지 않으면 이제부터는 너를 사실을 은폐하는 죄인으로 다루겠다. 그래도 말하지 않으면 형틀에 묶고 말할 때까지 곤장을 치겠다."

그래도 돌부처가 묵묵부답이자 원님은 관졸들에게 돌부처를 형틀에 묶고 이실직고할 때까지 곤장을 치라고 말했습니다. 돌부처는 형틀에 묶인 채 곤장을 맞고 원님은 큰소리로 마치 사람에게 말하듯이 돌부처에게 계속 말하라고 하는 일이 관가 마당에서 벌어졌습니다. 비단 장수는 눈앞에서 벌어지는 일에 어이가 없었습니다. 저렇게 해서 일이 해결되겠나 싶었지만 다른 수도 없고 원님이 워낙 진지하게 일에 임하니 혹시 무슨 깊은 뜻이 있나 해서 그냥 지켜보고 있었습니다.

이 사실이 마을에 알려졌습니다. 한 사람 두 사람 관가 담에 붙어 이 광경을 구경하기 시작했습니다. 소문은 삽시간에 마을에 퍼져 온 마을 사람이 관가로 몰려와 담에 올라가 관가 마당에서 벌어지는 광경을 지켜보고는 웃기 시작했습니다. "원님이 이상해졌어. 실성한 모양이야." 관가는 이내 웃음판이 되어 시끌시끌해졌습니다. 그러자 원님이 엄숙한 얼굴과 목소리로 "나는 이 억울한 비단 장수의 잃어버린 비단을 찾아주기 위해 죄인인 돌부처를 심문하는 중이다. 이제부터 웃어서 신성한 공무를 방해하는 사람은 잡아서 옥에 가둘 것이니 웃지 말라."고 말했습니다.

그러나 사람들은 원님의 말을 심각하게 생각하지 않고 계속 웃었습니다. 그러자 원님은 관졸들에게 명령해 웃은 사람들을 모두 옥에 가두었습니다. 옥에 갇혀서도 사람들은 원님이 이상하다는 말만 하면서 심각하게 받아들이지 않았습니다. 하지만 하루 이틀 지나자 사람들은 심각해지기 시작했습니다. 아무도 웃지 않았고 뭔가 이상한 일이 벌어지고 있다고 생각하기 시작했습니다. 마을 사람들도 똑같이 생각하고 마을 분위기도 심각해졌습니다.

이런 와중에 원님이 이방에게 마을에 방을 붙이라고 명령하였습니다. "집에 있는 비단을 한 필 가져오면 옥에 갇혀 있는 사람을 풀어준다."는 내용이었습니다. 사람들이 옥에 갇혀 있는 가족의 수만큼 비단을 가지고 관가로 왔습니다. 관졸들이 가져온 비단을 자세히 기록하고 해당되는 사람들을 풀어주었습니다. 옥에 있던 사람들이 다 풀려나가자 원님은 사람들이 가져온 비단을 모두 관가 마당에 쌓아놓고 비단 장수에게 비단을 찾아보라고 말했습니다. 옛날 비단에는 표시가 있어 자신의 비단은 알아볼 수 있었습니다. 비단 장수는 비단을 찾았습니다. 원님은 기록을 보고 그 비단을 가져온 사람을 잡아오라고 하여 그 사람으로부터 비단을 훔친 경위를 자백 받았습니다.

'포기하지 마십시오'

경봉 스님은 참선하는 스님들에게 참선하면서 길이 안 보인다고 포기하지 말고 원님이 돌부처 붙들고 비단 찾아주듯이 화두를 잡으라고 하셨답니다. 조금 해 보고 길이 안 보인다고 포기하지 말라는 경봉 스님의 가르침이 돌부처 이야기 속에 잘 들어 있습니다. 우리는 어렵다 싶으면 쉽게 포기하는 경향이 있습니다. 포기하지 말라는 것이 이 이야기의 메시지입니다. 영국의 총리였던 윈스턴 처칠(Winston Leonard Spencer Churchill, 1874~1965)도 사관학교 졸업식 축사에서 "포기하지 마십시오."라는 한 마디만 하고 내려왔다고 합니다. 과거에는 개그맨이었고 지금은 영화감독으로 활동하고 있는 심형래 씨도 비슷한 말을 했습니다. "실패는 없다. 다만 성공할 때까지 하지 않았을 뿐이다."

돌부처 이야기에서 원님은 불가능에 가까운 일을 포기하지 않고 계속 붙잡아서 해결하였습니다. 그런데 우리는 가능성이 있음에도 불구하고 너무 쉽게 포기하는 경향이 있습니다. 최소한 이제는 더 해도 가능성이 없다는 정도까지는 노력하고 그 시점에서 돌부처 이야기를 떠올려 조금 더 노력한다면 우리가 처음에 의도한 바를 이룰 수 있다고 생각합니다.

1-3

초심初心

앞서 말한 돌부처 이야기처럼 병원을 찾은 환자들에게 자주 해 주는 이야기가 있습니다. 처음 가졌던 마음의 중요성을 강조하는 '선심초심(禪心初心)' 이야기입니다. 선심초심은 정신과 전공의 시절에 읽었던 책의 제목입니다. 영어 제목은 'Zen Mind Beginner's Mind'인데 우리말로는 '선심초심'이라는 제목으로 번역되었습니다. 미국에서 활동한 일본인 선사인 스즈끼 순류(鈴木俊隆, 1905~1971)가 쓴 책입니다.

스즈끼 순류는 많은 제자들을 가르쳐 봤더니 어떤 제자는 깨닫고 어떤 제자는 깨닫지 못했다고 책에서 말합니다. 그 이유를 살펴보니 깨닫는 제자는 스즈끼 순류에게 처음 올 때 가진 마음을 계속 가지고 있는 사람이고, 못 깨닫는 제자는 처음의 그 마음을 잃어버리는 사람이라는 것을 알았습니다. 그래서 그 사실을 알고 난 다음부터 스즈끼 순류는 처음 자기를 찾아오는 제자들에게 "내가 그대에게 줄 수 있는 가르침은 단 하나다. 그것은 나에게 처음 올 때 가졌던 마음을 항상 가지고 있도록 하라. 그러면 그대가 원하는 것을 이룰 수 있다."라고 늘 말했다고 합니다.

이 이야기를 보고 감동을 받았습니다. 사실 우리가 무슨 일을 하든지 처음 내린 결정, 즉 처음 먹은 마음이 가장 옳습니다. 그 결정을 계속 밀고 나가면 그것을 이룰 수 있고 그것이 우리에게 최선인 경우가 많습니다. 또 초심을 유지하는 그 속에 모든 것이 들어 있다고 볼 수 있습니다. 어떤 일을 꾸준히 하면서 그 일을 하는 효율적인 시스템이 생깁니다. 그러면 다음에 무슨 일을 하든 그 시스템을 활용하니, 모든 일이 수월합니다. 그래서 어떤 일 하나만 하고 있을 때 굳이 다른 일을 안 하더라도 그 속에 다 있다고 보는 것입니다.

처음에 마음먹은 일을 성취한 후 그것을 바탕으로 해서 또 필요한 일을 하면 됩니다. 그런데 우리는 처음에 내린 결정을 여러 가지 이유로 바꾸거나 버립니다. 그래서 새로 또 시작합니다. 물론 세상을 살아가면서 이것저것 다양한 일을 경험하는 것이 필요한 경우도 있습니다. 중간에 계획을 수정할 때는 신중하게 판단해야 합니다. 처음에 옳은 결정을 해놓고 합리적이지 않은 이유로 중도에 그만두면 일도 쌓이지 않고, 일을 하는 노하우도 쌓이지 않고, 일을 효율적으로 하는 시스템도 구축되지 않습니다. 나는 가능하면 처음에 가진 마음을 잃지 않고 계속 가지고 있으려고 노력합니다. 마음을 바꾸고 싶은 유혹이 들 때 선심초심을 떠올리며 처음에 가진 마음을 유지하려고 합니다.

흔들리는 마음의 마지막 비상구, 초심

진료실에서 보면 환자도 처음 올 때는 환자 자신을 위해서 최선의 판단을 하고 옵니다. 치료를 받으러 오는 동기는 다 다르지만 공통된 것은 이대로는 안 되고 변화를 해야 되겠다는 것입니다. 그런데 이 처음의 마음을 유지하지 못하는 경우가 많습니다. 어떤 알코올 중독 환자는 술 때문에 부인이 집을 나가자 술을 끊어야겠다고 결심하고 진료실을 찾아왔습니다. 상담과 약물치료를 통해 몇 주간 술을 끊었습니다. 그런데 그 뒤에 처음 가진 술에 대한 마음이 흔들렸습니다. 이럴 때 항상 선심초심 이야기를 해 줍니다.

어떤 알코올 중독 환자는 술로 인해 직업도 제대로 갖지 못하고 결혼도 못하고 가족 간에도 갈등이 많았습니다. 술을 끊고 인생을 새로 시작해야지 하면서도 번번이 술에게 지곤 했습니다. 이 환자에게 선심초심 이야기를 해 주었습니다. 그 말이 마음에 와 닿았는지 부적처럼 지니고 다닐 수 있도록 종이에 써 달라고 했습니다. 이 환자는 이 글귀를 지갑에 넣고 다니면서 술을 끊겠다는 자신의 결심이 흔들릴 때마다 종이를 보고 술에 대한 유혹을 이겨냈다고 합니다. 혹 종이를 잃어버리면 다시 써 달라 하여 지니고 다녔습니다. 다른 환자들도 정신치료를 받던 중에 꾀가 나고 회의가 들 때, 선심초심 이야기가 자신들을 잡아 주는 힘이 되었다고 하는 이야기를 종종 합니다.

위의 경우와는 달리 환자가 자신의 문제를 해결하기 위해 올바른 방법으로 열심히 해서 좋은 변화가 있는 경우에도 선심초심 이야기를 해 줍니다. 그런 환자에게 "지금 당신에게 중요한 변화가 일어나고 있습니다. 지금 당신이 가지고 있는 마음을 계속 그대로 가지는 것이 중요합니다. 그러면 중요한 변화는 계속 일어날 겁니다. 처음 가진 마음을 그대로 유지하는 것 이것이 인생에서 참으로 중요합니다." 하며 앞서 말한 '선심초심' 이야기를 해 줍니다.

우리는 처음에 낸 마음을 쉽게 잃어버립니다. 처음에 가진 마음의 소중함을 잘 모릅니다. 그러다보니 쉽게 마음을 내고 쉽게 그 처음 마음을 잃어버립니다. 그래서 습관이 되고 시스템이 됩니다. 그래서 그렇게 하는 것이 당연하다고 생각합니다. 마치 사람들과 쉽게 약속하고 쉽게 어기듯이 우리 자신과 쉽게 약속하고 쉽게 어깁니다. 그래서 우리 자신을 우리가 믿지 못하게 됩니다. 조그마한 것이라도 처음에 낸 마음을 그것을 성취할 때까지 가지고 있고, 그 마음이 흔들릴 때 그것을 이겨내는 경험을 하면 처음 마음이 얼마나 소중한지 알게 됩니다. 그렇게 처음 마음을 계속 가지는 것이 우리 속에 자리 잡을 때, 우리 인생에서 꼭 이루고 싶은 것이 있으면 그것을 살아가면서 놓치지 않고 추구할 수 있습니다.

2 마음 알기

— 명상을 통한 순간 집중과 효과

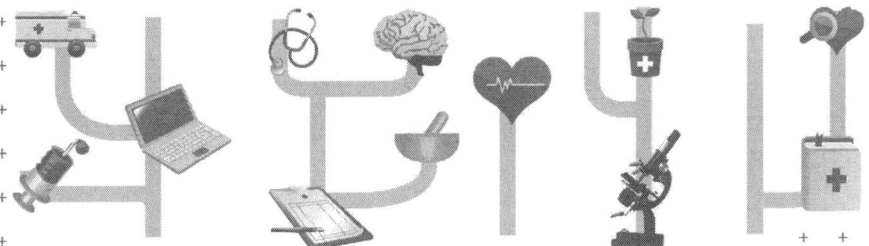

세상은 '나' 라는 중요한 세계와 그 주위를 마치 위성처럼 둘러싸고 있는 '남' 과 '생명을 가지지 않은 것' 들로 이루어져 있습니다. 이 세계의 무수히 많은 '나' 는 이 세계의 중심들입니다. 이러한 사실을 이해하면 우리는 좀 더 겸손해지고 자기중심적인 사고에서 벗어나게 됩니다.

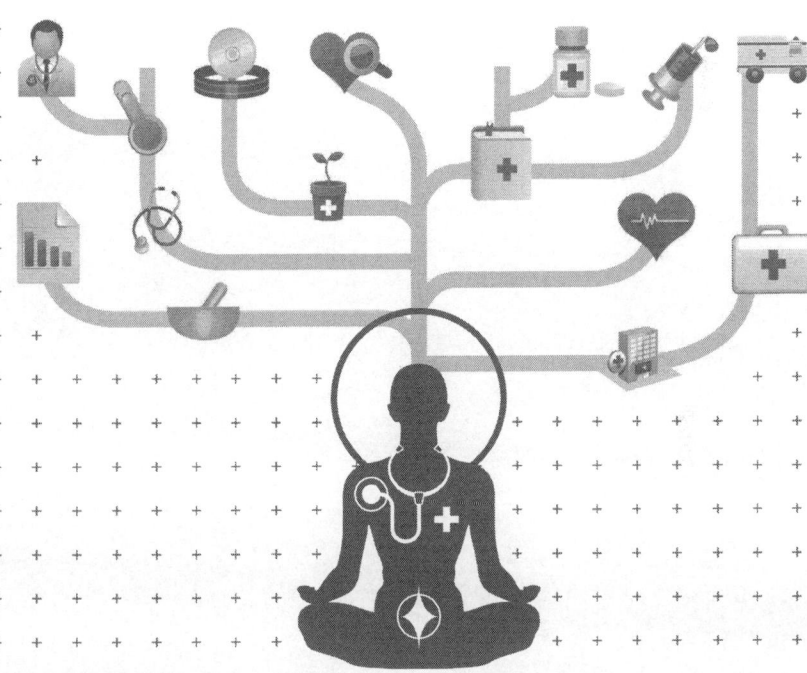

2-1

'세상의 이치'라고
부르는 것

　세상은 이렇게 돌아간다고 하여 내가 '세상의 이치'라고 이름붙이고 환자 치료에 이용하고 있는 것은 불교로부터 온 것입니다. 불교에서는 이것을 업인과보설(業因果報說) 또는 업설(業說)이라고 부릅니다. 불교 공부를 통해 업인과보설을 알았을 때 '아, 이렇게 세상이 돌아가는구나' 하는 생각이 들면서 세상을 보는 눈이 열린 것 같은 느낌이 들었습니다. 그 후 내 나름대로 세상을 관찰해 보니 이 업설에 아무런 하자가 없다는 것을 알았고, 지금껏 이것이 진리라고 생각하고 있습니다. 물론 불교적으로는 이미 진리로 자리 잡고 있습니다.

　업설을 통해 세상을 많이 이해하게 되었고 세상을 잘 모를 때 오는 고통이 많이 줄면서 세상 사는 것이 편해졌습니다. 내 자신이 고통을 느낄 때, 세상의 이치에 맞지 않는 나 자신만의 무엇인가를 추구하고 있다는 것을 발견하면서부터, 괴로울 때는 항상 나를 돌아보고 나 자신을 바꾸어 나갔습니다. 이것이 큰 도움이 되었습니다. 그리고 내가 불교로부터 큰 도움을 받았듯이 환자들도 불교적 지혜로부터 도움을 받을 수 있겠다는 생각이 들었습니다.

그런데 환자가 도움을 받을 수 있는 불교적 지혜는 보편적인 진리가 되어야 합니다. 굳이 불교라는 말을 쓰지 않고도 불교적 진리의 내용을 말했을 때 누구나 수긍할 수 있는 그런 것이 되어야 합니다. 받아들일 수밖에 없고 그에 따라 살 수밖에 없는 그런 것이 되어야 합니다. '세상의 이치'를 20년 이상 관찰하여 '세상의 이치'에 대하여 나에게는 조금의 의심도 없고, 이 '세상의 이치'를 들은 사람이 듣고 이해가 안 되어 제기하는 의문에 대하여 내 나름대로 충분히 그 의문을 풀어줄 수 있다고 생각합니다. 환자들에게 설명하는 '세상의 이치'는 불교의 업설을 근간으로 하여 그동안 내가 체득한 것입니다.

환자들에게 '세상의 이치'를 설명할 때는 적절한 타이밍을 잡아서 가장 적절한 때에 하려고 노력합니다. 무슨 일이든지 적절한 때에 할 때 부작용이 없고 효과가 가장 큽니다. 정신치료는 특히 그렇습니다. 세상의 이치에 대해 설명을 할 때도 강의하듯이 일방적으로 하지 않고 내가 질문을 하면서 진행하여 환자로 하여금 생각하게끔 하고 환자가 설명을 듣고 조금이라도 이해가 안 되는 것이 있으면 언제라도 질문하게 합니다.

우리는 '나'인 동시에 '남'이다

 이제 세상의 이치를 설명해 보겠습니다. 우리가 살고 있는 세상에는 많은 것들이 존재합니다. 우리의 눈에 보이는 것도 있고 보이지 않는 것도 있습니다. 이렇게 존재하는 모든 것들은 속성에 따라 두 가지로 나눌 수 있습니다. 생명을 가지지 않은 것과 생명을 가지고 생명활동을 하는 존재입니다.

 이 둘은 근본적으로 속성이 다릅니다. 생명을 가지지 않은 것은 그 크기가 작든 크든 속성이 똑같습니다. 마찬가지로 생명을 가진 존재도 그 크기나 복잡성에 관계없이 동일한 속성을 가지고 있습니다.

 생명을 가지지 않은 것은 어떤 것이든지 자연법칙(물리법칙)을 따릅니다. 생명을 가지지 않은 것은 생명을 가지지 않아 자체의 의지가 없으니까 자기에게 가해진 외부의 영향에 대해 법칙대로만 반응합니다. 주어진 조건에 따라 움직입니다.

 많은 사람이 지켜보는 가운데 2008년 우리나라 첫 우주인 이소연 씨를 태우고 우주선 하나가 하늘로 날아갔습니다. 하지만 우주선은 많은 사람들이 지켜본다고 더 잘 날아가는 것은 아닙니다. 발사할 당시의 조건에 따라 발사가 잘 되기도 하고 안 되기도 하는 겁니다. 생명을 가지지 않은 것이 움직이는 원리는 그것이 어떤 것이든 똑같습니다.

 이에 반해 생명을 가진 존재는 존재가 크든 작든, 복잡하든 단순하든 의지를 가지고 있기 때문에 외부에서 가해진 자극에 나름대로 반응합니다. 어떻게 반응할지 예측할 수 없습니다.

이제 세상이 복잡한 것 같아도 생명을 가지지 않은 것이 자연법칙(물리법칙)을 따라 움직이고 있다는 것이 분명해졌으니 반은 분명해졌다고 볼 수 있습니다.

그런데 이 자연법칙도 대단한 지혜입니다. 자연법칙이 알려진 것은 불과 몇 천년 되지 않았습니다. 인간이 농사를 짓기 시작하면서 잉여농산물이 생겼고, 그 잉여농산물로 인해 일부 사람들은 자연을 관찰하는 데 전념하면서 자연은 법칙에 따라 움직인다는 것을 발견했습니다. 사실 자연법칙을 모를 때 인간은 자연현상에 대해 두려워했습니다. 인간은 약하고 자연은 강합니다. 강한 것에 정신이 있다고 봤습니다. 그래서 많은 종류의 자연신이 생겨났습니다. 태양신이 대표적인 자연신입니다. 이제 이런 자연신들은 사라졌습니다. 자연 현상을 잘 관찰하고 그에 대비하기는 하지만 더 이상 자연에게 정신이 있다고 보지 않습니다.

이제 세상의 반은 어떻게 이루어져 있고 어떻게 움직이는지가 분명해졌습니다. 나머지 반을 차지하는 생명을 가진 존재들도 이처럼 분명해진다면 그에 맞게 우리는 살면 됩니다. 생명을 가진 존재도 속성에 따라 둘로 나눌 수 있습니다. 무엇과 무엇으로 나누어질 수 있을까요. 답을 알려면 먼저 생명을 가진 존재들의 특성을 잘 알아야 합니다. 그래야 속성에 따라 둘로 분류할 수 있습니다.

생명을 가진 존재는 누구나 다 자신을 가장 소중하게 생각합니다. 다른 사람이 암 진단을 받으면 그럴 수 있는 일이라고 말합니다. 그러나 자기가 암 진단을 받으면 세상이 무너지는 것처럼 느낍니다. 사람뿐만 아니라 동물, 식물, 아메바 등 모든 생명 가진 존재는 자기 자신을 세상 어떤 것보다도 소중하게 생각합니다. 이것이 생명을 가진 존재들의 특성입니다. 이 속성에 따라 생명을 가진 존재는 나와 남으로 나눌 수 있습니다.

생명을 가진 존재의 수는 셀 수 없을 정도로 많습니다. 따라서 셀 수 없을 정도의 '나'가 있습니다. '나'가 아닌 다른 생명 가진 존재는 '남'입니다. 우리는 '나'인 동시에 다른 '나'에게는 '남'입니다. 이러한 사실을 잘 이해하는 것이 무엇보다 중요합니다.

이제 세상이 좀 더 명확해졌습니다. 세상은 세 가지로 구성되어 있다고 볼 수 있습니다. 무엇보다도 중요한 '나'와 나와 같이 생명은 가졌지만 내가 아닌 '남'과 '생명을 가지지 않은 것'으로 이루어져 있습니다. '나'라는 중요한 세계와 그 주위를 마치 위성처럼 둘러싸고 있는 '남'과 '생명을 가지지 않은 것'들로 이 세상은 이루어져 있습니다. 이 세계의 무수히 많은 '나'는 이 세계의 중심들입니다. 이러한 사실을 이해하면 우리는 좀 더 겸손해지고 자기 중심적인 사고에서 벗어나게 됩니다.

'나'만 있는 것이 아니라 무수한 '나'가 있다

지금까지 앞으로 전개될 중요한 이야기의 준비 작업을 했습니다. 이 세상을 자세히 보면 '나'와 '생명을 가지지 않은 것' 사이에 그리고 '나'와 '남' 사이에 끊임없는 상호작용이 있다는 것을 알 수 있습니다. 나라는 존재는 가만히 있거나 덜 활동하면 죽거나 괴로움을 면하기 어렵기 때문에 살아있는 동안은 끊임없이 상호작용을 해야만 합니다.

나와 생명이 없는 것들과의 대표적인 상호작용은 숨 쉬는 것입니다. 공기에서 우리에게 필요한 것을 들이마시고 다시 우리에게 필요 없는 것을 바깥으로 내보냅니다.

나와 남과의 대표적인 상호작용은 아기와 엄마와의 상호작용입니다. 아기는 배가 고프면 웁니다. 그러면 엄마는 먹을 것을 줍니다. 이처럼 우리는 생존하기 위해 하루에도 무수한 상호작용을 합니다. 이때 나와 생명을 가지지 않은 것과의 상호작용은 자연법칙에 따라 일어납니다. 이것에 대해서는 사람들이 잘 알고 있어 법칙대로 하려고 합니다.

문제는 나와 남과의 상호작용에 대한 것입니다. 많은 사람들이 여기에는 법칙이 없다고 생각합니다. 그래서 어떻게든 자기에게만 이득이 되게끔 하려고 애를 씁니다. 일이 자기가 원하는 대로 안 풀리면 억울해하고 재수가 없다고 생각합니다. 정신과 환자들은 대부분의 경우 억울한 감정을 가지고 있고, 대인관계에서 자신이 손해보고 있지 않나 하는 생각이 들고, 뭔가 안 좋은 일이 일어날 것 같아 불안해하고 다른 사람의 눈치를 봅니다.

생명을 가지지 않은 것이 자연법칙을 따르듯이 나와 남 사이에도 법칙이 있다는 것을 확실히 알게 되면 다른 사람과의 사이에서 적절하게 행동함으로써 억울해하지 않고, 불안해하지 않고, 갈등을 겪지 않을 수 있을 것입니다. 세상 모든 일에서 가장 중요한 것은 무슨 일이 있을 때 원인을 정확하게 파악하여 올바르게 대처하는 것입니다. 불교에서도 정확한 원인 파악과 올바른 해결 방법을 가장 중시합니다. 정신치료도 마찬가지입니다.

나와 남과의 상호작용을 보겠습니다. 내가 남에게 하는 행동은 두 가지가 있습니다. 나도 위하고 상대도 위하는 행동이 있고, 나는 위하지만 상대에게는 해가 되는 행동이 있습니다. 이때 상대를 위하는지 해하는지는 상대가 판단하는 것입니다. 나는 상대에게 도움이 될 거라고 생각하고 한 행동을, 상대는 자신에게는 해가 된다고 생각할 수 있습니다. 내 입장이나 판단을 잠시 내려놓고 상대가 어떻게 판단하고 있는지 알아보아야 합니다. 중요한 것은 상대의 판단입니다.

나도 위하고 상대도 위하는 행동은 순조롭습니다. 그러니까 즐겁다고 볼 수 있습니다. 나에게는 이롭지만 남에게 해가 되는 행동은 저항을 불러옵니다. 그러니까 괴롭다고 볼 수 있습니다. 항상 이렇게 진행됩니다. 이것이 바로 법칙입니다. 이것을 법칙화하기 위해 용어를 써서 정리하면, 나와 남 둘다 이로운 것을 선(善), 나는 이롭지만 남에게는 해가 되는 것을 악(惡), 순조로운 것을 낙(樂)이라고 하고, 저항이 있는 것을 고(苦)라고 할 수 있습니다. 결국 선인락과(善因樂果) 악인고과(惡因苦果)입니다. 선한 원인에는 즐거운 결과가 있고 악한 원인에는 괴로운 결과가 있습니다. 이것이 법칙입니다. 이 법칙을 사회법칙 또는 윤리법칙이라고 합니다.

이 법칙을 구체적으로 살펴보겠습니다. 사람은 누구나 이 세상에 태어나 알고 지낸 사람들이 있습니다. 이름만 들어도 아는 사람이 있고, 봐야 아는 사람이 있고, 이름도 얼굴도 잊어버렸지만 같이 지냈던 일을 이야기하면 기억하는 사람이 있습니다. 그 사람들의 숫자가 많은 사람도 있고 적은 사람도 있습니다. 나를 알고 있는 사람들의 마음속에 내가 있습니다. 그 사람들이 판단한 내가 들어 있습니다. 상호작용을 하면서 남에 의하여 판단된 내가 들어 있습니다. 그 사람들이 좋게 판단했으면 좋게 그 사람들 속에 들어 있을 것이고, 안 좋게 판단했으면 안 좋게 들어 있을 것입니다. 그래서 나에게 영향을 미칠 것입니다. 이미 영향을 미친 것도 있을 것이고 앞으로 언젠가 영향을 미칠 수도 있습니다.

내가 한 행동은 그렇게 결과를 가져옵니다. 나를 좋게 생각하는 사람이 많으면 나는 좋은 친구들에 의해 둘러싸여 있다고 볼 수 있고, 나를 안 좋게 생각하는 사람이 많으면 나는 적에 의해 둘러싸여 있다고 볼 수 있습니다. 선거에 입후보한 정치인인 경우 유권자들 마음속에 어떻게 들어 있느냐에 따라 당락이 결정됩니다.

사람들은 언제나 보고 있습니다. 그리고 판단합니다. 우리도 그렇습니다. 우리 주위의 사람들을 항상 보고 있습니다. 그리고 우리 나름대로 판단합니다. 그렇게 판단된 사람들이 우리 마음속에 들어 있습니다. 그처럼 우리도 다른 사람 마음속에 들어 있습니다. 우리가 다른 사람 마음속에 어떻게 들어 있을까 생각해 보아야 합니다.

익숙한 것에서 멀어지기

이렇게 세상은 무질서하게 움직이는 것 같아도 자연법칙과 사회(윤리)법칙에 따라 법칙대로 움직입니다. 그런데 사람들이 이런 사실을 몰라 법에 맞지 않는 것을 바라면, 다시 말해 욕심을 일으키면 자기가 원하는 대로 되지 않습니다. 그럴 때 세상의 이치로 돌아오는 계기로 삼아 세상의 법칙을 알고 법대로 살면, 괴로움이 없고 모든 일이 잘 풀릴 수 있습니다. 그런데 많은 경우 바라는 바대로 안 되면 화를 내고 더 무지해집니다. 무지해져서 이치에 맞지 않는 욕심을 일으키고 그래서 일이 더 안 풀리는 악순환이 일어납니다.

우리는 나도 좋고 남도 좋은 길을 모색해야 합니다. 그 길밖에 없습니다. 부부간에는 남편도 좋고 아내도 좋은 것이 무엇인지 연구해야 합니다. 부모 자식 간에는 부모도 좋고 자식도 좋은 것이 무엇인지 찾아야 합니다. 직장 같으면 윗사람도 좋고 아랫사람도 좋은 것이 무엇인지 모색해야 합니다. 모든 대립적인 관계에서 서로 좋은 길을 찾아야 합니다. 앞에 누가 있더라도 항상 나도 좋고 그 사람도 좋은 길을 찾으려고 노력해야 합니다.

그런데 우리는 내가 좋으면 상대가 좋지 않고, 상대가 좋으면 내가 좋지 않은 것에 너무 익숙해 있습니다. 이제 거기서 벗어나 나도 좋고 남도 좋은 길을 찾아야 합니다. 그렇게 생각하는 마음이 중요합니다. 이렇게 마음을 바꾸어 새롭게 세상을 보는 것이 중요합니다.

나는 내가 좋아하는 것을 잘 압니다. 말하자면 나도 좋은 것은 내가 잘 압니다. 나머지 남이 좋아하는 것을 잘 알아, 나도 좋고 남도 좋은 길을 찾으면 됩니다. 나만 좋아서도 안 되지만 남만 좋아서도 안 됩니다. 먼저 나와 남이 좋아하는 것을 정확히 알고 난 뒤에 그 둘이 상충할 경우 어떻게 할 것인지 연구해야 합니다. 이런 마음이 되면 세상을 보는 눈이 달라집니다. 이런 마음이 되면 모든 것이 잘 풀립니다. 상대방의 입장을 충분히 알고 난 뒤에 상대방과의 대화에 있어서 별로 마찰이 없고, 상대방에 대한 두려움이나 미움이 없어지고, 상대와 진정한 대화를 하게 됩니다. 나와 남이 평등해지고, 나의 행동이 공평해지고. 진정한 공존이 일어납니다.

'세상의 이치'는 환자들에게 큰 도움이 되었습니다. 환자들에게 적절한 때에 세상의 이치를 설명해 줍니다. 모든 사람이 정도의 차이는 있지만 은연중에 자기를 남보다 더 중요하게 생각합니다. 자기를 소중하게 생각하는 것은 당연합니다. 다만 다른 사람도 그렇다는 것을 알고, 다른 사람과 관계할 때 적절하게 잘하면 됩니다. 그렇게 안 될 때 우리는 괴롭게 되고 정신건강이 나빠집니다. 정신건강이 안 좋거나 정신장애가 있는 경우 대부분 인간관계에 장애가 있다고 봐야 합니다. 세상의 이치를 잘 이해해서 인간관계를 적절하게 한다면 정신건강을 증진시키고 정신장애로부터 회복되는 데 크게 도움이 됩니다.

'세상의 이치'가 환자의 문제를 해결하는 데 큰 역할을 한 사례를 소개하겠습니다. 조그만 개인 회사를 다니는 30대 초반의 미혼 여성이 진료실을 찾아왔습니다. 여상을 졸업한 이 여성이 근무하는 회사는 사장과 단 둘이 근무하는 작은 회사였습니다. 그녀는 직장에서 겪는 스트레스가 너무 심했습니다. 사장 목소리만 들어도 몸이 덜덜덜 떨리고 심장이 심하게 뛰었습니다. 이 회사에 다닌 지 6개월 가까이 되었는데도 아직 사장의 말투에 익숙하지 않고 사장이 하는 말을 잘 못 알아들어 스트레스를 받고 있었습니다. 나이에 비해 얼굴에 여드름 같은 뾰루지가 많이 나 있었습니다. 그것도 스트레스 때문이라고 하면서 허리, 등, 관절 등 온몸이 아프다고 하였습니다. 밤에는 잠도 못 잤습니다. 어지럽고 토하고 온몸이 차고 식은땀이 날 때는 쪼그리고 있어야 괜찮아졌습니다. 스트레스를 받으면 어김없이 이런 증상이 생겼습니다. 스트레스로 인해 정신적·신체적 증상이 심했습니다.

환자의 말에 의하면 사장의 성격이 원만하지 않고 환자를 충분히 배려하는 것 같지 않았습니다. 그렇다고 하더라도 환자는 스트레스를 너무 많이 받고 증상도 아주 심했습니다. 고등학교를 졸업하고 회사에 들어갔는데 일이 힘들어서 그만두기도 하고, 같이 일하는 사람들이 꼴보기 싫어 그만두기도 했습니다. 이 회사를 다닌 지가 6개월 가까이 되었는데, 처음 5개월은 일을 배우느라고 바빴지만 그 이후로는 의욕이 없어졌다고 했습니다. 그맘 때 어머니가 술을 마시고 회사로 찾아와 전화 안 받는다고 난동을 부린 것도 영향이 있었고, 친구 동생이 교통사고로 죽은 것도 영향이 컸다고 했습니다. 그 일들이 회사 생활에도 영향을 끼쳐 여유가 더 없어지고 스트레스를 더 받는다고 했습니다.

이 환자는 다섯 번째 치료시간에 와서 "사장과의 트러블을 못 이겨내겠어요."라고 하며 사장과의 인간관계가 아주 힘들다고 토로했습니다. 그래서 '세상의 이치'를 설명해 주었습니다. 일방적으로 설명하기보다는 질문도 하고 생각할 시간도 주면서 대화를 통해 세상이 어떻게 돌아가고 인간관계를 어떻게 해야 되는지를 알려 주었습니다.

그 이후 환자는 사장을 포함한 사람들과의 관계에서 뚜렷한 변화를 보였습니다. '세상의 이치'를 듣기 전에는 사장이 이상한 사람이라서 자신이 스트레스를 엄청나게 받고, 사장은 아무리 말해 봐야 통하지 않는 이상한 사람이라고 생각해서 업무에서 꼭 필요한 이야기 외에는 하지 않았습니다. '세상의 이치'를 듣고 나서는 사장과 자신 사이의 상호관계를 생각했을 때 자신 역시 사장을 피곤한 사람으로 생각하고 피하려고만 했지 나도 좋고 사장도 좋은 길은 모색하지 않았다는 생각이 들었습니다. 그래서 환자는 '사람 미워하지 말아야지' 하고 다짐하고 있다고 말하면서 사장이 마음에 안 드는 행동을 하면 '사장님이 원래 그렇지' 하면서 마음을 달랜다고 했습니다. 항상 '나도 위하고 남도 위하는 길이 뭔가'에 대해 생각한다고 했습니다.

한번은 치료시간에 "욱하는 것을 참았더니 결과가 더 좋았어요. '죄송합니다' 했더니 결과가 더 좋았어요."라고 말하며 자신의 변화를 이야기했습니다. 정신치료를 아홉 번 하였는데 맨 마지막 시간에 와서는 "지난주에는 어떤 사람으로 인해 재미는 있으나 짜증이 나는 일이 있었어요. 그런데 이런 생각을 하면서 마음을 다스렸어요. '내가 왜 저 사람 때문에 화를 내야 하나. 저 사람 문제인데 내가 왜 화를 내야 되나'"라고 이야기하며, 다른 사람과 힘든 일이 있어도 휘말려 들어가지 않고 자기 마음을 잘 다스리는 모습을 보여 주었습니다.

인간관계를 변화시키는 '세상의 이치'

어떤 남자 고등학생은 환청과 피해망상으로 찾아 왔습니다. 그런데 '세상의 이치'를 듣고 같은 반 아이들이 자기에 대해 안 좋게 대해도 '아이들이 일부러 나를 괴롭히기 위해서 저런다' 하며 과거처럼 피해

망상으로 반응하지 않고 '내가 쟤들에게 불편하게 한 것이 있으니 저러겠지' 하고 담담하게 받아들였습니다. 평소 자신이 반 아이에게 한 행동을 반 아이가 어떻게 받아들일까 하고 생각했습니다. 자신과 반 아이들 모두에게 좋은 길을 찾으려고 노력했습니다. 아이들이 싫어하는 일을 하지 않고 아이들이 좋아하거나 아이들에게 도움이 되는 일을 하려고 노력했습니다. 특히 자신을 미워하는 아이들을 대하는 태도에 변화가 왔습니다. 그 전에는 자신을 미워하는 아이들이 있으면 아예 말도 안 하고 자기도 미워했는데, 이제는 그럴 때 현실적으로 대처하려고 노력했습니다. 자기가 실제로 아이들에게 잘못한 것이 있으면 사과하고, 만약 아이들이 자기를 오해하고 있으면 풀려고 했습니다. 가능하면 그런 아이들에게도 친절하게 대하려고 노력했습니다.

물론 이 학생은 망상과 환청을 가진 정신병이었기 때문에 약도 쓰고, 정신치료를 통한 원인 분석도 하고, 현재에 집중하게 하는 등의 다른 방법도 썼습니다. 그렇지만 '세상의 이치'는 그야말로 세상의 이치를 이해하여 일상생활에서 별 어려움 없이 생활하게 하여 환자가 회복되는 데 큰 역할을 했습니다. 환자는 거의 회복되어 대학에도 들어갔습니다.

'세상의 이치'를 제대로 이해했을 때 환자들의 인간관계에 변화가 왔습니다. '나는 다른 사람들에게 잘 해 주는데 다른 사람이 안 알아주고 자기중심적으로 행동한다'고 하다가 다른 사람의 관점에서 보게 되면서 진정으로 자신과 남이 공존하는 길을 모색하였습니다. 그러면서 정신건강이 좋아지고 정신장애가 호전되는 것을 볼 수 있었습니다. 나는 개인적으로 이 세상의 이치에 입각해서 살려고 노력합니다.

'세상의 이치'와 뒤에 설명하는 '생각을 다스리는 법'을 세상을 살아가는 두 기둥으로 생각합니다. 이 두 기둥이 우리를 잘 받치면 우리는 힘들지 않게 세상을 살아갈 수 있습니다. 한 기둥인 '세상의 이치'는 세상을 남과 조화롭게 살아가게 해 주고, 다른 기둥인 '생각을 다스리는 법'은 우리 마음을 잘 다스리게 해 줍니다.

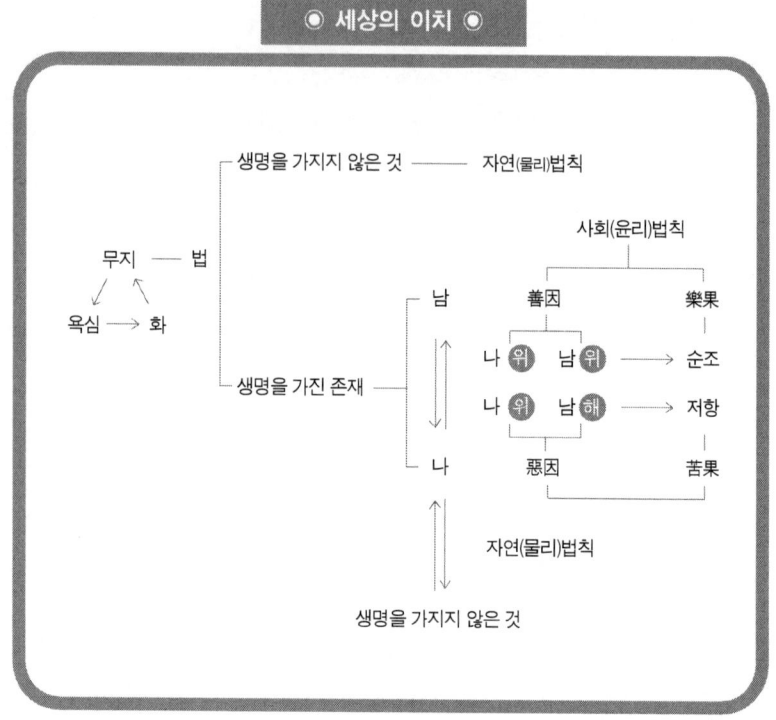

2-2

현재(순간) 집중을 통한 생각 다스리기

나는 몸과 마음에서 일어나는 현상을 순간순간 있는 그대로 관찰하는 위빠사나라고 하는 불교 수행을 통해 몸과 마음의 본질을 알고 난 뒤 '생각을 다스리는 법'을 만들 수 있었습니다.

진료를 잠시 중단하고 2003년 여름 한 달 동안 미얀마 양곤에 있는 찬메명상센터에서 위빠사나 수행을 했습니다. 위빠사나 수행은 좌선과 보행명상 그리고 일상생활에서의 행위 관찰로 이루어집니다.

앉아서 하는 좌선에서는 호흡을 관찰합니다. 코 주위에서 숨이 들어오고 나가는 것을 관찰하거나, 호흡으로 인해 배가 들어가고 나오는 것을 관찰합니다.

보행명상에서는 걷는 움직임을 자세히 관찰합니다. 발을 들고 내딛고 놓는 동작 하나하나를 있는 그대로 지켜봅니다. 걷는 동작 하나하나를 천천히 합니다.

일상생활에서의 행위 관찰은 일상생활을 하는 동안 몸과 마음에서 일어나는 것을 있는 그대로 지켜봅니다.

이 세 가지 명상을 할 때 이름을 붙이기도 합니다. 예를 들면 발을 들면 '듦', 숨을 들이쉴 때 배가 나오면 '나옴', 몸의 어느 부위가 가려울 때는 '가려움'이라고 명칭을 붙이면서 그것을 관찰합니다. 명칭을 붙이는 것이 번거롭거나 명상에 방해가 되면 붙이지 않으면 됩니다. 이렇게 지켜보는 가운데 생각이 일어나 집중해야 할 대상에서 이탈하면, 생각으로 인해 집중을 하지 못하고 있다는 것을 알아차려 다시 원래의 집중 대상으로 돌아옵니다. 이러한 몸과 마음의 관찰을 통해 몸과 마음의 본질을 깨닫습니다.

찬메명상센터 수행관에서는 좌선과 보행명상을 번갈아가면서 합니다. 보통 보행명상을 한 시간 하고 난 뒤 좌선을 하는데, 좌선의 시간은 명상센터에 따라 다릅니다. 내가 수행한 찬메센터인 경우 앉아 있을 수 있는 만큼 앉아 있습니다. 좌선을 하다가 허리가 굽었을 경우는 허리를 펴기 위해 움직이지만 다른 경우에는 움직이지 않고 일어난 현상을 있는 그대로 지켜봅니다. 예를 들어 다리가 저리면 다리가 저리는 것을 있는 그대로 느끼고, 신체 어느 부위가 가려우면 가려운 것을 관찰합니다. 그러다가 다리가 저리거나 신체 어느 부위의 통증이든지 괴로움으로 도저히 좌선 상태를 지속할 수 없을 때는 자리에서 일어납니다.

수행관에서 나와 식사를 한다든지 샤워나 빨래를 하는 등 일상적인 활동을 할 때는 동작 하나하나 그리고 그때 일어나는 생각이나 감정 등의 정신작용을 있는 그대로 관찰합니다. 물론 한 순간에 하나씩 관찰합니다.

좌선과 보행명상이 형식을 갖추어서 하는 명상이라고 한다면, 일상생활에서의 행위 관찰은 형식을 갖추지 않고 하는 명상이라고 할 수 있습니다.

명상센터에서 수행을 하는 경우는 이 세 가지를 철저하게 하지만, 집에 있는 경우 세 가지를 다 할 수도 있고, 형편에 따라 두 가지를 하기도 하고, 일상생활에서의 행위 관찰만 할 수도 있습니다. 아침저녁으로 일정시간 좌선과 보행명상을 하고 나머지 직장생활이나 학교생활, 집안 일을 할 때는 하는 일에 집중하는 일상생활에서의 행위 관찰을 할 수 있습니다.

이 세 가지 형태의 명상은 각자 나름대로 특색이 있습니다.

좌선이든 보행명상이든 일상생활에서의 행위 관찰이든 현재 이 순간에 몸과 마음에서 일어나는 현상을 관찰한다는 점에서는 같지만, 각각의 명상을 통해 더 잘 알 수 있는 점이 있습니다. 물론 이것은 사람에 따라 차이가 있기 때문에 이것은 나의 경험에서 나온 이야기일 수 있습니다.

좌선을 통해서는 집중되고 고요한 상태를 더 잘 경험할 수 있고, 생각이나 감정 등과 같은 정신의 본질을 잘 파악할 수 있습니다.

보행명상은 몸과 마음의 관계, 즉 마음에서 일어나는 의도가 있을 때 몸이 움직인다는 사실을 잘 알 수 있습니다. 의도가 없이는 몸이 움직이지 않는다는 것을 알 수 있습니다. 의도가 원인이라면 몸의 움직임은 결과라고 할 수 있습니다. 몸과 마음에서 일어나는 이러한 현상을 통해 모든 결과에는 원인이 있다는 통찰이 생깁니다.

일상생활에서의 행위 관찰은 여러 가지 이점이 있습니다. 우선 일상생활의 행위 관찰을 통해 명상시간을 많이 확보할 수 있습니다. 좌선이나 보행명상만으로는 명상시간이 짧습니다. 몸과 마음의 본질을 깨닫고, 깨달은 것을 내 것으로 만드는 데는 시간이 많이 필요합니다. 특히 사회생활을 하는 평범한 사람의 경우 아침저녁으로 명상을 위해 시간을 내는 것은 쉽지 않습니다. 일상생활의 행위 관찰이라는 이 명상을 통해 온종일 명상을 할 수 있습니다. 생활과 명상을 하나로 할 수 있습니다. 다른 이점은 일상생활에서의 행위 관찰을 통해 고요하고, 안정되고, 동요되지 않는 마음을 온종일 유지할 수 있습니다. 또 일상생활 할 때 몸과 마음의 본질을 아는 가운데 할 수 있습니다. 좌선을 통해 경험한 생각의 본질을, 일상생활을 하면서 경험할 수 있습니다.

보행명상을 할 때 알았던 현상을 일상생활에서 걸을 때 알 수 있습니다. 그 외 생각해 볼 수 있는 이점은 실제 우리 생활에 많은 도움이 된다는 것입니다. 명상의 핵심이 몸과 마음의 본질을 알기 위해 현재 일어나는 데 집중하는 것이라면, 일상생활에서의 행위 관찰은 본질적으로 볼 때 명상이고, 깨어서 순간순간에 집중하기 때문에 일에도 더 능률이 오릅니다. 다른 사람에게도 좋은 인상을 줍니다. 어떤 일을 해도 그것이 명상이기 때문에 의미가 있습니다. 사실 내 경우 일상생활에서의 행위관찰 명상을 한 이후 싫은 일이 없어졌습니다. 무슨 일을 하든지 그것은 명상이고 명상을 통해 순간순간 내가 향상된다고 생각하니 기분이 좋습니다.

나는 더 의미 있는 일을 해야 되는데, 의미 없는 다른 일을 하고 있다고 생각하면, 의미 없는 일을 하는 시간이 무의미하고, 그렇게 해야 하는 자신이 한심하고, 자신의 인생이 무가치하게 느껴지고, 그렇게 상황을 몰고 가는 가족이 이해는 되지만 미워집니다. 이런 일이 반복되면 힘이 빠지고, 마음은 가라앉고, 생활은 활력이 떨어지고, 이러한 사람을 보고 있는 가족도 힘들고, 자칫하면 가족과의 사이에 분란이 생길 수 있습니다. 이러한 상태가 지속되면 정신장애도 생길 수 있습니다.

그런데 일상생활을 하면서 몸과 마음의 본질을 아는 가운데 행위 관찰을 하려면 좌선과 보행명상을 어느 정도 수행하여 몸과 마음의 본질을 깨닫는 것이 필요합니다. 왜냐하면 일상생활에서의 행위 관찰은 좌선과 보행명상처럼 고요하거나 천천히 하는 것이 아니라 보통의 속도로 하기 때문에 수행이 되어 있지 않으면 생각이나 의도와 같이 빠르게 일어났다가 사라지는 정신현상을 관찰하기가 쉽지 않기 때문입니다.

스스로 자기를 보게 하는 치료

나는 미얀마에서 한 달을 보내고 집으로 돌아온 후 일상생활을 하는 가운데도 계속 몇 년간 순간순간 몸과 마음에서 일어나는 현상을 관찰했습니다. 이러한 관찰을 통해 많은 것을 알게 되었습니다. 몸과 마음의 본질과 몸과 마음의 관계 등을 포함해서 많은 것을 깨달았습니다.

이러한 깨달음을 통해 몸과 마음을 어떻게 다스려야 할지 알았습니다. 그래서 살아가는 데 도움이 되었습니다.

앞서 이야기한 '세상의 이치'처럼 나의 이러한 경험도 일반사람이나 환자에게 도움이 될 수 있다고 생각했습니다.

특히 환자는 순간순간 마음을 다스리는 일이 필요합니다. 환자들이 치료를 통해 자신의 문제도 이해하고, 인생에 대한 통찰도 얻었지만, 그것을 실제 생활에서 제대로 실천하지 못하는 경우가 있습니다. 이 문제에 대해 2003년 미얀마에서 한 달 수행을 하고 귀국하기 전에 미얀마에 있는 쉐우민 수행센터의 우 떼자니아 스님을 찾아가 질문한 적이 있습니다. 그분의 대답은 '환자 스스로 자기를 보게끔 도와주라'는 것이었습니다. 이 대답을 듣고, 지금까지 물론 정신치료자로서 환자들과 같이 항상 환자가 자신의 문제를 알게끔 도와주는 일을 해왔지만, 환자 스스로 자기를 보게끔 하는 데 초점이 가 있지 않았다는 생각이 들었습니다. 그래서 치료의 초점을 환자가 스스로 자신을 볼 수 있는 데 두어야겠다고 생각했습니다. 그런 점에서 이 스님의 말도 나로 하여금 환자 스스로 자신을 관찰하고 자신을 다스리게끔 하는 방법인 '생각을 다스리는 법'을 개발하는 데 영향을 주었습니다.

이제 이 '생각을 다스리는 법'을 설명해 보겠습니다. 우리는 몸과 마음으로 이루어져 있는 존재입니다. 우리에게는 몸이 있고 마음이 있습니다. 마음은 정신입니다.

먼저 몸부터 살펴보면, 몸은 자연현상처럼 그대로 있습니다. 몸과 마음을 순간순간 있는 그대로 관찰해 보면 몸은 그냥 있다는 것을 알 수 있습니다. 몸은 주어진 조건에 따라 생명 유지를 위해 작용을 하고 있습니다. 그러한 몸을 움직이는 것은 마음입니다.

손은 그저 그렇게 있습니다. 손으로 밥을 하게 하거나, 남을 돕게 하거나, 남을 때리게 하는 것은 우리의 마음입니다. 발이나 다리도 그냥 있습니다. 도서관에 가게 하거나, 술집에 가게 하거나, 남을 차게 하는 것은 우리의 마음입니다. 눈도 그냥 있습니다. 남을 사랑스럽게 보게 하거나 째려보게 하는 것도 마음입니다. 위(胃)도 음식이 들어오면 소화를 시킵니다. 나쁜 음식이 들어오면 소화가 안 됩니다. 그것에 대해 편안히 받아들일 수도 있고 불안해 할 수도 있습니다. 이렇게 볼 때 마음이 중요합니다.

위빠사나 수행을 해 보면 우리의 의도 없이는 몸이 움직여지지 않는다는 것을 알 수 있습니다. 이런 면에서 볼 때 마음이 우리의 행복과 불행을 결정짓는다고 할 수 있습니다.

『제어되지 않음 품』(앙굿따라 니까야 제1권 81~83쪽)에서 붓다는 마음의 중요성에 대해서 다음과 같이 말하고 있습니다. "비구들이여, 이것과 다른 어떤 단 하나의 법도 이렇듯 제어되지 않고, 보호되지 않고, 지켜지지 않고, 단속되지 않아 큰 해로움을 가져오는 것을 나는 보지 못하나니 그것은 바로 마음이다. 비구들이여, 제어되지 않고, 보호되지 않고, 지켜지지 않고, 단속되지 않은 마음은 큰 해로움으로 인도한다. 비구들이여, 이것과 다른 어떤 단 하나의 법도 이렇듯 제어되고, 보호되고, 지켜지고, 단속되어 큰 이로움을 가져오는 것을 나는 보지 못하나니 그것은 바로 마음이다. 비구들이여, 제어되고, 보호되고, 지켜지고, 단속된 마음은 큰 이로움으로 인도한다."

그런데 이렇게 중요한 마음의 속성에 대해서 사람들은 잘 모르고 있는 것 같습니다. 마음은 여러 측면에서 설명할 수 있지만 내가 볼 때 마음은 크게 두 가지 중요한 속성을 가지고 있습니다.

첫째, 마음은 언제나 어딘가 가 있는 곳이 있습니다. 마음이 가 있는 대상이 있다는 것입니다. 마음이 어디 가 있지 않은 경우는 없습니다. 그것도 한 번에 한 곳만을 갑니다. 마치 등대가 밤이 되어 불을 켜면 항상 어딘가를 비추는 것과 같습니다. 등대는 한 번에 한 곳을 비춥니다. 등대와 우리 마음의 차이는 등대는 날이 밝아지면 불을 비출 필요가 없어 불을 끄지만 마음은 항상 죽을 때까지 작용을 하면서 어딘가에 가 있다는 것입니다. 우리 마음은 항상 불이 켜져 있는 등대라고 할 수 있습니다.

비유적으로 말하면, 우리 몸은 등대이고 등대에 불이 들어와 있는 것이 마음이 작용하고 있는 것입니다. 이렇게 우리 마음은 항상 작용하고, 어딘가 한 곳에 가서 그곳의 영향을 받습니다. 마음이 가 있는 대상을 크게 나누면 건전한 대상과 불건전한 대상입니다. 마음이 가 있는 곳이 건전한 곳이면 우리는 편안하고 행복하고 정신이 건강해집니다. 마음이 가 있는 곳이 불건전한 곳이면 우리는 괴롭고 불행하고 정신이 불건강해집니다.

둘째, 마음이 어떤 대상으로 자꾸 가면 그곳으로 길이 난다는 사실입니다. 건전한 대상으로든 불건전한 대상으로든 어느 쪽이든 많이 간 쪽으로 자꾸 가게 된다는 것입니다. 붓다도 『두 갈래 사유의 경』(맛지마 니까야 제1권 394쪽)에서 "비구들이여, 비구가 자주 사유하고 숙고한 것은 무엇이든지 점차 마음의 경향이 된다. 그가 자주 감각적 쾌락의 욕망에 대해 사유하고 숙고하면, 그는 감각적 쾌락의 욕망을 여읜 사유를 버리게 되고, 감각적 쾌락의 욕망의 사유를 계발시켜서, 그의 마음은 감각적 쾌락의 욕망의 사유로 향하게 된다."라고 말하면서 어떤 생각을 자꾸 하면 경향이 된다고 말하였습니다. 어떤 것을 여러 번 반복해서 하면, 마음이 그것을 하려고 하는 쪽으로 작동한다는 것입니다. 마음이 왜 이러한 원리로 움직이나 하는 것은, 나중에 내 경험을 통해 설명하겠습니다.

수행을 해 본 사람들은 마음을 어느 대상으로 자꾸 향하면 길이 난다는 것을 경험할 수 있습니다. 처음에는 수행의 대상에 집중하는 것이 힘들지만 자꾸 집중하면 나중에는 쉽게 집중이 되고, 아주 많이 하면 자동으로 집중이 되는 것을 경험할 수 있습니다. 이와 마찬가지로 불건전한 대상에 마음이 자꾸 가면 가만히 있어도 마음이 불건전한 대상으로 가게 됩니다. 꼭 수행이 아니더라도 우리가 하는 행동이나 생각을 유심히 관찰하면 이렇다는 것을 알 수 있습니다.

내 친한 친구는 고등학교 때 공부를 잘했는데 대학에 실패하여 재수를 했습니다. 그런데 이 친구가 도서관으로 가서 공부를 하는 것이 아니라 바둑을 두러 기원에 자주 갔습니다. 그래서 하루는 다른 친한 친구와 함께 그 친구를 만나 '내일은 꼭 도서관에 가라'고 했고 그 친구도 그러겠다고 하고 헤어졌습니다. 그런데 다음날 그 친구에게 재밌는 이야기를 들었습니다. 그 친구는 도서관에 간다고 생각하고 갔는데,

도착한 곳은 기원이었다는 것입니다. 기원으로 너무 길이 잘 나 있었던 것이지요.

이제 정리해보겠습니다. 우리 존재는 몸과 마음으로 이루어져 있고, 몸을 움직이는 것은 마음이고, 마음은 두 가지 속성에 따라 움직인다고 했습니다. 그러면 우리가 어떻게 해야 할지 결론이 납니다. 왜냐하면 우리 마음의 속성이 어딘가에는 가 있어야 하고, 또 자꾸 간 쪽으로 길이 나기 때문입니다. 우리는 누구나 행복하고 성공하고 싶어합니다. 우리 마음을 건전한 대상으로 향하게 하는 길만이 우리가 갈 길입니다. 그 길만이 우리가 원하는 길입니다. 다른 길은 우리가 원하는 길이 아닙니다.

그렇다면 이제 건전한 대상이 구체적으로 어떤 것이고, 불건전한 대상이 어떤 것인지를 정확히 알아야 합니다. 그래야 건전한 곳으로 가고, 불건전한 곳으로는 안 갈 수 있습니다. 건전한 대상과 불건전한 대상에 대한 분류는 관점에 따라 다를 수 있고, 목적에 따라 다를 수 있습니다.

현재를 힘들게 하는 과거로 간 마음

정신과 의사로서 정신건강의 측면에서 분류해 보자면, 건전한 대상은 현재고, 불건전한 대상은 과거와 미래입니다. 왜 이렇게 분류하느냐 하면 우리 마음이 과거와 미래로 갔을 때 우리는 괴롭고 불행하고 정신이 불건강해지고, 현재로 갔을 때는 편안하고 행복하고 정신이 건강해지기 때문입니다.

　왜 그런지를 보겠습니다. 왜 마음이 과거와 미래로 가는 것은 불건전한 쪽으로 분류가 되고, 현재로 가는 것은 건전한 쪽으로 분류가 되나요?

　먼저 마음이 과거로 간다는 것은 과거 생각을 한다는 것입니다. 그러면 왜 과거 생각이 불건전한가요? 과거 생각이라도 기분 좋은 추억과 같이 좋은 과거도 있고, 안 좋은 과거도 있는데 과거 생각을 모두 불건전한 것으로 분류할 수 있을까요?

　나는 모든 과거 생각을 불건전한 것으로 분류해야 한다고 생각합니다. 그 이유를 말해 보겠습니다. 먼저 안 좋은 과거 생각이 왜 불건전한지를 밝히고 그 다음 떠올리고 싶은 추억과 같은 좋은 과거 생각도 본질적으로는 왜 불건전한 것에 속하는지 보겠습니다.

　과거에 일어난 일은 많지만 주로 우리에게 찾아오는 과거 생각은 후회되거나, 화가 나거나, 아쉽거나 억울한 일에 대한 것입니다. 물론 좋은 추억이 떠올라 기분이 좋아지고 입가에 미소가 지어지기도 합니다. 그러나 이런 좋은 과거는 떠오르는 힘이 약합니다. 한두 번 떠오르다가 맙니다. 그런 좋은 기억 속에 있고 싶으면 그것을 의지로 떠올려야 합니다. 그에 비해 앞서 말한 안 좋은 과거는 아주 힘이 강합니다. 가만히 있어도 떠오릅니다. 심지어는 떠올리고 싶지 않아도 막 떠오릅니다.

　떠올리고 싶지 않은 불안한 생각이 계속 떠오르는 것이 강박신경증입니다. 내가 봤던 어떤 남자 환자는 실제 여자하고 성관계를 하지 않았는데도 성병에 걸렸다는 생각이 자꾸 난다고 했습니다. 성병에 걸릴 이유가 없다는 것을 잘 아는 이 환자는 스스로 마음을 다스렸지만 효과는 잠시였고 과거에 있었던 어떤 일 때문에 성병에 걸렸다는 비합리적인 생각이 계속 들었습니다.

안 좋은 과거 생각은 떠오르는 힘이 강할수록 우리를 힘들게 합니다. 통제가 안 될 정도로 떠오르면 정신장애입니다. 우리에게 떠오르는 안 좋은 과거는 주로 앞서 말한 대로 후회되거나, 화가 나거나, 아쉽거나 억울한 일이니 우리 마음이 안 좋은 과거로 가면 대체로 후회되거나 화가 난다고 할 수 있습니다. 이래서 안 좋은 생각은 불건전하다고 말할 수 있습니다. 이에 대해서는 아무도 반대하지 않을 것입니다.

그러면 기분을 좋게 만드는 추억과 같은 과거 생각이 왜 불건전한지 보겠습니다.

기분을 좋게 만들고 미소를 짓게 하는 추억이, 우리를 후회하게 하고 화나게 하는 안 좋은 과거 생각보다는 낫고 일시적으로 우리에게 힘이 되는 긍정적인 측면을 가지고 있습니다. 하지만 본질적으로 볼 때에 불건전한 대상으로 분류되는 이유로 세 가지를 꼽을 수 있습니다.

첫 번째 이유는 우리는 시간을 쓰다가 가는 존재라는 사실입니다. 우리에게 가장 소중한 것은 시간입니다. 시간은 모든 것을 가능하게 해 줍니다. 시간이 없이는 어떤 것도 가능하지 않습니다. 예를 들어, 누구를 사랑하려고 하면 그 사람과 같이 있어야 합니다. 시간을 낼 수 없으면 그렇게 할 수 없습니다. 그래서 사랑은 더불어 보낸 시간이라고도 할 수 있습니다. 우리가 무엇이든 습득하고 경험할 수 있었던 것은 그것과 시간을 함께 한 결과입니다. 이런 점에서 우리 인생은 시간을 어디에 썼느냐에 따라 달라집니다. 이런 관점에서 볼 때 좋은 추억이 자연스럽게 잠시 떠오르는 것은 음미할 수 있지만 귀중한 시간을 쓰면서 가야 할 곳은 아닙니다.

우리는 항상 현재에 살고 있습니다. 귀중한 삶이 순간순간 전개되고 있습니다. 그 속에서 언제나 할 일이 있습니다. 이런 관점에서 볼 때 추억 속으로 간 시간은 귀중한 시간을 낭비한 것이라고 할 수 있습니다. 그리고 앞으로 이야기 할, 마음이 현재에 가 있을 때 일어나는 이득을 보면 추억과 같은 좋은 과거를 생각하는 것은 나름대로 가치는 있지만 본질적으로 볼 때 계속적으로 추구해야 할 건전한 대상은 아니라는 것을 알 수 있습니다. 물론 현재 삶이 힘들고 어려울 때 잠시 추억을 떠올리며 위로를 받는 것은 살아가면서 도움이 되고 좋은 일입니다.

두 번째 이유는 좋은 추억과 같은 과거를 계속 떠올리면 결국 현재에 만족하지 못하기 때문이라는 것입니다. 추억에 잠겨 있다가 현실로 돌아오면 현실이 힘들어집니다. 우리는 현재 속에 살면서도 현재에서 의미를 찾지 못하고 또 찾으려고도 하지 않습니다. 그래서 쉽게 과거 속으로 가버릴 수 있습니다. 이런 경우 좋은 추억으로 위로를 받기도 하지만 자칫 잘못하면 돌아와야 할 현재가 더 싫고 힘들 수 있습니다.

세 번째는 앞서 말한 마음의 속성에 따라 그쪽으로 길이 날 수 있기 때문입니다.

이런 세 가지 이유로 과거 생각은 본질적인 면에서 불건전하다고 볼 수 있습니다.

미래를 고민하는 것 역시 현재를 힘들게 한다

이제 미래에 대해 생각하는 것을 불건전하다고 보는 이유를 보겠습니다.

좋은 과거 생각과 안 좋은 과거 생각이 있듯이 미래에 대한 생각도 두 가지가 있습니다. 걱정이 되고 불안하게 만드는 암울한 미래에 대한 생각이 한 가지고, 계획을 세우는 형태 또는 앞으로 다가올 설레는 생각이 또 한 가지입니다.

과거에 대한 생각처럼, 우선 우리에게 주로 떠오르는 미래는 걱정되고 불안한 내용의 미래입니다. 걱정거리가 있다든지 해결해야 될 일이 있으면 그것이 해결될 때까지 그 생각이 머릿속을 떠나지 않게 됩니다. 반면에 계획을 세운다든지 앞으로 다가올 것을 생각할 때 설레게 하는 미래는 떠오르는 힘이 약합니다. 이처럼 우리 마음이 자주 찾아가는 미래는 우리를 걱정되게 하고 불안하게 합니다.

이러한 안 좋은 미래 생각은 불건전합니다. 안 좋은 미래 생각을 하는 정도에 따라 정신건강이 결정됩니다. 많이 하면 할수록 정신건강이 안 좋게 됩니다. 걱정되고 불안한 정도가 아주 커지면 불안장애로 진행이 될 수 있습니다.

이제 좋은 미래 생각조차 왜 불건전한 것으로 분류되어야 하는지 보겠습니다. 계획을 세운다든지 앞으로 다가올 것을 생각할 때 설레게 하는 미래 생각은 좋은 추억처럼 긍정적인 요소를 가지고 있습니다. 하지만 그럼에도 불구하고 좋은 미래 생각을 본질적으로 불건전한 것으로 분류하는 이유는 좋은 추억이 불건전한 것으로 분류되는 이유와 같습니다.

먼저 미래의 계획을 세우는 것부터 살펴보겠습니다. 계획을 세우는 것은 두 종류가 있습니다.

첫 번째 종류의 계획은 회사나 국가에서 몇 개월 후 몇 년 후 일을 어떻게 진행할지 그것에 대해 미리 논의하고 세부적인 것을 정하는 계획들입니다. 두 번째 종류의 계획은 막연히 미래를 그려보고 계획하는 것입니다.

첫 번째 종류의 계획은 미래 생각에 포함되지 않습니다. 이것은 현재적인 성격을 띠는 계획입니다. 왜냐하면 이 계획은 실제 벌어질 일을 위하여 현재 준비 작업을 하는 것이기 때문입니다. 앞으로 할 일에 동원될 사람, 물품, 장비 등과 일의 진행 순서가 이 계획에는 들어 있고 계획을 세운 순간부터 계획을 세운 일이 달성될 때까지 실제로 그 계획에 따라 진행됩니다. 이러한 준비 작업 없이는 어렵고 복잡한 일을 할 수 없기 때문입니다.

불건전한 대상에 속하는 미래 생각은 두 번째 종류의 계획입니다. 막연히 미래에 대해서 생각하고 계획하고 그려보는 것은 불건전합니다. 현재 정말 풀기 어려운 문제에 봉착하여 그 문제를 풀기 위해 머리를 짜내거나 남과 의논하여 대책 등을 세우기보다는 공연히 자신의 생각에 기반하여 현실적이지 않은 계획을 세우고는 실천하지 않고, 결과적으로 시간만 낭비한다면 불건전합니다.

계획을 세우고 잘 실천하지 않은 사람들을 보면 다음과 같은 경우가 대부분입니다. 해야 할 일이 있는데 하기는 싫고 안 하고 있자니 불안하여 계획을 세웁니다. 그리고 계획을 세우는 것을 통해 자신이 제대로 일을 할 수 있을 것이라고 생각하여 일시적으로 안심하는 것이, 계획을 세울 때 심리적으로 일어나는 현상입니다. 그러고는 실천을 하지 않습니다. 그래서 불안한 마음을 달래기 위해 또 계획을 세웁니다. 시간만 낭비하는 것으로 그치지 않고 앞서 말한 마음의 속성에 의해 그 쪽으로 길이 생겨서 일이 잘 안 될 때 쉽게 계획을 세우는 쪽으로 가게 됩니다.

또 마음을 설레게 하는 미래 생각조차 왜 불건전한지 살펴보겠습니다. 우리를 걱정하게 만들고 불안하게 만드는 미래 생각이 아니라 내일 갈 소풍을 생각하거나 앞으로 여름 방학에 할 일을 생각하는 것과 같은 미래 생각도 생활의 활력소가 될 수는 있지만 앞서 말한 좋은 추억이 그런 것처럼 진행되는 현재에 만족하지 못하고 현재의 가치나 소중함을 모르고 현재를 당연하게 여기게 할 수 있습니다.

우리가 뭘 기다린다는 것은 지금보다는 앞으로 올 것이 좋다는 것입니다. 우리는 항상 현재 속에 살고 있습니다. 그 현재가 좋지 않으면 우리는 불행해집니다. 예를 들면 신호등이 파란불로 바뀌기를 기다린다는 것은 지금 빨간불 동안에는 안 좋다는 것입니다. 그래서 불이 바뀌기를 기다리는 것입니다. 빨간불이 켜져 있는 동안 좋으면 굳이 파란불로 바꾸는 것이 기다려지지 않습니다. 빨간불이 켜져 있는 동안 좋아하는 일을 하고 있으면 빨간불이 켜져 있을 때는 좋아하는 일을 해서 좋고, 파란불이 켜지면 파란불이 켜졌을 때 할 수 있는 일을 해서 좋습니다. 어떤 것을 기다리기보다는 현재 할 수 있는 일을 합니다.

학생이 방학이 기다려지는 것도 마찬가지입니다. 학기 중이 안 좋다는 것입니다. 방학이 좋다는 것입니다. 그런데 방학이 오기 전에는 학기 중입니다. 좋아하지 않는 학교를 다녀야 하니 학기 중에 학교를 다니는 동안 불행합니다.

뭔가를 기다리지 않는 삶으로 전환하는 것이 좋습니다. 앞서도 말했지만 우리는 시간을 쓰다가 가는 존재이고 가장 소중한 것이 시간인데 앞으로 벌어질 일에 시간을 쓰는 것은 시간 낭비라고 할 수 있습니다. 이런 점에서 우리 마음을 설레게 하는 미래 생각을 하는 것도 불건전하다고 볼 수 있습니다.

이렇게 볼 때 모든 과거 생각, 미래 생각은 본질적으로 볼 때 정도 차이는 있지만 모두 불건전하다고 볼 수 있습니다.

그러면 마음이 현재에 있는 것이 왜 건전한지 그 이유를 보겠습니다.

마음이 현재에 있을 때 우리에게 진정하게 이익이 되는 여러 가지 일이 일어납니다. 그래서 건전하다고 볼 수 있습니다.

첫째는 마음이 현재에 있으면 과거와 미래로 가지 않습니다. 왜냐하면 마음은 속성상 한 순간에 한 곳으로 가기 때문입니다. 마음이 과거와 미래로 갔을 때 빠질 수 있는 상태인 화나 불안에 빠지지 않고 안정된 마음을 가질 수 있습니다.

둘째는 현재에 집중함으로써 특히 우리의 몸과 마음에 집중함으로써 몸과 마음의 본질을 알 수 있습니다.

셋째는 세상의 이치와 순리를 알 수 있습니다.

넷째는 현재에서 뭔가를 함으로써 항상 축적이 됩니다.

다섯째 현재에 마음이 오롯이 와 있으니 같이 있는 사람들에게 좋은 인상을 줄 수 있습니다.

이외에도 많은 이익이 있습니다.

우리의 생각이 후회되거나 화가 나는 과거에 가 있거나, 걱정되고 불안한 미래로 가 있는 한 우리는 행복할 수 없습니다. 화가 나거나 불안에서 벗어날 수 없습니다. 그래서 나와 같이 정신치료(심리치료)를 전문으로 하는 정신과 의사나 정신치료자들은 "정신불건강, 노이로제, 정신병은 과거와 미래에 사는 것이고 정신건강은 현재에 사는 것이다."라고 말하기도 합니다.

『숲 속의 경』(쌍윳따 니까야 제1권 117~118쪽)에도 현재에 집중하는 것의 중요성이 잘 나타나 있습니다. 이 경에는 천신과 붓다와의 대화가 나옵니다. 천신이 "숲 속에 사는 비구(승려)가 하루에 한 끼만 먹고도 어떻게 얼굴이 그렇게 맑고 깨끗합니까?" 하고 질문하니 붓다는 "숲 속에 사는 비구가 하루에 한 끼만 먹고도 얼굴이 그렇게 맑고 깨끗한 것은 지나간 것에 마음을 애태우지 않고 앞으로 올 일을 바라지 않고 지금 이 순간을 잘 지키기 때문이다."라고 대답했습니다.

사실 환자들이 병이 난 과정을 보면, 어떤 문제에 봉착하여 그것을 자신의 힘으로 해결도 못하고, 주위 사람의 도움을 받아 해결도 못하고, 그 문제와 씨름하다가 병이 납니다. 이 과정에서 풀어야 할 문제에 대한 현실적인 해결보다는, 문제와 관계된 과거와 미래로 엄청나게 많이 가 있다가 병이 납니다.

본질적으로 볼 때 어떠한 생각이든 생각은 과거와 미래로 간 것입니다. 나는 누가 생각이 많다고 하면 '그 사람은 과거, 미래로 많이 가 있구나' 하고 생각합니다. 사실 우리가 인생에서 괴로움을 느끼거나, 콤플렉스를 가지거나, '이것은 도저히 내 인생에서 해결이 안 될 것이다' 라고 생각하는 어떠한 것도 자세히 보면 그것에 대해 생각을 많이 한 것입니다.

똑같은 일을 당해도 그에 대해 생각을 안 하면 생각을 많이 한 것에 비해 괴로움이 훨씬 적습니다. 우리가 어떤 일에 대해 생각을 줄이면 줄인 만큼 괴로움이 줄어듭니다. 이것은 실제로 해 보면 압니다. 정신과 의사로서 환자들에게 생각을 줄이도록 도와주면서 환자들이 자신의 생각을 줄이면 고통도 줄고 정신적인 증상도 주는 것을 많이 봤습니다.

마음의 길이 나는 이유

이제 이 글의 처음에서 이야기한 마음의 두 번째 속성인 마음이 어떤 대상에 자꾸 가면 길이 나는 이유를 알아보겠습니다. 이것이 확실히 이해가 되어야 사람들은 불건전한 대상으로 가지 않게 됩니다. 나는 마음의 이러한 속성을 내 자신의 몸과 마음의 관찰을 통해 알게 되었습니다.

우리는 생각을 통해 불건전한 대상인 과거와 미래로 가기도 하고, 정신작용을 기울여 건전한 대상인 현재로 마음을 향하게도 합니다. 그런데 생각이나 정신작용의 본질을 보면, 반복했을 때 길이 나는 것을 알 수 있습니다. 생각은 정신작용의 일종입니다. 정신작용에는 생각, 느낌, 인식, 의지작용, 의식이 있습니다. 생각이나 다른 정신작용은 본질적으로 동일한 속성을 가지고 있습니다. 생각의 본질을 이해하면 다른 정신작용도 같은 것으로 이해하면 됩니다.

자신의 정신이나 마음을 면밀히 관찰하지 않은 사람들은 생각을 자신이 하는 것으로 생각합니다. '이런 생각을 해야지' 하고 나서 '그런 생각을 한다'고 생각합니다. 그런데 만약 어떤 생각을 우리가 했다고 한다면, 그 어떤 생각을 하기 전에 그 생각을 해야지 하고 생각해야 합니다. 그런 후에 그 생각을 할 수 있다면 그 생각은 우리가 했다고 할 수 있습니다.

비유를 해보자면, 우리가 볼펜이 필요해서 볼펜을 가져와야지 생각한 후에 그것을 가져온다면 그것은 우리가 가져온 것입니다. 그런데 아무런 생각 없이 앉아있을 때 볼펜이 갑자기 내 손에 떨어진 것을 가지고 내가 그 볼펜을 가져왔다고 생각하면 이치에 맞지 않습니다.

우리가 생각을 면밀히 있는 그대로 관찰하면, 앞선 생각이 존재하지 않는 것을 알 수 있습니다. 어떤 생각이든 그냥 떠오를 뿐입니다. 그냥 떠오른다는 것은 뭐가 떠오를지 알 수 없다는 것입니다. 우리가 통제할 수 없다는 것입니다.

이러한 사실을 경험한 것은 2003년 여름에 한 달간 미얀마에서 위빠사나 수행을 할 때였습니다. 놀라웠습니다. 그걸 경험하기 전에는 생각은 내가 하는 것으로 생각했는데, 그게 아니었습니다. 그래서 생각을 포함한 모든 정신작용(느낌, 인식, 의지)을 면밀히 있는 그대로 관찰하려고 노력했습니다.

생각을 포함한 정신작용이 거대한 탱크와 같은 곳에서 조건에 따라 일어나는 것을 관찰할 수 있었습니다. 이 거대한 탱크는 거대한 용량의 컴퓨터와 같은데, 실제의 컴퓨터와 달리 용량이 엄청나게 크고, 지울 수 없게 되어 있습니다. 이것은 워낙 복잡하기 때문에 어떤 기전(mechanism, 의학용어, 어떤 현상이 일어나기까지의 과정을 뜻함-편집자주)으로 떠오르느냐 하는 것은 정확히 알기 어렵습니다.

어떤 것이 많이 입력되면 그것이 자꾸 떠오르게 됩니다. 과거가 많이 입력이 되면 과거가 많이 떠오를 수밖에 없고, 미래가 많이 입력되면 미래가 떠오를 수밖에 없습니다. 현재에 집중하는 것이 많이 입력되면 현재에 집중하게 됩니다. 이것이 마음이 어떤 대상으로 자꾸 가게 되면 거기로 길이 나는 원리입니다. 뇌과학적으로 말하면 신경회로가 생기는 것입니다.

이런 까닭에 우리는 우리 속에 입력되는 것에 매우 신중해야 합니다. 그것이 우리 자신이 되기 때문입니다. 우리는 고정불변한 존재가 아닙니다. 순간순간 입력되는 것이 우리의 일부가 됩니다. 마치 우리가 먹는 음식이 우리 몸의 일부가 되듯이.

우리 속에 입력되는 경로는 여섯 가지입니다. 눈으로 보는 것, 귀로 듣는 것, 코로 냄새 맡는 것, 혀로 맛보는 것, 몸으로 닿는 것, 그리고 생각하거나 느끼고 의지를 내는 등의 정신작용이 그 여섯 가지입니다.

이러한 경로를 통해 들어오는 것에 대해 어느 정도 신중해야 할까에 대해 궁금하시다면 다음과 같은 비유를 들고 싶습니다.

평소 우리는 피부에 둘러싸여 있어 바이러스나 박테리아가 몸에 침투하지 못합니다. 만약 피부가 벗겨져 있으면 바이러스나 균이 아무런 장애 없이 몸에 들어와 병을 일으키고 몸을 썩게 할 수 있습니다. 만약 우리 몸의 일부에 피부가 벗겨져 있다면 굉장히 조심할 것입니다. 혹 밖에 더러운 것이 있는지, 오염물질이 있는지, 누가 아픈 사람이 있는지 살펴서 거기를 떠나고, 심하면 무균실을 찾아 갈 것입니다.

피부가 벗겨져 있는 사람이 벗겨진 피부를 통해 균이 들어오지 않게 조심을 하듯이, 우리 속에 입력된 것이 우리에게 심각한 영향을 줄 수 있기 때문에 우리 안에 입력되는 것에 조심하고 신중하면 됩니다. 우리는 살아가면서 사람을 만나고, 대화하고, 책을 보고, 방송매체도 접하고, 영상물도 보고, 그리고 생각합니다. 이 모든 것이 우리 속에 입력되어 우리의 일부분이 되고 우리에게 영향을 줍니다.

어떤 형태로든지 우리는 밖의 세계와 접촉합니다. 요즘 세상을 놀라게 하는 범죄인들도 우리와 똑같은 사람입니다. 다만 범죄와 관계된 것이 많이 입력되었을 뿐입니다. 그 사람들이 그렇게 된 것은 그 사람들이 만난 사람들, 들은 이야기들, 접한 책들, 본 것들, 그리고 그 사람들이 했던 생각들의 영향이 컸다고 생각합니다. 실제로 두 여자아이를 유괴하여 살해한 범인의 집에서 엄청난 양의 야한 동영상이 나왔다고 합니다.

우리가 진정 바라는 것이 있으면 그것에 대한 것이 많이 입력되어야 합니다. 우리가 지금 할 수 있는 어떤 것이라도, 예를 들면 영어든지 어떤 기술이든지 그것과 관계되는 것과 접촉하여 그것과 관계되는 것이 많이 입력이 되었기 때문에 그것이 가능한 것입니다.

마음을 현재에 집중하는 기술

이제 마음의 두 가지 속성에 대해 자세히 알아보았으니 어떻게 하면 우리의 마음을 과거와 미래가 아닌 현재에 있게 할 수 있는지 그 구체적인 방법에 대해 알아보겠습니다.

우리가 편안하고 행복하고 성공했을 때를 보면 현재에 집중했을 때입니다. 행복한 사람이나 성공한 사람은 현재에 사는 사람입니다. 어떤 종교의 스승이든 현재를 중요시합니다. 괴롭고 불행하고 정신이 불건강한 데서 벗어나려면 불건전한 대상에 마음이 가 있는 데서 건전한 대상에 마음이 가 있는 것으로 전환해야 합니다. 마음이 과거와 미래에 가 있는 데서 현재로 오는 것으로 옮겨야 합니다.

현재에 마음이 있게 하는 구체적인 방법을 보겠습니다. 무엇을 하든지 현재에 집중하도록 노력해야 합니다. 집중하되 100퍼센트 집중하려고 노력합니다. 무엇을 보거나 들을 때 100퍼센트 보거나 들어야 합니다. 100퍼센트 집중하지 않으면 과거의 습성대로 과거와 미래에 대한 생각이 올라옵니다. 보통 우리는 100퍼센트 보지 않고 자기 생각으로 처리합니다.

만약 컵을 본다면 컵을 볼 때 '아, 컵이 있구나. 예쁜 컵이구나, 혹은 미운 컵이구나' 하고 자신의 개념이나 살아오면서 경험한 것을 가지고 처리해버리지, 앞에 있는 컵을 있는 그대로 보지 않습니다. 컵에 대해

　판단하거나 생각을 하는 동안에는 컵을 보고 있지 않은 것입니다. 오로지 보는 것만이 있을 때 100퍼센트 보는 것입니다. 그렇게 100퍼센트로 보면 사람을 볼 때 남자다 여자다 하는 것도 없어지고, 좋고 싫고도 사라지고, 일체의 판단도 사라집니다. 예를 들어 눈앞에 있는 컵을 100퍼센트 보면 컵이 아주 귀한 물체라는 것이 느껴집니다. 컵이 여기 있기까지의 과정이 보입니다.

　이렇게 100퍼센트로 보면 과거와 미래로 가지 않고, 과거와 미래의 영향에서 벗어납니다. 지금 이 자리에서 현재 있는 존재와 만납니다. 과거와 미래의 투사로서 사물을 대하지 않고 현재 눈앞에 있는 사물의 본질을 보게 됩니다. 이처럼 100퍼센트 집중하려고 하면서, 밥을 먹을 때는 밥 먹는 데 집중합니다. 걸을 때는 걷는 데 집중합니다. 양치할 때는 양치하는 데 집중합니다. 잔다고 누워 있을 때는 누워 있는 것을 느끼면서 누워 있습니다. 호흡에 집중하면서 누워 있으면 현재에 마음이 가 있는 것입니다.

이렇게 노력하는 가운데도 집중이 약해진 틈을 타 과거의 습성대로 과거와 미래에 대한 생각이 올라옵니다. 그러면 생각이 난 것을 알아차리면 됩니다. 생각의 구체적인 내용은 생각하지 말고 '지금 현재 하는 일에 집중해야 되는데 생각이 나는구나' 하면 생각이 사라집니다. 그러면 다시 하던 일에 집중하면 됩니다.

현재에 효과적으로 집중할 때 100퍼센트 집중하는 방법 외에 또 다른 방법이 있습니다. 무엇을 하든 소리를 내지 않고 해도 현재에 집중하게 됩니다. 환자들에게 진료실 책상에 있는 물컵을 처음에는 그냥 들고 놓으라고 해 보고, 그 다음에는 물컵을 들고 놓을 때 소리가 안 나게 들고 놓아보라고 합니다. 그러면 그 둘의 차이를 알게 됩니다. 온종일 생활하면서 소리를 안 내고 하려면 저절로 하는 일에 집중하게 됩니다.

어느 방법을 쓰든 이렇게 자꾸 하면 점점 현재에 집중하는 것이 쉬워집니다. 우리의 마음이나 정신의 구조가 그렇게 되어 있습니다. 이런 작업을 하는 것에 의미를 붙이고 즐거워하고, 변화되는 자신을 소중히 해야 합니다.

환자가 일상생활에서 현재에 집중하는 것을 놓쳤을 때, 환자로 하여금 그것을 적는 카드에 놓친 횟수를 기록해서 가져오게 합니다. 처음에는 놓친 횟수가 많지만 점점 놓친 횟수가 줍니다. 환자들에게 부정적인 생각이 들면 '머리에 불이 붙었다'고 생각하라고 합니다. 머리에 불이 붙으면 즉각 손으로 불을 끌 것입니다. 그처럼 부정적인 생각이 들면 현재로 돌아와야 합니다. 부정적인 생각이라는, 우리를 태우는 불을 꺼야 합니다. 자꾸 부정적인 생각을 하면 불이 번지는 것입니다.

붓다도 『더러움 경』(앙굿따라 니까야 제1권 625쪽)에서 악하고 해로운 생각을 '파리'라고 말했습니다. "비구여, 탐욕은 더러움이고 악의는 비린내이며 악하고 해로운 생각은 파리다. 비구여, 참으로 자신을 더럽게 하고, 비린내를 풍기면 파리들이 그대들에게 몰려들어 공격할 것이다."라고 말했습니다. 붓다의 말에 따르면, 탐욕이나 화가 있으면 그것으로 인해 안 좋은 생각의 파리 떼가 달려든다는 것입니다. 우리에게 생각이 많으면 파리 떼가 달라붙어 있다고 상상하면 됩니다. 우리 속의 욕심, 화, 무지가 생각을 불러들이는 것입니다.

나는 생각이 많은 것에 대해 환자들에게 다음과 같은 메타포(은유)도 씁니다.

아주 평화로운 도시가 있었습니다. 그런데 적국에서 그 도시까지 땅굴을 팠습니다. 하지만 땅굴이 아주 좁아 적국의 군인은 한 줄로 땅굴 속에 줄을 지어 기다리고 있었습니다. 그런데 출구인 맨홀 쪽에 그곳을 지키고 있는 경비병이 있었습니다. 적국의 군인이 맨홀로 머리를 살짝 내밀자 경비병이 '누구냐' 하고 소리쳤고 적국의 군인은 다시 땅굴 속으로 들어갔습니다. 그렇게 하기를 몇 차례, 결국 경비병의 저지가 없어지자 한 명씩 땅굴에서 나왔고 결국 그 도시는 적국 군인으로 가득 찼습니다.

부정적인 생각이 우리 머릿속에 꽉 차는 것도 이와 같습니다. 부정적인 생각은 우리 생각이라기보다 우리를 해치는 적군이라는 사실을 빨리 알아야 합니다.

지금까지 말한 생각과 정신, 마음의 본질에 맞게 순간순간 우리의 마음이 건전한 대상인 현재로 향할 수 있도록 노력할 때, 그래서 현재로 길이 많이 날 때 우리는 좀 더 행복해지고 정신이 건강해집니다.

마음을 돌려 생각을 다스리기

환자들에게 적절한 시기에 이러한 '생각 다스리는 법'을 설명해 줍니다. '생각 다스리는 법'을 듣고 환자들은 일상생활 속에서 현재에 집중하여 자신의 정신적 문제를 해결하는 데 도움을 받았습니다.

어떤 40대 초반의 여자 환자는 눈이 아지랑이가 낀 것처럼 흐릿하여 안과에 갔으나 아무런 문제가 없다는 이야기를 들었습니다. 그래도 자꾸 눈이 걱정이 되고 매사에 불안하였는데 치료를 받으면서 '생각 다스리는 법'에 대한 이야기를 듣고 현재에 집중하는 시간이 많아지면서 눈을 의식하는 시간이 줄어들었고, 눈에서 나타나는 증세도 없어졌고, 나중에는 눈을 의식하지 않게 되었습니다. 잡념도 없어졌습니다.

이 환자는 기독교 신자였는데 잡념이 없어지니 하나님과 만나는 느낌을 받았다고 합니다. 현재에 집중하는 것이 자리잡히면서 매사에 집착이 없어지고 편안해졌습니다. 어떤 날은 아무 잡념이 떠오르지 않은 날도 있었습니다. 간혹 눈을 의식하게 되면 내가 가르쳐준 대로 호흡에 집중하여 안정을 찾았습니다. 이 환자는 처음에는 약물을 같이 썼는데 나중에는 약을 끊었고, 약을 끊은 상태에서 계속 좋은 상태가 되어 4개월 정도의 치료 후 문제가 있으면 다시 찾아오기로 하고 치료를 종결했습니다.

앞서 '세상의 이치'에서 인용한 여자 직장인도 '생각을 다스리는 법'을 통해 생각을 다스려서 스트레스로 인한 정신적·신체적 증상이 줄고 마음이 훨씬 편해졌습니다. 이 환자에게 생각을 다스리는 방법을 설명해 주고 나자, 그 다음 시간에 환자는 훨씬 안정된 모습으로 왔습니다. "내 마음을 가만히 보니 화나는 것이 없어졌어요." 하고 환자는 말했습니다. '생각을 다스리는 법'을 설명한 뒤 2주 후 환자는 "안 좋은 것은 떠올리지 말아야 해요."라고 말했습니다. 안 좋은 생각을 자꾸 하면 그쪽으로 길이 난다는 사실을 이해하고 자신의 생각을 다스리려고 하고 있었습니다. 그 전에는 나름대로 문제를 해결하고 상황을 호전시키기 위해 안 좋은 생각을 계속 했지만 이제 마음의 속성을 이해하자 안 좋은 생각이 떠오를 때 대처하는 것이 달라졌습니다.

환자는 내가 말한 대로 치료시간마다 '생각을 다스리는 법' 기록 카드를 가져왔습니다. "거의 하루 종일 나를 봅니다. 친구와 이야기 할 때나 뭘 볼 때 기분이 안 좋으면 '아, 기분이 안 좋은 데로 가네' 하면서 내 마음을 보고, 잘 때는 '잔다. 잔다. 자는 것 말고는 딴 생각하지 말자' 해요."라고 말했습니다. 또 "스트레스 받으면 아픈 것 같아요. 마음 편하게 먹고 현재에 집중하고부터 많이 너그러워졌어요. 짜증을 냈다가도 '미쳤어. 왜 이래 짜증낼 일도 아닌데' 해요. 그전에는 짜증나면 하루 종일 갔어요."라고 환자가 말하면서 스트레스가 자신의 증상의 원인이었다는 사실을 명확히 인식하고 부정적인 생각을 줄임으로써 스트레스를 줄일 수 있다는 것을 이해했습니다.

내가 "현재에 집중하는 것이 좋은 친구가 되었네요. 대단해요. 내가 말한 현재에 집중하는 것을 어떻게 받아들여서 하게 되었나요?" 하고 물었더니 "빨리 낫고 싶었어요. 살아가기 힘들었어요."라고 대답했습니다. "괴로움이 강한 동기를 유발했네요." 했더니 "네, 그렇지만 전에는 어떻게 해야 될지 몰랐어요."라고 대답했습니다.

'생각을 다스리는 법'이 일상생활에 미친 영향도 이야기했습니다. "영화를 볼 때 건성으로 보다가 이제는 집중해서 봐요. 전에는 좋아하는 것만 봤어요. 좌선할 때 다리가 저리는 것을 지켜보면 없어져요. 예전에는 호들갑을 떨었던 것 같아요. 예전의 나 같은 친구를 보면 안타까워요."라고 말했습니다. "현재에 집중하는 것을 놓치는 횟수가 많이 줄었어요. 일주일이 어떻게 지나갔는지 모르겠어요. 전에는 월요일이면 그 전주를 보면서 이 날은 뭐했고 이 날은 뭐했다는 것을 생각했어요. 이제는 지나간 것은 생각하지 않아요."

두 달 정도 치료를 한 후 환자는 정신적·신체적 증상이 없어졌을 뿐 아니라 자신의 마음을 다스리는 데 있어서나 대인관계에서 큰 변화가 있었습니다.

이 환자들뿐만 아니라 '생각 다스리는 법'이 치료에 적절히 이용될 때 수많은 환자들의 문제 해결에 크게 도움이 되었습니다.

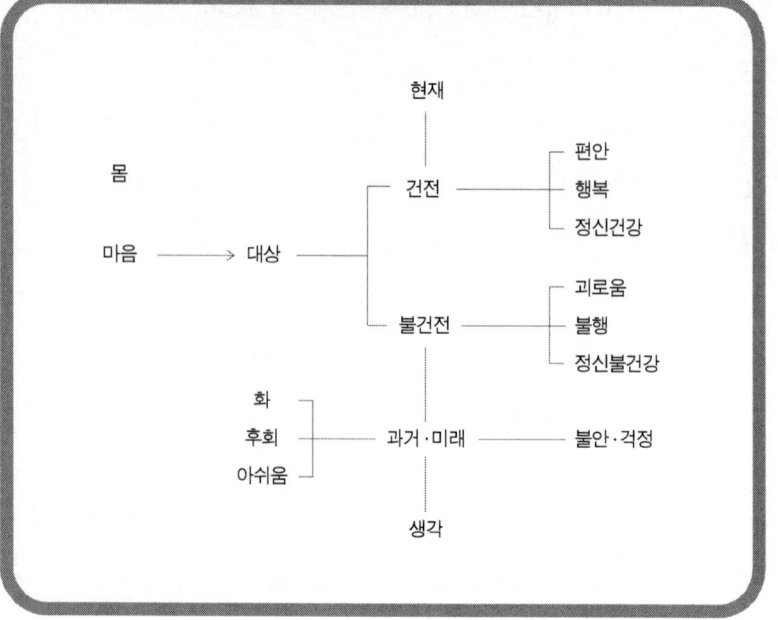

2-3

후회의 본질

살아가면서 한 번도 후회를 해 보지 않은 사람은 없습니다. 나도 불교 수행을 통해 후회라는 것이 어떤 것인지 정확히 알기 전까지는 자주 후회를 하곤 했습니다. 고등학교 동창 모임에 가 여흥 시간에 게임을 하면서 질문을 받았을 때 '왜 멋있게 대답하지 못했을까' 또는 방송에서 인터뷰할 때 '왜 그렇게 말하지 못했을까' 하고 후회하며 마음이 편치 못했을 때가 있었습니다. 이밖에도 살아오면서 많은 후회가 있었습니다.

병원을 찾아오는 환자들도 후회가 많습니다. '내가 그때 왜 이렇게 말하지 못했을까' 하고 억울해 하고, 그렇게 못한 자신이 바보같이 느껴지고, 다시 그 상황으로 돌아가서 자기가 원하는 대로 되지 않으면 그 한이 풀릴 것 같지 않다고 말합니다. 실제 많은 환자들이 남에게 무시당했다고 생각되는 상황에서 제대로 자신이 하고 싶은 말을 못한 경우 그것이 자꾸 생각나고, 그 상대되는 사람에게는 화가 나고, 자신을 자책하는 데 많은 시간을 보냅니다. 그러다보니 자신도 괴롭고 주위 사람도 괴롭습니다. 환자들이 지난 일에 대해 후회만 하지 않더라도 마음이 많이 편해지고 환자의 문제를 해결하는 데 큰 도움이 될 것입니다.

불교에서도 장애가 되는 마음 상태의 하나로 지나간 일을 후회하는 것을 듭니다. 장애가 되는 마음 상태인 5장애는 1. 감각적 쾌락에 대한 욕망, 2. 악의, 3. 게으름과 혼침, 4. 들뜸과 후회, 5. 의심 등 다섯 가지인데, 이중 후회는 지나간 일을 곱씹고 자꾸 생각하는 것입니다.

정신과에 찾아오는 환자들 대부분이 이 5장애 중의 하나인 후회에 많이 빠져 있습니다. 불교 수행에서 마음이 하나로 집중되는 상태인 선정에 들려면 5장애가 제거되어야 합니다. 후회를 하는데 우리 마음이 가 있는 한, 건강하고 건설적이고 우리에게 필요한 곳에 에너지를 쓸 수 없습니다. 후회가 계속되면 정신건강이 나빠지고 심하면 우울증이 올 수도 있습니다.

『깨어 있음의 경』(쌍윳따 니까야 제1권 114~115쪽)에 보면 천신이 붓다에게 다음과 같이 질문합니다. "어떤 것이 깨어 있으면 우리가 잠자는 것이고, 어떤 것이 잠자면 우리가 깨어 있습니까? 우리는 어떤 것으로 더렵혀지며, 어떤 것으로 깨끗해집니까?" 이에 대해 붓다는 다음과 같이 대답합니다. "다섯(5장애)이 잠자면 깨어 있는 것이고, 다섯(5장애)이 깨어 있으면 잠자는 것이다. 다섯(5장애)으로 더럽혀지며, 다섯(5根)으로 깨끗해진다."

여기서 5근(五根)은 수행자의 다섯 가지 능력인 믿음, 정진, 마음챙김, 삼매(三昧), 지혜를 말합니다. 이 게송에 의하면 5장애 중의 하나인 후회를 하면 깨어 있어도 잠자는 상태이며, 후회가 잠자면(없으면) 깨어 있는 것입니다. 그리고 후회에 의해 우리는 더럽혀집니다. 여기서 깨어 있다는 것은 정신이 건강한 상태이고 바르게 생각하고 판단한다는 뜻이고, 잠잔다는 것은 정신이 불건강하고 올바르게 생각하거나 판단하지 못한다는 뜻입니다.

붓다는 후회는 물론이고 생각하지 말라고 했습니다. 생각하지 말고 보라고 했습니다. 사물을 있는 그대로 보는 것을 항상 강조했습니다. 붓다는 생각이 병이고 종기고 화살이라고 늘 말씀하셨습니다.

생각은 하는 것이 아니라 일어나는 것

내가 후회로부터 벗어나게 된 것은 수행을 통해 생각이나 정신작용의 본질을 이해하였기 때문입니다. 후회를 하는 것은 생각, 또는 정신작용을 통해서입니다. 생각은 정신작용의 일종입니다. 둘은 같은 속성(본질)을 가졌기 때문에 지금부터 생각에 대해서 설명하면 정신작용도 그와 같다고 생각하면 됩니다.

수행을 하기 전에 생각은 내가 하는 줄 알았습니다. 일상적인 표현도 '내가 생각한다'라고 쓰고 '내 생각으로는' 등등의 표현을 씁니다.

그래서 자연스럽게 생각은 내가 하는 것이라고 생각했습니다. 그런데 경전에 보면, 붓다는 항상 '내가 생각했다'라고 하지 않고 '나에게 그런 생각이 일어났다'라는 표현을 씁니다. 붓다만 그렇게 표현하는 것이 아니라 불교경전에서는 '누가 그렇게 생각했다'고 하지 않고 '누구에게 어떤 생각이 일어났다'는 표현을 씁니다. 붓다가 '내가 생각했다'라고 할 때는 '관습적으로 그렇게 쓰니 나도 그렇게 쓴다'라고 말합니다.

내가 수행센터에서 한 달간 집중수행을 해 보니 생각이 그냥 떠오른다는 사실을 알았습니다. 그래서 생각이라는 현상을 면밀히 관찰하기 시작했습니다. 내 힘으로 어떤 특정한 생각을 해 보려고도 하고, 말하면서 다음 말을 선택해서 해 보려고도 하고, 나름대로의 실험들을 다 해 보았습니다.

생각이나 느낌, 인식, 의지와 같은 정신작용에 대한 관찰은 처음 생각이 그냥 떠오른다는 사실을 안 그 순간부터 지금까지 계속되고 있습니다. 내 나름대로의 결론은 생각을 비롯하여 모든 정신적 작용은 그냥 떠오른다는 것입니다.

그런데 왜 우리는 우리가 생각한다고 생각할까요? 그것은 생각이나 느낌, 인식, 의지와 같은 정신적인 작용이 순식간에 떠오르고, 지금 상황과 연관된 것이 떠오르고, 다른 곳이 아닌 내 속에서 떠오르고, 내가 생각한다는 관습적인 사실에 익숙하다 보니 내가 한 것으로 생각하는 것입니다.

지금은 작고한, 미국 심리학의 아버지라 불리는 윌리엄 제임스(William James, 1842~1910)는 '비가 온다'를 'It rains', '바람이 불다'를

'It winds'라고 하듯이 생각도 'I think, You think' 하면 안 되고 'It thinks'로 해야 한다고 주장했습니다. 이것을 보고 깜짝 놀랐습니다. 불교를 알든 모르든 자신을 잘 관찰하는 사람은, 조건에 따라 비가 오고 바람이 불듯이, 생각도 조건에 따라 그냥 일어난다는 것을 알 수 있습니다.

그냥 떠오른다는 것은 어떤 것이 떠오를지 모른다는 것입니다. 만약 어떤 생각을 우리가 했다고 한다면 그 생각이 있기 전에 그 생각을 해야지 하고 마음을 먹어야 합니다. 그러고 난 뒤에 그 생각을 하면 그 생각은 우리가 한 것입니다. 그런데 생각은 내가 어떻게 해야지 하는 과정 없이 그냥 떠오릅니다.

그래서 무엇이 떠오르나 하고 봤더니 이전에 입력된 것이 떠오른다는 사실을 알게 되었습니다. 그때 내게 다음과 같은 생각이 들었습니다. '떠오르기를 원치 않는 것은 입력을 시키지 말아야 되겠구나.' 그래서 나는 내 속에 입력시키는 것에 아주 신중을 기합니다.

우리는 거대한 용량의 컴퓨터입니다. 그리고 어떤 것이든 우리에게 입력된 것은 지울 수 없습니다. 우리 속에 입력된 많은 것들 중 지금 상황에 관계된 것이 떠오릅니다. 지금 원고를 쓰고 있는 나에게 이 원고와 관계된 많은 정보가 집결되어 지금 순간적으로 떠오르고 있는 것을 알 수 있습니다. 한 순간에 하나의 정보만 떠오릅니다. 그것을 키보드에 옮기고 있습니다.

그러면 여기서 이런 의문이 떠오를 수 있습니다. '본질적으로 볼 때 100퍼센트 내 의지대로 되는 것이 아니지 않는가. 그러면 이 현상을 어떻게 봐야 하는가.' 여기서 깊이 숙고하지 않으면 잘못된 길로 갈 수 있습니다. 모든 것을 부정하는 쪽으로 갈 수 있습니다. 예를 들어 '나와 관계없다. 내 책임이 아니다. 단지 그런 현상만 있을 뿐이다'라고 극단적으로 생각할 수 있습니다.

이런 문제에 대해 붓다는 '조건을 연하여 그런 현상이 있다'고 말합니다. 나와 관계가 있습니다. 내 책임이 아닌 것은 아닙니다. 그렇다고 조건을 무시하고 내 마음대로 되는 것은 아닙니다. 좋은 결과를 내려면 좋은 조건을 짓는 것이 중요합니다. 나쁜 조건에서는 나쁜 결과를 피할 수 없습니다.

붓다는 어느 한 편에 치우치지 않는 중도적 가르침을 폅니다. 내 마음대로 내가 했다고 해도 사실이 아니고 그렇다고 내가 한 것이 나와 무관하다고 해도 사실이 아닙니다. 실제를 보면 그런 조건에서 그런 일이 벌어졌다는 것입니다. 그래서 나와 관계없다고 말하기보다는 내 마음대로는 아니지만 좋은 조건을 만드는 데 힘써야 할 것입니다. 실상을 보면 어떤 일이든 완전히 독립해서 일어나지 않고 관계된 것이 같이 작용하여 일어납니다. 이런 관점을 불교에서는 연기라고 합니다. 연기적인 관점에서 보면, 어떤 현상을 볼 때 어느 하나의 측면에서만 보지 않고 그 현상에 관계된 모든 측면을 고려해서 봅니다. 이것이 어느 한 편의 극단적인 관점을 떠난 중도적 관점입니다.

후회를 보는 다른 시선

지금까지 살펴본 생각이나 정신작용의 본질적인 측면에서 후회를 다시 살펴보겠습니다.

내가 방송 인터뷰에서 어떤 내용의 이야기를 했다면 그것은 그 당시 그 이야기가 나올 수밖에 없었던 상태였습니다. 물론 인터뷰를 위해서 그 전날 내 생각을 정리하고, 정리된 내용을 가지고 인터뷰에 임했지만 프로듀서와 인터뷰를 하는 동안, 내 속에서 인터뷰와 관계된 정보들이 집결된 가운데 어떤 것이 나와서 인터뷰가 된 것입니다.

인터뷰가 있고 난 후에 '이렇게 했더라면 더 좋은 대답이었을 텐데' 하며 아쉬워하고 후회하는 것은 인터뷰가 있었기 때문에 그렇게 생각할 수 있는 것입니다. 인터뷰가 있고 난 뒤 후회할 때 머릿속에 든 생각은 인터뷰 당시에는 있지 않은 정보였습니다. 다시 말해서 인터뷰 당시, 원래 인터뷰 했던 내용과 지금 후회하는 내용 둘 다를 내가 생각할 수 있었고 그 둘 중에서 어느 하나를 선택할 수 있는 상태가 아니었습니다. 인터뷰를 했기 때문에 그것을 바탕으로 여러 가지 나은 점이 생각될 수 있는 것입니다. 인터뷰를 안 했다면 그런 생각이 들지 않았을 것입니다. 그런 점에서 지금 더 나은 생각을 할 수 있다면 이미 인터뷰를 했기 때문에 가능한 것입니다.

이런 점에서 본다면 인터뷰 후 마음에 들지 않았고 아쉬운 것을 후회의 대상으로 삼으면 안 되는 것입니다. 인터뷰를 했기 때문에 할 수 있는 생각이니, 새로운 배움이고 경험입니다. 인터뷰를 통해서 발전하는 것이니 인터뷰를 했다는 것을 고맙게 생각해야 합니다. 다음 인터뷰는 이번 인터뷰 때 느낀 것을 반영하여 더 잘 할 수 있는 것입니다. 이렇게 보면 모든 경험은 의미가 있고 그 경험의 바탕 위에서 우리는 앞으로 나아가는 것입니다. 아쉽다고 생각되는 모든 경험은 후회의 대상이 아니라 고마움의 대상이 됩니다.

나에게 상담받는 어떤 주부는 지난 일에 대해 후회하고 그로 인해 많이 불편하고 힘이 빠지고 의욕이 떨어져 자신도 괴롭고 그로 인해 가족들도 괴로운 상황이었습니다.

그래서 '후회의 본질'을 그 사람에게 일어난 일을 가지고 자세히 설명했습니다. "후회란 어떤 경험을 했기 때문에 들 수 있는 판단으로, 그것은 하나의 발전이고 고마운 것이다. 다음에 그런 일이 다시 생길 때 적용될 수 있고 시행착오를 줄일 수 있다."는 내용을 말해주었습니다.

이런 이야기를 나누고 나서 그 환자는 "후회가 그런 내용이라고 하니 기분이 좋아지네요."라고 했습니다. 그러면서 스스로 다음과 같이 정리하였습니다. "그때는 그 상황에서 내 생각으로 하는 것이 없다. 그럴 수밖에 없었다. 후회할 일이 아니고 고마운 일이다."

적절한 시기에 다른 환자들에게도 후회에 대해 설명하면 다른 환자들도 이분처럼 후회에 대해 이해를 하고 후회에 대해 다른 시각에서 보게 됩니다.

내가 경험한 사실이 보편적인 것이라면 그것은 누구나 같이 경험할 수 있는 것입니다. 일상적인 경험이든 어떤 종교적 경험이든 경험한 사람의 경험이 보편적인 것이라면 다른 사람들도 이해할 수 있고 같이 나눌 수 있습니다.

정신치료에서도 본질적으로는 치료자의 경험이 중요합니다. 치료자가 살아가면서 인생에서 터득한 것, 학문적으로 배우고 경험한 것, 그리고 전문가로서 축적된 경험을 환자와 같이 나눔으로써 환자가 자신을 이해하게끔 도와주고 환자가 직면한 어려움을 극복하게끔 도와줍니다.

우리가 살아가면서 필요한 힘은 경험에서 나온다고 생각합니다. 그러나 우리가 할 수 있는 경험은 한계가 있습니다. 다른 사람의 경험에서 배워야 합니다. 직접 만나서 이야기를 듣든 책을 통해서 보든 다른 사람이 살아온 이야기를 알고 그 사람의 경험을 내 경험으로 만들 수 있어야 합니다.

2-4

명상의 열한 가지 이득

명상은 여러 종교 단체나 집단에서 다양하게 행해지고 있습니다. 하지만 그 다양함 속에도 핵심으로 여겨지는 공통점이 있습니다. 바로 현재 일어나고 있는 일에 집중하는 것입니다.

우리의 의식을 과거나 미래, 또는 이 자리가 아닌 다른 데 두는 것이 아니라 지금 현재 이 순간 이 자리에 우리의 의식을 의도적으로 집중하는 것입니다. 현재 몸과 마음에서 일어나는 일에 집중합니다. 그중에서도 주로 호흡에 집중합니다. 호흡이야말로 우리에게 가장 중요한 일이고 살아있는 한 항상 계속되기 때문에 흩어지기 쉬운 우리의 의식을 호흡에 집중함으로써 우리의 의식을 한곳에 모으는 훈련을 할 수 있습니다. 의식이 호흡 아닌 다른 것으로 가면 노력을 통해 다시 호흡으로 돌아옵니다. 수련을 통해서 의식을 한 곳에 모을 수 있으면 항상 현재에 집중하면서 살 수 있습니다.

**고통의 원인은 지나간 과거에 대한 후회,
오지 않은 미래에 대한 걱정**

우리의 고통은 과거나 미래에서 벗어나지 못할 때 생깁니다. 과거에 일어난 일을 잊지 못할 때, 미래에 일어날 일이 걱정될 때 우리의 마음은 안정을 잃습니다. 과거도 놓아 버리고 미래도 생각하지 않을 때 그리하여 현재 일어나는 일에 오로지 집중할 수 있을 때 우리 마음은 평화를 얻습니다.

명상을 하면 현재에 집중하면서 마음의 고요함과 안정을 얻고, 과거에 있었던 일에 대한 집착과 부담에서 벗어나게 됩니다. 또한 미래에 대한 걱정이나 불필요한 상상을 줄여 우리의 에너지를 현재에 집중하게 합니다. 그래서 현재 할 수 있는 것을 하고 피곤하면 쉬는 것입니다.

신체적 고통과 정신적 괴로움이 있으면 있는 그대로의 고통과 괴로움을 느끼게 됩니다. 과거나 미래로 인해 과중된 고통과 괴로움이 아니라 지금 있는 정도만큼만 느끼는 것입니다.

이제 명상을 함으로써 얻는 이득을 알아보겠습니다.
의식을 우리의 몸과 마음에 두고 집중하는 것을 통해 우리는 많은 것을 체득할 수 있습니다.

첫째, 신체적·정신적 고통을 많이 줄일 수 있습니다. 이것에 대해서는 이 책의 3장 『마음 다루기』에 자세히 나와 있습니다. 여기서는 생략합니다.

둘째, 명상을 통하여 관찰적 자아(observing ego)가 강해집니다. 자아에는 경험하는 자아(experiencing ego)와 관찰적 자아가 있습니다. 자아는 정신분석에서 사용하는 용어입니다. 정신분석에서 우리는 초자아, 자아, 이드로 구성되어 있다고 봅니다. 이 중 초자아는 양심과 같은 것으로 자아를 감시하고 비판하는 기능을 하고, 이드는 본능으로 신체적·정신적으로 쾌락과 안락함을 추구합니다. 자아는 초자아와 이드 사이에서 현실적으로 존재가 외부 세계와 관계하고 소통하고 존재가 필요한 일을 해 나가게 합니다.

경험하는 자아는 우리가 행동할 때 작용하는 자아입니다. 관찰적 자아는 경험하는 자신을 보는 자아입니다. 관찰적 자아가 잘 발달된 사람은 행동을 하면서 자기가 뭘 하고 있다는 것을 압니다. 그래서 행동하면서 잘못된 행동을 고칩니다. 관찰적 자아를 강화시키는 것도 정신치료의 중요한 목표 중의 하나입니다.

명상을 하면 관찰적 자아가 강화되어 자기를 지켜보는 힘이 강해집니다. 마음에 동요나 힘든 일이 있어도 불안으로 반응하지 않고 외부 현상이나 자기 자신 내부를 있는 그대로 관찰하여 적절한 반응을 하게 됩니다. 과거에 해 오던 방식대로 자동적이고 무의식적인 반응을 보이는 것이 아니라 현재에서 최선의 길을 모색합니다.

셋째, 명상은 과거를 놓는 훈련입니다. 그러나 모든 과거를 다 잊어버리고 놓는 것이 아니라 기억은 하지만 현재에 맞지 않고 고통을 초래하는 과거의 반응은 현재에 맞는 적절한 반응으로 바꾸는 것입니다.

우리 인간은 어떤 면에서는 고도의 컴퓨터라고도 할 수 있습니다. 순간순간 자동으로 사고하고 자동으로 움직입니다. 그렇지 않으면 생존할 수 없습니다. 필요한 것은 효율적으로 이루어져야 합니다.

명상은 우리 자신을 순간순간 업그레이드 시키는 것이라고 볼 수 있습니다. 적절한 것은 유지시키고 맞지 않는 것은 순간순간 수정하는 것이라고 볼 수 있습니다.

넷째, 명상은 부정적인 과거를 정화하는 작업입니다. 우리 마음에서 일어나는 과거에 가졌던 무지, 욕심, 미움을 보면서 그것들이 더 이상 힘을 쓰지 못하도록 합니다. 그런 마음이 올라오면 올라오는 대로 그냥 지켜봅니다. 지켜보는 것이 계속되면 나중에는 올라오지 않습니다. 이 과정을 통해 과거가 정화됩니다.

다섯째, 명상을 통해 인과의 법칙을 깨달을 수 있습니다.

몸과 마음을 있는 그대로 관찰해 보면 모든 것에는 원인이 있고 결과가 있다는 것을 알게 됩니다. 인과의 법칙을 깨닫게 됩니다.

지금 우리가 어떤 모습을 하고 어떤 상태나 처지에 있을 때 그렇게 된 필연적인 원인이 있다는 것을 알게 됩니다. 그래서 지금 있는 모습을 받아들이게 됩니다. 현재를 받아들이지 못할 때 화가 나고 원망이 되고 남과 비교하게 되고 정신적인 안정을 잃게 됩니다.

인과의 법칙을 알면 무슨 일이 일어나든, 어떤 상태에 있든 현재를 받아들이게 되고 지금의 내 행동이 앞으로 올 미래를 결정한다는 것을 알고 노력하게 됩니다.

여섯째, 명상을 통해 자기 자신을 관찰하는 것이 생활화되면 어떤 반응이나 감정이 일어날 때 초기에 그것을 알아차리고 다스릴 수 있습니다.

어떤 반응이나 감정이든 초기에는 그 힘이 약합니다. 힘이 약할 때는 다스리기가 쉽습니다. 그러나 어떤 반응이나 감정이 마음속에 확고히 자리 잡으면 그 힘이 강해서 쉽게 다스리기가 어렵습니다.

또한 화가 났을 때 호흡에 집중함으로써 화가 가라앉는 것을 경험할 수 있고 그렇게 했을 때 스스로 부정적인 감정을 통제할 수 있다는 자신감이 생깁니다.

일곱째, 억압된 과거의 경험이 명상 중에 떠올라 의식에서 다룰 수 있습니다. 명상을 통해 자기 자신을 관찰할 준비가 되어 있으면, 무의식 속에 자리 잡고 우리를 힘들게 하는 과거 경험이, 명상을 하거나 생활하는 가운데 떠올라 그것을 다시 경험하고 해결할 수 있습니다.

여덟째, 명상을 통해 뇌와 면역체계에 긍정적인 변화가 옵니다.

미국 위스콘신 대학의 리처드 데이비슨(Richard Davidson)은 명상을 오랫동안 해 온 티베트 스님들을 대상으로 명상의 효과를 fMRI(기능성 자기공명영상)와 최첨단 뇌파를 이용하여 연구하고 있습니다. 그의 연구에 따르면, 명상 수련을 하면 자비심, 사랑, 공감과 같은 긍정적 감정과 관계된 뇌 부위인 왼쪽 전전두엽이 활성화되고, 뇌의 여러 부위간의 교통이 증가한다고 합니다. 데이비슨은 또한 명상 수련을 한 사람에서 명상 수련을 하지 않은 사람보다 인플루엔자 항체가 의미 있게 증가했다고 보고했습니다.

아홉째, 죽음에 대한 두려움이나 공포를 극복하게 됩니다.

내가 볼 때 죽음에 대한 두려움이나 공포를 극복하는 길은 세 가지라고 봅니다. 하나는 명상을 통해 내 몸과 마음이 내 것이 아니라는 것을 철저히 알면 죽음에 대한 공포에서 벗어납니다. 우리는 우리 것이 아닌 것이 없어질 때 별로 신경을 쓰지 않습니다. 우리가 이사를 갈 때 먼저 살던 집에 정이 많이 들긴 했지만, 이사 가는 사실을 받아들이는 것과 같습니다. 차에 누군가 흠집을 내놓았을 때 기분은 나빠도 뭐 그럴 수 있는 것이다 하고 생각하는 것과 마찬가지로 우리의 몸과 마음에 대해서 우리 것이 아니라는 것을 확실하게 알면 죽음에 대한 두려움이나 공포가 많이 옅어집니다.

두 번째는 현재에 계속 집중하면 죽음은 없습니다. 사실 죽음은 우리의 생각 속에 있습니다. 생각이 미래에 가서 죽음을 생각하는 것입니다. 삶은 마지막 순간까지 사는 것이지 죽음을 경험할 수 없습니다. 내가 개를 두 마리 키우는데 둘 다 열세 살쯤 되었습니다. 몇 년 후에는 죽을 것입니다. 개들이 죽는 순간이 상상이 되는데, 그 놈들이 그럴 것입니다. 죽는 날 죽기 조금 전에 '아! 몸 컨디션이 안 좋네.' 그러다가 뚝 끝날 것입니다. 그것은 개들의 머릿속에 죽음에 대한 생각이 없기 때문입니다. 오로지 현재에 살고 있기 때문입니다. 사실 죽음은 우리의 생각 속에 있고 미래에 있는 것입니다. 현재에 있게 되면 죽음은 없는 것입니다.

세 번째는 명상을 통해 인과의 법칙을 철저히 깨달아도 죽음에 대한 두려움이나 공포가 많이 옅어집니다. 순리대로 당연히 올 것이 온 것으로 알면 두려움이나 아쉬움 없이 받아들이게 됩니다. 죽어야 될 때가 아닌데 억울하게 혼자만 빨리 죽는 것 같을 때 죽음을 받아들이기 어렵게 됩니다. 그렇지 않고 당연히 올 것이 오고 세상의 이치대로 모든 것이 진행된다는 것을 분명히 알면 죽음을 두려움이나 미련없이 받아들이게 됩니다. 이 세상에서 벌어지는 일이 한 치도 어긋남 없이 법칙대로 일어난다는 것을 알아도 죽음의 문제를 극복할 수 있다고 생각합니다.

열 번째, 명상을 통해 인간관계에서 평정심을 유지하는 법을 배울 수 있습니다. 예를 들어 먼저 마음을 편안하게 한 후 단지 소리에 집중하는 명상을 함으로써 점차적으로 소리를 들었을 때 점차적으로 거기서 의미를 빼버리는 것을 배우게 됩니다. 그래서 어떤 말을 들었을 때 감정적으로 반응하지 않고 듣는 것을 배우게 됩니다. 이런 것이 잘 훈련되면 거슬리는 말을 듣거나 칭찬을 들을 때 화내거나 우쭐거리지 않고, 한 말만 편안하고 안정된 상태에서 있는 그대로 듣습니다. 이러한 명상은 티베트 불교 명상에 잘 발달되어 있습니다.

열한 번째, 명상을 하면 집중력이 강해집니다.
마음이 여러 대상으로 가지 않고 한 대상으로만 가는 훈련을 함으로써 무엇을 하든 그것에 집중하는 힘이 강해집니다. 햇빛을 돋보기를 이용해 모으면 종이를 태울 수 있듯이 집중된 마음은 사물의 본질을 꿰뚫을 수 있습니다.

3 마음 다루기

— 현재(순간) 집중을 통한 마음과 몸의 치료

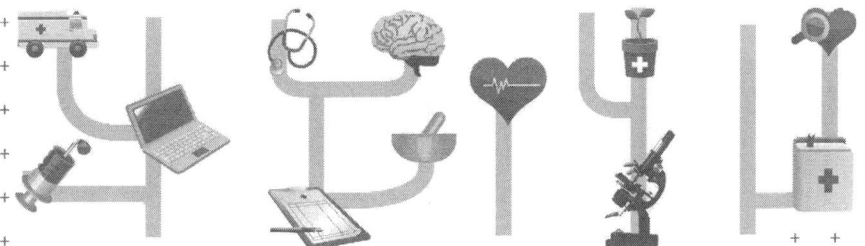

한 번의 화는 길어야 90초만 되면 끝납니다. 90초 이상 지속되는 화는 또 새로운 화에 대한 프로그램이 발동된 것입니다. 그래서 화가 났을 때는 90초간 기다리면 됩니다. 기다리는 동안 마음속으로 진지하게 다음과 같이 말합니다. "나는 생각하고 감정을 느끼는 당신 뇌의 능력을 존중합니다. 다만 더 이상 이러한 생각을 하고 이러한 감정을 느끼는 데 관심이 없습니다. 그러니 이러한 생각이나 감정들을 가져오는 것을 멈추어주십시오." 이렇게 하여 뇌에서 화 프로그램이 계속 실행되는 것을 막습니다.

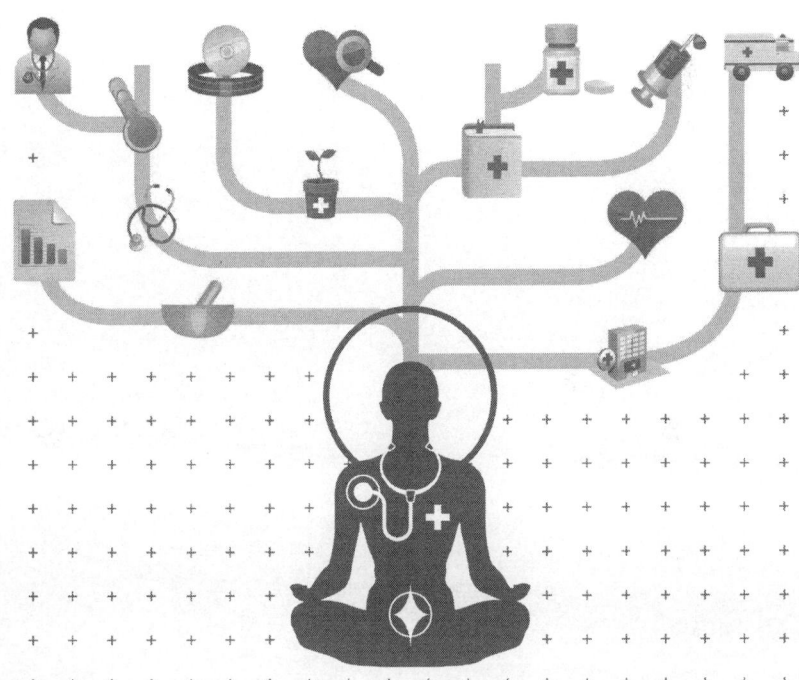

3-1

불안의 발생과 극복

정신과를 찾아오는 환자들의 증상은 다양합니다. 불안, 우울, 불면증, 두통, 대인공포, 어지러움, 자신감 없음, 가슴 두근거림, 소화불량, 망상, 환청…. 이 중에서도 가장 흔한 증상이 바로 불안입니다. 모든 증상들의 기저에 불안이 자리잡고 있다고 해도 과언이 아닙니다. 정도의 차이는 있지만, 불안은 정신과 환자뿐만 아니라 일반사람들도 살아가면서 언제나 경험하게 됩니다.

불안에 대한 나의 견해를 먼저 이야기하고 나서 현대 심리학과 정신분석의 기틀을 세운 프로이트가 불안에 대해 어떻게 보았는지 살펴보겠습니다. 그리고 난 후 붓다가 아직 깨닫지 못한 보살이었을 때 붓다에게 일어난 두려움과 공포를 극복하는 것이 잘 나타나 있는 경전을 통해 두려움과 공포의 원인과 극복에 대한 붓다의 가르침을 살펴보겠습니다.

불안의 본질은 집착

먼저 불안에 대한 나의 견해입니다.

어떤 여자 환자는 '자신이 가족을 해치면 어떻게 하나' 하며 불안해 했습니다. 그래서 칼을 보면 그 칼로 자신이 원하지 않는 일을 저지를까 두려워했습니다. 그 생각이 머릿속을 떠나지 않아 힘들었습니다.

정신치료를 통해 드러난 이 환자의 불안의 원인은 환자 마음속에 엄청난 화가 있고 그 화가 가까이 있는 가족에게 표출될까 두려워하는 것이었습니다. 이 환자는 크면서 부모에게 부당한 대접을 받았고 그런 현실에 대해 어린 아이로서는 어떻게 할 수 없어 불만, 화, 두려움이 자신도 모르는 가운데 마음속에 쌓였습니다. 그것이 어른이 되어 일어난 어떤 사건을 계기로 터지면서 엄청난 화와 그로 인한 불안이 생겼습니다.

이런 경우 치료는 두 가지 측면에서 이루어집니다.

하나는 정신치료(정신분석, 심리상담)를 통해 환자가 자신에게 왜 이런 현상이 있는지 이해하게 하는 것입니다. 현재의 병적인 상태와 이런 일이 일어나게 된 계기가 되는 사건, 그리고 태어나서부터 이번 발병의 계기가 되는 사건이 일어나기까지 살아온 이야기를 치료자와 하는 가운데 자연스럽게 자신의 문제를 이해하게 하고 그런 후에 현재의 상태에서 벗어나려면 어떻게 해야 하는지 치료자와 의논합니다.

정신치료를 받으면서 터득한 것을 올바르게 실천하려고 노력하는 과정에서 힘들 때 치료자가 옆에서 힘이 되어주고 도와줍니다. 이런 과정을 거쳐 환자는 불안으로부터 벗어나 편안하게 됩니다.

두 번째는 약물을 씁니다. 이 환자처럼 불안이 심한 경우는 약물의 도움을 받으면서 정신치료를 하는 것이 효과적입니다. 너무 불안이 심하면 안정된 가운데 자신의 문제를 검토하기 어렵습니다. 약을 같이 쓰면서 상담을 하여 환자가 자신의 문제를 이해하게 하고, 그런 가운데 내적인 힘이 생기면 생긴 힘만큼 적절하게 약을 줄일 수 있습니다. 그래서 나중에는 약을 끊을 수 있습니다. 약을 끊은 후에는 정신치료로 자신의 문제를 근본적으로 철저히 이해하고 해결합니다.

약이 작용하는 기전은 다음과 같습니다. 불안이 우리에게 생길 때 뇌 속에서 그에 상응하는 물질적인 현상이 일어납니다. 신경전달물질 체계에 변화가 생깁니다. 불안을 일으키는 데 관여하는 신경전달물질의 하나인 감마-아미노부틸산(γ-Amino Butyric Acid)의 수용체에 항불안제가 작용하여 불안을 줄여줍니다.

우리는 정신적인 존재인 동시에 물질적인 존재입니다. 그래서 정신적으로 불안을 느끼면 그에 상응하는 물질적·신체적인 현상이 꼭 있습니다. 그런데 여기에서 주가 되는 것은 정신적인 것입니다. 물질적인 것은 정신을 따라옵니다. 이때 물질적인 것이 또 정신에 영향을 줍니다.

우리가 살아가면서 어려운 일에 부딪쳐 그것을 혼자서 극복을 못하고 또 남의 도움을 받아 극복도 못하고 끙끙대면서 고민만 하고 괴로워만 하게 되면 신경전달물질 체계에 변화가 옵니다. 물론 변화된 신경전달물질 체계가 우리에게 영향을 줍니다. 악순환이 일어납니다.

그렇지만 정신이 주가 되고 물질이 부가 되는 것은 분명하다고 생각합니다. 물질의 과도한 변화로 인한 영향은 약의 도움을 받으면서 올바른 방법으로 문제를 해결해야 합니다.

올바른 방법으로 문제를 해결한다는 것이 중요합니다. 다른 것은 있을 수 없습니다. 이것은 붓다가 한결같이 주장한 것입니다. 붓다의 가르침은 항상 정확한 현상 파악, 원인 분석 그리고 올바른 방법을 통한 문제 해결이라고 생각합니다.

환자를 보면서, 또 내 자신이나 주위의 사람들을 관찰하면서 알게 된 것은, 불안이란 본질적으로 이야기하면 '어떤 것이 일어나면 안 되는데' 하는 것이 있을 때 일어난다는 것입니다. 일어나면 안 되는 그것이 일어나려는 조짐을 보이면 불안해집니다. 조짐이 없더라도 머릿속에서 그런 것이 떠오르면 불안해집니다.

물론 불안의 정도에 따라 정상적으로 느끼는 불안도 있고, 병적인 수준의 불안도 있습니다. 우리에게 무엇이 일어나든, 그것이 일어날 만하니까 일어났고, 그런 상황에서 나는 그 상황에 맞게 하겠다는 마음을 가지고 있으면, 무엇이 일어나도 개의치 않습니다. 그럴 때 불안이 없어집니다. 그렇다고 현실에 맞지 않게 되는 대로 산다는 것은 아닙니다. 현실을 정확히 보고, 그에 맞게 대비할 것은 대비하고 살아야 합니다.

불안이 없이 살아가려면 어떠한 것에 대한 집착도 없어야 합니다. 왜냐하면 어떠한 것에 대한 집착이 있어 '그것이 일어나면 안 되는데' 하는 것이 있으면 불안은 언제고 일어나게 됩니다. 집착을 줄이는 만큼 불안이 일어날 수 있는 토대가 줄어드는 것입니다. 사실 붓다의 가르침에 따라 사물을 본질적으로 보면 집착해야 할 것은 없습니다. 본질적으로 분석하면, 집착할 대상이 아닌 것에 집착해서 괴로워하는 것입니다. 모든 집착이 사라진 상태에서 전개되는 경지가 열반이라고 생각합니다.

『쑤브라흐만의 경』(쌍윳따 니까야 제1권 226~227쪽)에 보면 한 천신이 붓다를 찾아와 시로써 다음과 같이 간청합니다.

"일어나지 않은 일이나 이미 일어난 일로, 항상 마음이 두렵고 안절부절못하겠습니다. 두려움에서 벗어날 수 있는 길이 있으면 알려주십시오."

붓다는 다음과 같은 게송으로 대답하였습니다.

"감각기관을 잘 다스리고, 깨달음의 요소를 닦고, 모든 것을 버려라. 그러면 괴로움을 없앨 수 있다."

본질적으로 볼 때 집착해서는 안 될 것을 집착해서 불안과 괴로움을 받지 말고, 우리에게 진정한 행복을 가져다 주는 깨달음을 닦으라는 이야기입니다. 하지만 보통 사람이 이러한 경지까지 가는 것은 힘듭니다. 집착의 정도를 되도록이면 줄여 불안의 여지를 줄이는 것이 좋을 것 같습니다.

프로이트가 말한 불안

이번에는 프로이트의 이야기를 들어보겠습니다. 프로이트는 '정신분석입문'이라는 대중강의에서 스물다섯 번째 주제로 불안에 대해 이야기했습니다.

프로이트는 불안을 두 가지로 나누었습니다. 하나는 현실적인 불안이고 나머지 하나는 신경증적 불안입니다.

현실적인 불안은 우리 모두가 합리적인 것으로 생각하고 이해할 수 있는 불안입니다. 이 불안은 외부의 위험에 처했거나 위험이 예상되는 상황에서 자기 보존 본능에 의해 발동되는 불안입니다. 이 불안이 발동하지 않으면 문제입니다. 예를 들면, 한 번도 가보지 않은 밀림 같은 곳으로 들어갈 때 느끼는 불안은 현실적인 불안입니다. 이러한 불안을 통해 우리는 온 감각을 동원하여 미래에 있을 수 있는 위험에 대처하게 됩니다. 이러한 불안이 발동하지 않으면 위험에 효과적으로 대처하지 못할 수 있습니다. 물론 불안의 정도가 적당해야지 그렇지 않고 너무 지나치면 온 몸의 감각과 근육이 얼어붙을 수도 있습니다.

신경증적 불안은 현실적 불안과 달리 쉽게 이해가 되지 않습니다. 신경증적 불안으로 프로이트는 다음의 세 가지를 들고 있습니다. 1. 기대 불안, 2. 공포증, 3. 히스테리 증상들에 수반하는 불안이나 흥분상태에서 발생하는 불안입니다.

첫 번째 기대 불안은 어떤 상황을 예상할 때 일어나는 불안입니다. 이 유형의 불안을 호소하는 사람들은 모든 가능성 중에서 항상 가장 끔찍한 가능성을 예상합니다. 이들은 모든 우연을 불길한 사태의 조짐으로 해석하고, 모든 불확실성을 좋지 못한 의미로 받아들입니다.

두 번째 공포증은 특정한 대상이나 상황들과 연결되어 있습니다. 공포증의 대상은 혼자 있는 것, 작은 벌레들, 광장, 닫힌 공간, 암흑, 높은 곳, 다리를 건너는 일 등 매우 다양합니다. 이러한 공포의 대상에 대해 느끼는 공포심은 이해가 되는 것부터 전혀 이해가 안 되는 것까지 있습니다. 이해가 되더라도 공포를 느끼는 정도가 매우 강합니다.

세 번째 히스테리 증상들에 수반하는 불안이나 흥분 상태에서 발생하는 불안은 히스테리 증상이 있을 때나 흥분 상태에서의 불안을 말합니다. 이때 불안과 불안을 야기한 상황 사이에 전혀 연관성을 찾을 수 없습니다. 예를 들어 흥분 상태에서 불안이 아닌 다른 감정이 표현될 것이라고 기대하는데 예상하지 못한 불안이 표출됨을 말합니다.

프로이트는 불안의 감정에 대해, 인간이 출생 시에 느꼈던 것을 다시 되풀이 하는 것으로 봤습니다. 출생 당시에 내적 호흡이 중단됨으로써 엄청난 강도의 자극이 가해지는데 이것이 불안 체험의 원인이 됩니다. 그리고 어머니와 분리되는 데서 불안이 발생합니다. 이 두 가지 원인으로 발생한 불안이 개인에게 뿌리박혀 있어 벗어날 수 없고, 그 후 감정 속에서 불안은 규칙적으로 재생된다고 하였습니다.

앞서 말한 세 가지 신경증적 불안의 발생에 성이 관련되어 있다고 프로이트는 주장합니다. 성적인 억제와 불안 상태 사이에 관계가 있다는 것을 자신의 임상 경험과 그 당시 사회에 대한 관찰을 토대로 이야기합니다. 사람들이, 잘못된 성생활이 교정될 경우 불안신경증이 사라지는 사례를 무수히 체험할 수 있다고 했습니다. 프로이트는 리비도(성욕)가 억압을 받으면 불안을 통해 리비도가 배출된다고 봤습니다. 프로이트의 이러한 주장은 논란을 불러일으켰지만 프로이트는 자신의 임상관찰을 통해 이러한 것을 발견했고 그에 입각해서 환자의 억압을 자각시키는 작업을 통해 환자를 자유롭게 하려고 노력했습니다.

프로이트가 발견한 것은 프로이트 자신의 심리와 프로이트가 살았던 시대와 사회를 반영한 것일 수 있습니다. 또한 우리는 프로이트가 우리에게 말하려고 하는 것을 프로이트가 쓰는 말에 걸려 잘못 이해할 수도 있습니다.

프로이트는 인류 역사에서 최초로 인간의 심리의 이해에 대한 과학적 체계인 정신분석을 세웠고, 한계가 있는 틀이긴 하나 인간의 심리를 연구하는 후학들이 프로이트가 세운 그 틀 위에서 인간의 심리에 대한 연구를 용이하게 할 수 있게 했습니다.

붓다가 말한 불안에 대한 가르침

이제 붓다의 경우를 보겠습니다.

『두려움과 공포의 경』(맛지마 니까야 제1권 134~147쪽)에 보면 붓다가 자신에게 일어난 두려움과 공포를 어떻게 극복하였는지 볼 수 있습니다. 그리고 붓다가 보는 두려움과 공포의 원인이 뭔지 알 수 있습니다.

붓다 당시에 불교가 아닌 바라문교를 믿는 유명한 바라문의 한 사람인 자누쏘니가 붓다를 찾아와 다음과 같이 말했습니다.

"존자 고따마여, 숲이 우거진 곳의 홀로 떨어진 거처에 있는 것은 어려운 일이고, 홀로 떨어져 수행을 하는 것도 어려운 일이고, 비구가 삼매를 얻지 못하면 그 비구를 숲이 앗아가 버릴 것 같습니다."

이 말에 대해 붓다는,

"바라문이여, 그렇습니다. 정말로 그러합니다. 내가 아직 깨닫기 전에, 깨닫지 못한 보살이었을 때 '숲이 우거진 곳의 홀로 떨어진 거처에 있는 것은 어려운 일이고, 홀로 떨어져 수행을 하는 것도 어려운 일이고, 비구가 삼매를 얻지 못하면 그 비구를 숲이 앗아가 버릴 것이다'라고 생각했습니다.

그때 나에게 이런 생각이 떠올랐습니다. '어떤 사문이든지 바라문이든지 신체적인 행위를 청정하게 하지 않고 숲이 우거진 곳의 홀로 떨어진 거처로 가면 신체적인 행위가 청정하지 않은 오염된 것을 원인으로 하여 불선(不善)인 두려움과 공포가 일어난다.

나는 신체적인 행위를 청정하게 하지 않고 숲이 우거진 곳의 홀로 떨어진 거처로 가지 않으리라.

나는 신체적인 행위를 청정하게 한 고귀한 사람으로 숲이 우거진 곳의 홀로 떨어진 거처로 가겠다.'

바라문이여, 나는 내 속에서 이러한 신체적인 행위의 청정함을 보면서 숲 속에서 아주 편안하게 머물렀습니다."

이 경에서 붓다는 계속해서 두려움과 공포를 일으키는 여러 가지 상태를 언급하고 그것을 극복하는 것을 말하고 있습니다. 그것을 경전에 있는 순서대로 열거하면 다음과 같습니다.

청정하지 못한 언어적인 행위

청정하지 못한 정신적인 행위

청정하지 못한 생계

탐욕과 감각적 욕망

악의의 마음과 사악한 생각

해태와 혼침

들뜸과 고요하지 못함

의혹과 의심

자기를 칭찬하고 남을 멸시하는 것

겁을 집어먹고 겁에 질린 것

이득과 존경과 명성을 바라는 것

게으르고 정진이 약한 것

마음챙기지 않고 알아차리지 못하는 것

마음이 집중되어 있지 않고 마음이 산란한 것

지혜가 없이 바보 같은 것

이 경에 의하면, 우리 속에 두려움과 공포를 일으키는 원인으로는 앞서 언급한 청정하지 못한 신체적인 행위로부터 시작하여 지혜가 없이 바보 같은 것까지 모두 열여섯 가지입니다. 붓다는 그러한 청정하지 못한 상태를 없애고 그와 반대되는 청정한 상태로 숲이 우거진 곳의 홀로 떨어진 거처로 가서 자신 속의 청정함을 보면서 숲 속에서 아주 편안하게 머물렀습니다.

붓다는 자기 자신의 마음속에서 일어나는 심리적 현상을 보고 이렇게 말했다고 생각합니다. 붓다는 자신에게 두려움이 일어났을 때 그 현상을 부정하거나 억압하지 않고, 있는 그대로 보고 그 현상이 왜 왔는지 그 원인을 성찰한 뒤 그 원인을 제거한 후 자신의 내면에서 일어난 변화를 봤다고 생각합니다. 붓다 자신의 상태를 솔직하게 말했다고 생각합니다. 현대 심리학적으로 말하면, 누구의 도움도 받지 않고 자기 분석을 했다고 할 수 있습니다.

이 경의 뒷부분을 간략하게 소개하면 다음과 같습니다.

붓다 자신에게 생긴 두려움과 공포를 극복하는 구체적인 과정이 나타나 있습니다. 붓다는 가장 두려움이 일어날 수 있는 곳에 가서 두려움과 공포가 다가오면 그 두려움과 공포를 극복할 때까지 그 자세(앉아 있거나, 서있거나, 걸어가거나, 누워있거나)를 유지했습니다. 두려움과 공포를 극복하려는 의지가 아주 굳건했습니다. 그런 후에 사선정(四禪定)을 얻고 그 후에 전생을 아는 숙명통(宿命通), 중생들이 업에 따라 태어나는 천안통(天眼通)을 얻은 후 마지막으로 세 가지 번뇌(감각적 욕망, 존재, 무명)를 해결하는 누진통(漏盡通)을 얻고 해탈하였습니다.

붓다의 말에 의하면 불안이나 두려움, 공포는 앞서 붓다가 열거한 우리 속의 불선법(不善法) 때문에 오는 것이고 불안이나 두려움, 공포의 극복은 우리 속의 불선법을 정화하는 것입니다.

프로이트의 이론도 우리의 심리를 이해하는 데 도움이 되지만 나에게는 직접적인 경험에서 나온 붓다의 말이 프로이트의 말보다 훨씬 명확하게 들어옵니다. 또 실천하는 과정에서 인격이 많이 성숙하게 될 것 같습니다.

　극복해야 할 불선법의 리스트를 작성해서 그것들이 내 속에 지금 어느 정도 있고, 그 불선법이 어떻게 두려움과 공포를 일으키는지 그리고 불선법이 우리 내면에서 제거되었을 때 우리 내면에 어떤 변화를 가져오는지를 항상 지켜보면 될 것 같습니다. 또한 나는 붓다가 말한 불선법이 어떻게 두려움과 공포를 일으키는지, 그리고 선법이 어떻게 두려움과 공포를 몰아내는지 그 기전을 밝혀서 사람들에게 이해시키고 납득시켜서 그것을 실천할 수 있게끔 도와주는 것을 목표로 삼고 있습니다.

3-2

자살하는 사람의 심리와 도와주는 법

자살에 대해 '사는 것이 오죽 괴로우면 죽으려고 하겠나' 하고 쉽게 생각하면 간단한 문제처럼 보이지만 실제 환자들의 이야기를 들어보면 그것이 그렇게 간단한 문제만은 아닙니다. 오래 전에 상담했던 30대 여자 환자는 "선생님, 왜 죽으려고 하는지 아세요. 괴로워서 죽으려고 하는 것이 아니에요. 어떤 생각에 골똘히 빠진 상태에서 죽을 수밖에 없다는 결론에 도달하게 돼요. 모든 사람들이 나의 죽음을 바라고 있고 그렇게 하는 것이 모두를 위하는 길이라고 생각되어 죽으려고 했어요. 다른 사람은 어떨지 모르지만 나의 경우 그래요."라고 상태가 좀 회복되면서 저에게 심경을 털어놓았습니다.

실제 다른 환자들을 봐도 그렇습니다. 현실과는 동떨어진 자신만의 생각에 빠져서 자신이 어떤 결론을 내리고 자살을 결행합니다. 우리나라의 유명한 여류 작가로서 젊은 나이에 자살을 한 사람의 책을 읽어 보니, 죽기 전에 쓴 글에 나타난 심리는 매우 복잡하고 순리나 상식에서는 너무도 동떨어진 자신만의 세계에 빠져 있었음을 알 수 있었습니다.

환자 중에 치료를 하는 도중이건 치료를 하지 않는 기간이건 자살하는 경우가 있습니다. 내 경우에도 기억에 남는 환자가 있는데, 그 사람은 남자 대학생으로 상담은 학교 상담실에서 하고, 나에게는 불면증과 불안 증세 때문에 약만 타가는 환자였습니다. 정기적으로 다니면서 약을 타가던 환자가 어느 날부턴가 오질 않아 이상하게 생각하고 있었는데 몇 달 후에 학생의 어머니가 찾아왔습니다. 그 학생, 즉 자기 아들이 자살을 했다고 하면서 자기 잘못이라고 했습니다. 아들이 죽겠다고 해서 "그럴 것 같으면 나가서 죽어라."고 했는데 그 길로 죽었다고 했습니다. 어머니로서 오죽 답답했으면 그런 말을 했겠나 하고 동정이 가기도 했습니다. 하지만 자살 의도가 있는 아들에게 어머니의 말 한 마디는 매우 중요합니다. 왜냐하면 어머니의 말을 어머니의 의도대로 받아들이지 못하고 자신의 편향되고 왜곡된 심리상태에서 받아들여 나름대로 해석해서 죽을 수밖에 없는 쪽으로 몰아가기 때문입니다.

자살의 심리학

자살을 왜 하게 되는지 그 원인에 대해서 많은 학자들이 연구를 했습니다. 크게 두 가지로 나누어 볼 수 있습니다. 하나는 사회학적 견지에서 본 것이고 다른 하나는 정신분석학적 견지에서 본 원인론입니다.

사회학적인 견지에서 많은 연구를 한 대표적인 학자인 에밀 뒤르켐(Emile Durkheim, 1858~1917)은 개인이 소속해 있는 사회집단에서 개인을 따뜻하게 받아들여 주지 않기 때문에 자살이 일어난다고 하였습니다. 개인이 사회 집단과의 결속이 끊어지면서 생기는 사회심리적 고립 현상이 현대사회에서의 자살을 이해하는 데 가장 중요한 요소라고 강조하였습니다.

그 다음으로 정신분석의 창시자인 프로이트를 중심으로 한 정신분석에서는 자살을 자기 자신에게로 향한 공격성의 결과로 봤습니다. 정신분석에 따르면, 한 인간이 사랑과 미움의 상반된 감정을 갖고 대하던 어떤 것을 잃고 나면 사랑하던 감정은 영구히 그 상실된 것에 붙어서 애도·추모하는 마음으로 남지만 증오하던 마음은 그것에서 떨어져 나와 방향을 돌려 자기 자신에게 와서 자기 자신을 미워하게 됩니다. 공격성이 자신에게로 방향전환을 한 상태가 우울증입니다. 그래서 '나는 가치 없는 놈이다', '나 같은 놈은 죽어야 한다'라고 하는데 이런 것이 심해지면 '내가 나를 죽이는' 자살을 하게 됩니다.

자살을 심각하게 생각하거나, 자살기도자의 경우 정신질환자일 가능성이 크긴 하지만 사춘기 학생이나 어려운 상황에 처한 정상적인 사람일 수도 있습니다. 우리나라에서 전직 대통령을 포함하여 유명 연예인, 재벌 총수를 지낸 사람 등 많은 사람이 자살했습니다. 우리나라는 현재 하루 30~40여 명이 자살하고 있습니다. OECD 국가 중 자살률이 1위를 차지하여 심각한 사회 문제가 되어 국가 차원에서 대책을 세우고 있습니다. 우리나라의 경우 통계마다 차이가 있긴 하지만 자살과 자살기도자를 합쳐 이들 중 최소 1/3이상이 조울정신병, 갱년기 우울증, 정신분열증, 우울신경증, 뇌동맥경화증, 만성알코올 중독에 걸려 있다고 봅니다.

자살하는 사람은 거의 대부분 치료가 될 수 있는 정신 장애를 갖고 있고 자살하는 사람의 대다수가 자살하기 전에 자살 의도를 주위 사람에게 표현하기 때문에 잘 대처한다면 예방이 가능합니다.

그런데 자살에 대해 우리 사회에서 잘못 알고 있는 것이 있어 몇 가지 지적하고자 합니다. 이것은 우리 사회에 상식처럼 떠도는 말인데, 마치 사실처럼 인식되어 있어 자살예방이나 대책에 부정적이고 위험한 결과를 초래하고 있습니다. 이 내용은 우리나라에서 나온 정신의학 교과서에 있는 내용입니다.

그 첫째가 "정말 자살할 사람은 남에게 그것을 내색하지 않는다."입니다. 이것은 틀린 말입니다. 우리나라를 비롯한 여러 나라의 연구결과에서 자살할 의향이 있는 사람은 주위에 그런 의사를 알린다는 것이 밝혀졌습니다. 가족, 친지에게 지나가는 말처럼 뜻을 비추거나 더러는 직접 대놓고 명확히 예고를 합니다. 우리나라의 한 연구를 보면 74퍼센트가 그런 의사 표시를 했습니다. 미국과 영국의 통계는 55~75퍼센트입니다.

따라서 "죽는다, 죽는다 하는 사람치고 죽는 사람 못 봤다."라는 말은 전적으로 틀린 말입니다. 주위에서 죽고 싶다는 말을 하는 경우 심각한 말이든 지나가는 말이든 그 말을 주의 깊게 듣고 진정한 관심을 가지고 그 사람의 마음속에 무엇이 일어나고 있는지 알아봐야 할 것입니다.

두 번째는 "자살하는 사람들은 꼭 죽고야 말겠다는 확고한 결단을 내린 사람들이다."라는 것인데 이것도 틀린 말입니다. 이들은 대부분 죽을 것인지 살 것인지를 분명히 정하지 못한 채 갈등하고 혹시 누군가에 의하여 자기가 구원받고 구조받기를 기대합니다. 내가 봤던 남자 환자는 3층 옥상 난간에 걸터앉아 떨어져 죽어야 하나 말아야 하나로 고민하다가 몸의 균형을 잡지 못해 떨어져서 죽지는 않았지만 크게 다쳤다고 했습니다.

나머지 하나는 한 번 자살기도를 해 본 사람이거나 자살 위기를 넘긴 사람은 다시는 자살을 하지 않는다는 것인데, 이것도 사실과 다릅니다. 한 연구의 통계에 의하면 전체 자살자의 45퍼센트가 3개월 전쯤 해서 자살 미수가 있었던 사람이었습니다. 전체 자살기도자의 15퍼센트는 다시 자살기도를 하는데 그 반수가 1년 이내에 합니다. 전체 자살기도자의 5퍼센트는 자살로 끝난다는 보고도 있습니다.

그러면 자살의도를 표현하는 사람이나 자살기도자를 우리는 어떻게 대해야 하겠습니까. 먼저 이들이 매우 힘들고 특수한 상황에 놓여 있다는 것을 알아야 합니다.

자살 위기를 넘긴 어떤 사람은 자살 위험에 처했을 때의 자신의 상태에 대해 다음과 같이 말했습니다. "그때의 상태는 우리가 보통 살아가면서 겪는 괴롭고 힘든 것과는 차원이 달라요. 정신과 몸이 이상한 상태에 빠져들어 도저히 거기서 빠져나올 것 같지 않고, 절망 그 자체로, 죽는 것이 나을 것 같다는 생각이 자꾸 들었어요. 자살할 것만 생각했어요. 그럴 때 가장 중요한 것은 그 상태에 변화를 주는 것인데 가장 좋은 것은 전문가와 상담을 하여 안정을 시켜주거나, 잠을 자게 하는 약을 먹거나, 주위에 사람이 있어서 대화를 하는 것이에요. 그럴 때 옆에 아무도 없으면 정말 위험해요."

우리 몸은 살기를 원합니다. 세포 차원에서 생명 유지를 위해 엄청난 일이 순간순간 일어나고 있습니다. 그래서 어지간하게 괴로워서는 우리 생명체를 파괴할 수 없습니다. 자살하기 위해서는 우리 몸과 정신에서 오는, 우리 생명체를 보존하고자 하는 신호를 차단할 수 있을 정도로 어디에 집착하고 몰두하고 빠져 있어야 합니다. 아주 특수한 상태에 빠져들거나 종교적이거나 이념적인 신념이 엄청 강한 상태가 되어야 합니다.

십몇 년 전에 미국 고등학교에서 총기 난사 사건이 일어나 여러 명이 죽은 적이 있습니다. 그 사건을 일으킨 학생의 인터뷰를 봤더니 "그전에 내가 누구하고라도 대화를 했더라면 그 끔찍한 일을 저지르지 않았을 텐데."라고 했습니다. 그 학생도 혼자만의 생각에 빠져 후회할 일을 저질렀던 것입니다. 자살의 경우도 마찬가지입니다. 자살의 위험에 놓였을 때를 벗어나서 생각하면 다르게 생각될 수 있는 것이 그때는 자살만이 유일한 길로 여겨집니다.

붓다도 말하였듯이 모든 것은 변하고 있습니다. 우리 몸도 순간순간 변하고 있고 우리 마음도 순간순간 변하고 있습니다. 잘 보면 괴로운 것도 변하고 있고 즐거운 것도 변하고 있습니다. 자살밖에 생각할 수 없는 상황도 시간이 지나면 변합니다. 이러한 세상의 이치를 평소에 체득하여 그 어려운 순간을 넘어간다면 최선의 길입니다.

당사자 스스로 안 되면 옆에 있는 사람이 도와야 합니다. 옆에서 도울 때 자살 의도를 비치는 사람을 너무 두려워하지 말아야 합니다. 돕는 사람이 너무 두려워하면 자살 의도를 가진 사람이 불안해 하고 돕는 사람에 대해서 든든한 느낌을 가질 수 없습니다. 또 자살하고 싶다는 심정을 들어주는 것이 자살을 인정하는 것이 아닌가 하여 자살이라는 생각을 원천 봉쇄하려고 하지 말아야 합니다. 그 사람이 자신의 상태를 있는 그대로 털어놓음으로써 마음이 가벼워지고, 그 사람이 누군가와 무슨 말이라도 할 수 있다고 느끼면 마음에 변화가 올 수 있습니다. 어딘가에 빠져 있는 것에서 벗어날 수 있습니다. 대화의 내용보다도 서로 나누고 있고 통하고 있다는 느낌이 중요합니다.

자살 의도를 비치는 사람을 대할 때 가장 중요한 것은 사랑과 진정한 관심입니다. 이미 정신질환이 생긴 경우는 정신과 치료를 받도록 해야 합니다. 필요하면 입원도 해야 합니다. 한 여자 대학생은 몇 개월 동안 가지고 있던 자살에 대한 생각에서 벗어날 수 있었는데, 물론 상담도 하고 약을 먹은 것도 있었지만, 환자의 표현으로는 아버지의 따뜻한 관심이 가장 도움이 되었다고 합니다.

자살을 생각하는 사람들의 마음속에는, 대부분의 경우 그 사람을 잡아주는 사람이 들어있지 않습니다. 청소년의 경우 부모가 자리 잡고 있지 않습니다. 혼자라고 느낍니다. 자식의 마음속에는 항상 부모가 들어 있어야 합니다.

　유태인으로서 아우슈비츠 수용소에서 보낸 3년간의 경험을 토대로 의미치료(意味治療, logotherapy)를 창시한 의사 빅터 프랭클(Victor E. Frankl, 1905~1997)은 고통을 겪고 있는 환자들에게 가끔 "어째서 자살을 하지 않습니까?" 하고 물었다고 합니다. 그러면 환자들은 자기 인생을 지탱해 주고 있는 인생의 의미를 자각할 수 있었다고 합니다.
　우리가 살아가면서 한번쯤은 죽고 싶은 생각이 들 때가 있습니다. 아무리 건강하고 사회적으로 적응을 잘하는 사람도 지치고 힘들고 화날 때 그런 생각이 듭니다. 그런데 우리 존재 자체는 자살을 원하지 않습니다. 우리 자신과 진정하게 대화를 해 보면 존재하기 위하여 우리 내부에서 활발하게 생명활동을 하는 소리를 들을 수 있습니다. 그리고 실제로 자살기도를 하여 농약을 마시고 의식이 불명한 상태에서 몸과 마음이 살려고 애쓰는 것을 응급실에서 볼 수 있습니다.

불교에서 보는 자살

불교에서는 자살을 어떻게 보고 있는지 알아보겠습니다. 붓다가 자살을 어떻게 보나 하는 것을 통해 불교에서 자살을 어떻게 보고 있나 하는 것을 짐작할 수 있습니다. 4부 니까야 전체 중 세 개 정도의 경에 비구의 자살이 언급되어 있었습니다. 한 경은 『고디까의 경』(쌍윳따 니까야 제1권 366~371쪽)이고 또 하나의 경은 『찬나에 대한 가르침의 경』(맛지마 니까야 제5권 387~395쪽)입니다. 나머지 한 경은 『박깔리의 경』(쌍윳따 니까야 제3권 315~326쪽)입니다.

먼저 『고디까의 경』을 보겠습니다. 고디까는 붓다 당시의 비구입니다. 고디까는 방일하지 않고 열심히 정진하여 일시적인 마음에 의한 해탈을 얻었습니다. 그러나 고디까는 그 일시적인 마음에 의한 해탈을 유지하지 못하고 물러났습니다. 고디까는 다시 열심히 정진하여 일시적인 마음에 의한 해탈을 얻었습니다. 그러나 역시 그 일시적인 마음에 의한 해탈을 유지하지 못하고 물러났습니다. 그러기를 여섯 번을 반복했습니다. 일곱 번째로 고디까는 열심히 정진하여 일시적인 마음에 의한 해탈을 얻었습니다.

그때 고디까는 다음과 같이 생각했습니다. '이제 나는 여섯 번이나 일시적인 마음에 의한 해탈에서 물러났다. 차라리 칼로 목숨을 끊는 것이 어떨까.' 이때 악마 빠삐만이 이 사실을 알아채고 붓다에게 알리면서 '어찌 그대의 제자가 깨달음을 얻지 못한 채 죽으려고 하느냐' 하면서 '고디까를 말리라'고 합니다. 그때 고디까는 칼로 자결했습니다. 붓다는 악마 빠삐만에게 다음과 같은 시로써 대답했습니다. "지혜로운 이들은 이처럼 삶을 바라지 않네. 갈애를 뿌리째 뽑아서 고디까는 완전한 열반에 들었네."

그러고 나서 붓다는 제자들에게 고디까가 자살한 바위로 가자고 했습니다. 그곳에 가서는 제자들에게 고디까가 완전한 열반에 들었다고 선언했습니다.

이 경에서 붓다가 중요시 한 것은 갈애를 뿌리째 뽑아서 윤회를 벗어났느냐 아니냐이지 자살했느냐 아니냐가 아닙니다. 붓다에게 중요한 것은 죽을 때 어떤 상태냐 하는 것입니다. 긴 윤회를 생각할 때 한 생은 그렇게 중요한 것이 아닙니다. 이 생을 어떻게 살고 다음 생으로 연결되냐 하는 것이 중요합니다. 이로 미루어 불교가 자살에 대해 가지는 시각은 사람으로 태어나기 어려운데 자살하는 것은 귀중한 시간의 낭비라는 것입니다.

또 하나의 경인 『찬나에 대한 가르침의 경』을 간단히 보겠습니다. 이 경에 나오는 찬나도 비구입니다. 찬나는 중병이 들어 힘들어했습니다. 그래서 붓다의 제일 제자인 사리불과 쭌다라는 비구가 병문안을 가서 병세를 물어보고 위로를 합니다. 그때 찬나는 사리불에게 너무 힘들어 자결하려고 한다고 합니다. 그러면서 자신은 허물없이 자결할 것이라고 했습니다. 허물이 없이 자결한다는 것은 윤회의 원인이 될 갈애를 뿌리째 뽑았다는 것을 뜻합니다. 그러자 사리불은 붓다의 가르침을 찬나가 제대로 이해하고 있는지 질문하여 확인합니다. 찬나의 대답을 통하여 찬나가 붓다의 가르침을 제대로 이해하고 있는 것을 확인한 후 찬나에게 그러한 붓다의 가르침에 항상 주의를 기울이라고 하고는 찬나의 거처를 떠납니다. 사리불과 쭌다가 떠난 후 얼마 지나지 않아 찬나는 자결합니다.

사리불은 찬나가 죽은 후 찬나의 말이 미심쩍은 데가 있었는지 붓다에게 다음과 같이 묻습니다. "세존이시여, 존자 찬나가 자결하였습니다. 그의 운명은 어떠한 것이고 그의 미래는 어떠한 것입니까?" 이에 붓다는 대답합니다. "사리불이여, 존자 찬나가 자신의 허물이 없음을 선언하지 않았는가. 사리불이여, 이 몸을 버리고 다른 몸을 취한다면, 그것을 두고 허물 있는 것이라고 나는 말한다. 찬나에게 그것은 없다. 찬나는 허물없이 자결했다."

나머지 경인 『박깔리의 경』도 앞에 소개한 『찬나에 대한 가르침의 경』의 내용과 비슷합니다. 박깔리도 비구입니다. 박깔리가 중병이 들어 붓다가 자신의 처소를 방문하기를 요청하여 붓다가 방문합니다. 붓다는 박깔리에게 가르침을 줍니다. 그러고는 떠납니다. 그 뒤 붓다는 자결을 앞두고 있는 박깔리에게 비구들을 보내어 자신의 말을 전하라고 합니다. "박깔리여, 두려워 말라. 그대의 죽음은 나쁜 것이 아니다. 그대가 목숨을 끊는 것은 나쁜 것이 아니다." 그 후 박깔리는 자결을 합니다. 그리고 붓다는 박깔리가 열반에 들었다는 것을 제자들에게 선포합니다.

『미란타왕문경』에 있는 다음의 글귀에 불교에서 자살을 어떻게 생각하는지가 잘 나타나 있다고 생각합니다. 미란타 왕이 "당신들 불교도들은 인생을 고통이고 벗어나야 할 것으로 받아들이는데 그러면 왜 목숨을 끊지 않습니까?" 하고 묻자 나가세나 존자는 "우리는 인생을 고통이라고 봅니다. 그러나 그렇다고 미리 생을 끝내지도 않습니다. 과일이 익어서 나무에서 떨어질 때가 되면 자연스럽게 떨어지듯이 우리도 생이 인연이 다하여 끝날 때까지 그대로 삽니다."라고 대답했습니다.

3-3

이성에 대한 욕망을
다스리는 법

2600여 년 전에 붓다는 목숨을 건 수행 끝에 인간을 포함한 모든 존재가 본질적으로 어떤 존재이고 어떤 상황 속에 있는지를 깨달았습니다.

붓다의 깨달음은 우리 존재는 본질적으로는 괴로움 속에 있다는 것이었습니다. 괴로움 속에 있게 된 원인은 집착하지 말아야 할 것에 집착을 하였기 때문이라고 봤습니다.

집착의 대상은 무수히 많지만 그 중에서도 이성에 대한 욕망을 포함한 감각적 욕망이 우선이라고 할 수 있습니다. 그래서 불교에는 이성에 대한 욕망을 다스리는 방법에 대한 가르침이 많습니다.

붓다가 『형상 등의 품』(앙굿따라 니까야 제1권 71~73쪽)에서 "비구들이여, 이 형상(소리·냄새·맛·감촉) 이외에 다른 어떤 것도 이렇게 남자(여자)들의 마음을 사로잡는 것을 나는 보지 못했나니, 그것은 바로 여자(남자)의 형상(소리·냄새·맛·감촉)이다."라고 말하였듯이 남자에 있어서 여자, 여자에 있어서 남자는 가장 큰 집착의 대상입니다. 그런 만큼 이성에 대한 마음을 어떻게 하느냐에 따라 인생이 행복해지기도 하고 불행해지기도 합니다.

진료실에서 이성에 대한 욕망을 잘못 다스려 배우자를 정신적인 고통에 빠뜨리고 자신도 괴로워하는 경우를 많이 봤습니다. 특히 남자들이 여자에 대한 욕망을 잘못 다스려 그런 경우를 많이 봤습니다. 믿었던 배우자인 경우 충격은 훨씬 큽니다.

어떤 중년의 여자 환자는 남편이 바람을 피울 것이라고는 전혀 생각하지 않고 살았습니다. 그러다 남편이 구체적인 증거는 없지만 의심이 가는 행동을 하자 남편에 대한 신뢰가 한순간에 무너져버렸습니다.

남편이 아내에게 충분히 신뢰를 줄 만한 행동을 해도 믿지 않았으며 또 삶에 대한 의욕을 잃고 남편에게 폭력적이 되었습니다. 이 환자는 남편을 의심하는 생각이 하루 종일 머릿속을 떠나지 않아 잠도 못 자고 불안 증세도 심했습니다. 약을 쓰고, 정신치료도 하고, 남편도 치료에 협조적이었지만 한번 무너진 남편에 대한 신뢰가 쉽게 회복되지 않았고 부부 모두가 상당 기간 힘든 생활을 했습니다. 이처럼 신뢰를 쌓기는 어렵지만 무너뜨리기는 쉽습니다.

미혼의 경우도 이성으로 인해 괴로워하는 경우를 많이 봤습니다. 정신과 진료실을 찾지 않은 경우에도 많은 사람들이 이성에 대한 잘못된 욕망으로 불행에 빠지고, 인생에서 실패하고, 뼈저리게 후회하지만 도저히 돌이키지 못하고 괴로움 속에서 평생을 살기도 합니다.

그러면 이성에 대한 욕망, 특히 남자의 여자에 대한 잘못된 욕망을 어떻게 다스릴 것인가에 대해 생각해 보고자 합니다.

요즘은 여자가 외도를 하는 경우도 점점 늘어나고 있지만 남자의 잘못된 욕망에 국한해서 살펴보는 이유는 여성에 비해 남성이 생리적으로 성적인 욕구의 지배를 쉽게 받고 또 현재 우리 사회에서 남성에 대한 성적인 유혹이 크기 때문입니다. 불교 경전에도 남자가 여자에 대한 욕망을 어떻게 다스릴 것인가에 대해 잘 나와 있습니다. 물론 남자가 여자에 대한 욕망을 다스리는 것을 남자와 여자의 차이 나는 점을 감안하여 조금만 응용하면 여자가 남자에 대한 욕망을 다스리는 데도 도움이 될 것입니다.

이성에 대한 욕망을 다스린 붓다의 제자들 이야기

붓다 당시의 비구(남성 출가자)에게도 여자에 대해 어떻게 마음을 다스려야 하는가는 큰 문제였던 것 같습니다. 『대반열반경』(디가 니까야 제2권 268쪽)에 보면 돌아가실 날이 얼마 남지 않은 붓다에게 붓다의 시자인 아난다가 붓다가 돌아가시면 여래의 존체를 어떻게 해야 되는지에 대해 묻기 전에 다음과 같이 여자에 대해 질문합니다.

"세존이시여, 저희들은 여자에 대해 어떻게 해야 합니까?"

"아난다여, 쳐다보지 말라."

"세존이시여, 쳐다보게 되면 어떻게 해야 됩니까?"

"아난다여, 말하지 말라."

"세존이시여, 말을 하게 되면 어떻게 해야 됩니까?"

"아난다여, 마음챙김을 확립해야 한다."

이외에도 많은 기록들이 있습니다. 비구가 여자에 대한 성적인 욕망이 일어났을 때 스스로 성적인 욕망을 다스리거나 아니면 동료 비구의 도움을 받아 성적인 욕망을 다스리는 내용이 경전에 많이 있습니다.

그 중 승단에서 시를 잘 짓기로 유명했던 방기싸의 경우를 소개합니다.

『출가의 경』(쌍윳따 니까야 제1권 517~519쪽)에 나오는 이야기입니다. 방기싸가 승단에 출가한 지 얼마 안 되었을 때였는데, 그때 많은 여인들이 잘 차려 입고 사원을 보기 위해 찾아왔습니다. 그 여인들을 보고 방기싸에게 성적인 욕망이 생겼습니다.

그래서 방기싸는 '내게 성적인 욕망이 생긴 것은 나에게 해롭다. 참으로 나에게 유익함이 없는 것이다. 참으로 나에게 나쁜 일이 닥친 것이다. 어떻게 다른 사람이 나를 위해 좋지 않은 생각을 없애고 좋은 생각을 일으킬 수 있는가. 내가 스스로 자신을 위하여 좋지 않은 생각을 없애고 좋은 생각을 일으켜야겠다'는 생각을 했습니다. 그래서 다음과 같은 시를 읊었습니다.

"집에서 집 없는 곳으로 내가 출가한 뒤에

어둠에서 오는 이러한 생각들이

완강하게 나를 엄습하고 있네.

훌륭한 사수인 귀공자들로서 잘 숙련된 강한 활을 가진 자들로

겁이 없는 사람 천 명이 나를 모든 방향에서 에워싼다 하더라도

또한 만약 그 이상의 여인들이 오더라도

나를 괴롭게 하지 못 할 것이니

나는 가르침에 확고하게 서 있네.

태양신의 후예인 붓다에게서

그 자신의 입을 통해 나는 들었네

열반으로 이르는 길을.

내 마음은 그것에 머물러 즐겁네.

이처럼 살고 있는 나에게

악마여, 그대가 다가오더라도

나의 길을 알지 못 할 것이다."

다음은 『아난다의 경』(쌍윳따 니까야 제1권 523~525쪽)에 나오는 이야기입니다. 방기싸가 하루는 붓다의 시자인 아난다를 따라 사위성이라는 그 당시의 큰 성 안으로 들어갔습니다. 그때 방기싸에게 성적인 욕망이 일어났습니다. 그래서 방기싸는 아난다에게 시로 말했습니다.

"나는 감각적 욕망에 불타고 있고

내 마음은 그 불에 삼켜졌네.
고따마의 제자여, 연민을 베풀어
탐욕을 끄는 법을 말해 주소서."

아난다도 시로 대답했습니다.

"인식의 전도에 의해서
그대의 마음이 불에 삼켜졌네.
감각적 욕망을 자극하는
아름다운 대상을 피하라.
형성된 것을 남으로 보고,
괴로운 것으로 보고, 자기로 보지 말라.
커다란 감각적 욕망의 불을 꺼서
결코 다시는 타오르지 않도록 하라.
부정관(不淨觀)을 닦고
마음을 하나로 모으고 삼매에 잘 들라.
몸에 대한 마음챙김을 확립하고
싫어하여 떠남에 전념하라.
대상을 여의는 명상을 닦고
아만(我慢)의 경향을 버려라.
아만을 부수어 버리면
그대는 적멸에 든 자가 되리."

비구가 환속한 경우 무엇이 원인이었는지 언급할 때 항상 여자에 대한 욕망을 어떻게 잘못 다스렸는지가 언급됩니다. 붓다도 비구들이 마을로 탁발을 갈 때 마음챙김을 잘 하지 않을 경우 여자에 대한 욕망이 어떻게 물밀듯이 밀려오는지 말합니다.

있는 그대로 보는 것이 욕망을 없애는 길

이성에 대한 욕망을 다스리는 방법은 여러 가지가 있습니다.

불교수행을 하는 사람들은 나름대로 욕망을 다스리는 노하우를 가지고 있을 것입니다. 2003년에 미얀마의 위빠사나 수행처에서 심리학을 전공한 미국인 비구를 만났습니다. 그는 나와 대화를 하면서 성욕을 극복하는 방법을 알려 주었습니다. 그리고 내가 치료하는 환자들에게 알려 주라고 했습니다. 그 비구는 성욕이 일어나면 그것을 있는 그대로 보면 그대로 사라진다고 했습니다. 나도 100퍼센트 그 이야기에 동의합니다.

『바라드와자의 경』(쌍윳따 니까야 제4권 435~440쪽) 에 등장하는 우데나 왕과 바라드와자 비구와의 대화에는 여자에 대한 욕망을 어떻게 다스릴 수 있는지 잘 나와 있습니다. 여기서 제시된 이야기는 초기 경전에 일관되게 나오는 내용입니다.

우데나 왕이 바라드와자 비구를 찾아와서 "바라드와자여, 비구가 젊고 꽃다운 나이에 감각적 쾌락을 즐기지 않고 목숨이 다할 때까지 청정한 삶을 사는 원인이나 조건은 무엇입니까?" 하고 묻자, 바라드와자는 "세존께서는 '비구들이여, 그대들은 어머니 같은 여자에 대해서는 어머니로 보는 마음을 가지고, 누이 같은 여자에 대해서는 누이로 보는 마음을 내고, 딸 같은 여자에 대해서는 딸로 보는 마음을 일으켜라'라고 말씀하셨습니다. 그것이 원인이고 조건입니다."라고 대답합니다. 그러자 왕은 그 대답에 만족하지 않고 비구가 그렇게 청정한 삶을 사는 다른 원인이나 조건을 다시 물었습니다.

바라드와자는 다시 대답하기를 "세존께서 '비구들이여, 그대들은 이 몸이 발바닥에서부터 머리까지 여러 가지 더러운 것으로 가득 차 있는 것을 관찰해야 한다. 이 몸에는 머리털·몸 털·손발톱·이빨·피부·근육·힘줄·뼈·골수·신장·심장·간·흉막·비장·폐·장·장간막·위 속의 음식·똥·담즙·점액·고름·피·땀·지방·눈물·피부의 기름·침·콧물·관절액·오줌이 있다고 관찰해야 한다. 이것이 원인이고 조건입니다'라고 말했습니다."고 말했습니다.

왕은 이 대답에도 만족하지 않고 다시 또 다른 원인이나 조건에 대해 물었습니다. 존자는 다시 대답했습니다. "세존께서는 '비구들이여, 그대들은 감각의 문을 잘 지켜라. 눈으로 형상(소리·냄새·맛·감촉·법)을 보고 그것의 전체적인 상도 취하지 말고 부분적인 상도 취하지 말라. 그렇지 않으면 욕심과 싫어하는 마음이 밀려들 것이다'라고 말씀하셨습니다. 이것이 또 다른 원인이고 조건입니다." 이 대답을 듣고 우데나 왕은 자신의 경우도 후궁의 처소에 들 때 몸이나 말, 정신에 대해 마음챙김을 하고 감각의 문에 대해 제어를 했을 때와 하지 않았을 때 욕심이 일어나고 안 일어나고의 차이를 이야기 하면서 바라드와자의 말을 이해하고 불교에 귀의합니다.

　여기서 감각의 문을 잘 지킨다는 것은 눈으로 보고, 귀로 듣고, 코로 냄새를 맡고, 혀로 음식을 맛보고, 몸으로 닿는 느낌을 느낄 때 전체적인 상도 취하지 않고 부분적인 상도 취하지 않는다는 것입니다.

　전체적인 상을 취한다는 것은 예를 들어 사람을 볼 때 '저건 사람이다, 남자다 여자다' 하는 것이고, 부분적인 상을 취한다는 것은 '옷을 잘 입었다, 못 입었다, 멋있다' 등으로 보는 것입니다.

　우리가 눈으로 보고, 귀로 듣고, 코로 냄새를 맡고, 혀로 음식을 맛보고, 몸으로 닿는 느낌을 느낄 때 전체적인 상과 부분적인 상을 취하지 않는 것은 불가능하게 느껴집니다. 그렇기 때문에 우리가 뭔가를 보고 들을 때 항상 좋아하거나 싫어하게 됩니다. 좋은 것은 가까이 하려고 하고 싫은 것은 멀리 하려고 합니다. 그러면 무엇을 보거나 들을 때 붓다가 제시한 대로 전체적인 상도 취하지 않고 부분적인 상도 취하지 않으려면 어떻게 해야 하겠습니까?

　이것은 내 나름대로 생각한 것인데 100퍼센트 보거나 들어야 됩니다. 보통 우리는 100퍼센트 보지 않고 자기 생각으로 처리합니다. 예를 들어 컵을 볼 때 '아, 컵이 있구나. 예쁜 컵이구나', 혹은 '미운 컵이구나' 하고 자신의 개념이나 살아오면서 경험했던 것을 가지고 처리해 버리지 앞에 있는 컵을 있는 그대로 보지 않습니다. 컵에 대해 판단하거나 생각을 하는 동안에는 보고 있지 않는 것입니다. 오로지 보고 있을 때만이 100퍼센트 보는 것입니다. 그렇게 100퍼센트로 보면 사람을 볼 때 남자다 여자다 하는 것도 없어지고, 좋고 싫고도 사라지고,

일체의 판단도 사라집니다. 그러면 붓다가 말하는 대로 욕심과 싫어하는 마음이 없어집니다. 지금 이 자리에서 현재 있는 존재와 만나게 됩니다. 과거와 미래의 투사로서 사물을 대하지 않고 현재 눈앞에 있는 사물의 본질을 만나게 됩니다. 남자가 여자를 이렇게 볼 때 여자를 소중한 한 존재로 보지, 성적인 욕망 충족의 대상으로 보지 않습니다.

아직 미혼인 20대 남자 환자가 직장에서, 결혼한 동료 여직원에 대해 잘못된 욕망이 생긴다고 해서 위의 경을 이야기해 주었더니 자신에게는 첫 번째 다스리는 방법인, '어머니 같은 여자는 어머니로 보고, 누이 같은 여자는 누이로 보고, 딸 같은 여자는 딸로 보는 것'이 제일 적용하기에 쉽겠다고 하면서 한 번 해보겠다고 했습니다.

남자에게 세상 어느 것보다도 중요한 여자, 여자에 있어 세상 무엇보다도 중요한 남자에 대해 그리고 잘못된 관계로부터 우리 자신을 지키는 지혜를 불교 경전을 중심으로 살펴 보았습니다.

3 - 4

불면증을
다스리는 법

살다보면 잠이 안 올 때가 있습니다. 평생 한 번도 이런 경험 없이 잘 자는 사람은 없습니다. 다만 잠이 안 올 때 어떻게 하느냐에 따라 불면증이 되기도 하고 그렇지 않기도 합니다.

좀 극단적으로 표현하면 불면증은 못 자는 병이 아니라 못 잘까 두려워하는 병입니다. 왜 이렇게 말하느냐 하면, 잠을 자고 못 자고는 문제가 아니라 그럴 때 어떻게 반응하느냐에 따라 병이 되기도 하고 안 되기도 하기 때문입니다. 그러니까 잠이 안 올 때 못 자더라도 올바른 방법으로 대처하면 다시 잘 잘 수 있지만 또 못 잘까 두려워하면 불면증이 됩니다.

실제로 빅터 프랭클이라는 유태인 정신과 의사가 아우슈비츠 수용소에서 몇 년을 보낸 후 자신의 경험을 토대로 쓴 책을 보면 "잠을 못 잘까 두려워하는 대부분의 사람은, 생명을 가진 개체는 누구든지 자기 자신에게 꼭 필요한 최소한의 잠은 잔다고 하는 사실을 모르기 때문이다."라는 내용이 있습니다.

잠을 못 자는 사람은 여러 가지 이유로 잠을 못 자는 것을 두려워합니다. 어떤 사람은 잠을 못 자면 피부가 나빠지지 않을까 하고 두려워하고, 어떤 사람은 앓고 있는 병이 악화되지 않을까 하고 두려워하고, 어떤 사람은 잠을 못 자면 잘 생활하지 못할까 두려워합니다. 사람마다 잠을 못 자는 이유가 다릅니다. 공통점은 잠이 안 오면 어떻게 하나 걱정하는 것입니다. 잠을 푹 못 자면 피로가 덜 풀리고 몸 상태가 개운치 않은 것은 사실입니다. 그렇다고 생활이 안 되는 것은 아닙니다. 우리의 생각과 실제는 다를 수 있습니다. 문제는 잠자는 것에 집착할 때 더 큰 문제가 생길 수 있다는 것입니다.

잠이 안 오는 원인은 여러 가지가 있습니다. 정상적인 경우 낮에 활동하면 밤에는 잠이 옵니다. 밤이 되면 마치 스위치를 꺼 불이 꺼지듯 잠이 옵니다. 그런데 자연스럽게 잠으로 들어가는 것을 막는 일이 일어나면 잠이 안 오게 됩니다. 근심, 걱정거리가 있어 생각을 계속한다든지, 불안하거나 우울하다든지 망상이나 환각과 같은 정신병 증상으로 머리가 계속 움직일 때와 같은 정신적인 원인 때문에 잠이 들지 않을 수도 있고, 술이나 카페인, 니코틴과 같은 물질의 영향으로 잠이 오지 않을 수도 있고, 신체적인 상태로 인해 잠이 들지 않을 수도 있습니다.

직장 생활을 하는 어떤 사람은 머릿속에서 온통 잡념이 떠나지 않고

부터 도저히 잠을 이룰 수가 없었습니다. 그 전에는 못 잔 적이 없었습니다. 어떤 여자는 아이를 낳고 새벽에 모유를 주어야 해서 하룻밤에도 몇 번씩 깨는 생활을 1년 정도 한 후 아무 이유 없이 자다가 한 번 이상씩 깼습니다. 깨면 다시 잠이 안 오기도 했습니다.

술은 잠들기 위해 가장 일반적으로 사용되는 물질인데, 진정시키는 효과도 있지만 각성시키는 작용도 있습니다. 술로 인해 수면 주기가 영향을 받을 수 있습니다. 술을 마시고는 새벽녘에 잠이 깨어 잠이 안 오기도 합니다.

일반인들이 수면제 대용으로 많이 쓰는 멜라토닌은 어떤 연구에 의하면 수면 혼란의 예방과 치료에 역할을 한다고 하고, 또 어떤 연구에 의하면 잠을 유도하고 지속시킨다고 합니다. 그러나 특정 수면장애나 상태에 효과가 있는지, 부작용은 어떤지를 확실하게 보여주는 임상연구가 거의 없습니다. 적절한 용량, 투여 시간, 치료 기간, 약물 상호작용, 사용했을 때 어떤 사람이 위험한지에 대해 알려진 것이 거의 없습니다. 미국에서는 약보다는 건강 보조 식품으로 다루어집니다. 그러나 건강 보조 식품으로서의 안정성도 알려져 있지 않습니다.

잠은 조건이 될 때 찾아온다

잠이 안 올 때 불면증으로 발전하지 않으려면 두 가지 노력을 해야 합니다.

하나는 잠이 안 오는 원인을 알아서 그 원인을 해결해야 합니다. 세상을 살아가면서 가져야 할 가장 중요한 자세는 현실을 있는 그대로 보려고 하는 것입니다. 어떤 일이든지 일어날 때는 그럴 만한 이유가 있는 것입니다. 그 원인을 알아 그것을 해결하는 것이 중요합니다. 그렇게 해야 근본적으로 해결이 됩니다. 잠이 안 올 때도 마찬가지입니다. 잠이 안 오는 원인을 파악해야 합니다.

잠을 잘 자다가 갑자기 잠이 안 올 때는 최근에 일어난 변화를 잘 살펴 보아야 합니다. 그 속에 원인이 있습니다. 어떤 은행원은 잠을 잘 자다가 주식에 투자한 것이 실패하자 그때부터 잠을 못 잤습니다. 인생이 끝났다는 느낌에 불안하고 절망감이 들면서 미래에 대한 불안한 생각이 머릿속을 떠나지 않았습니다.

혼자서 원인을 파악하지 못하면 주위 사람과 의논하거나 전문가의 도움을 받는 것이 좋습니다. 우울증이 원인이면 우울증 치료를 받아야 합니다. 걱정거리가 많아 잠이 안 오면 걱정하는 생각을 어떻게 하든 멈추도록 노력해야 합니다. 카페인이나 니코틴과 같은 물질이 원인이면 그에 맞게 대책을 세워야 합니다.

나머지 하나는 잠이 안 올 때 올바르게 대처하는 것입니다. 앞서 이야기한 잠이 안 오는 원인을 찾아 그것을 해결하는 것과 잠이 안 오는 것에 대해 올바르게 대처하는 것, 이 둘을 꾸준히 실천하면 불면증으로 발전하지 않습니다.

먼저 잠을 잘 자기 위해 일반적으로 고려해야 할 사항을 이야기하겠습니다.

자기 전에 카페인, 술, 담배는 피하는 것이 좋습니다. 아침이나 오후에 운동을 합니다. 자기 전에 가볍게 먹습니다. 침실의 온도나 소음, 빛을 적절하게 합니다. 자기 전이나 잘 때 걱정을 안 합니다. 낮잠을 안 잡니다. 이런 일반적인 사항은 잠을 잘 자는 데 항상 도움이 되기 때문에 지키는 것이 좋습니다.

잠이 안 올 때 올바르게 대처하는 방법으로 내가 진료실에서 제시하여 많은 효과가 있었던 방법을 구체적으로 설명하겠습니다. 먼저 잠이 오든 안 오든 평소 잠을 자는 시간에 눕는 것이 좋습니다. 불을 끄고 누워서는 눈을 감습니다. 어떤 사람은 하루 잠을 못 자면 그 다음 날은 일찍 누워서 못 잔 잠을 보충하려고 하는데 그러면 잠이 더 오지 않습니다. 잠은 일종의 생체리듬에 따라 일어나기 때문에 평소 잠자는 시간이 아닌 시간에 누우면 생체 시계가 혼란을 일으킵니다. 잠을 못 잔 다음 날, 잠을 꼭 잘 자고 싶으면 오히려 평소보다 조금 늦게 잠자리에 드는 것이 좋습니다. 그러면 오히려 잠이 더 잘 올 수 있습니다. 그렇지만 가능하면 잠을 잘 자고 싶다는 마음을 다스리고 평소 자는 시간에 눕는 것이 좋습니다. 이렇게 평소에 잠을 자는 일정한 시간에 누운 다음, 억지로 잠을 자려고 애쓰지 않는 것이 중요합니다.

잠이라는 것은 자율신경계를 통해 일어나기 때문에 우리가 잠을 자고 싶다고 잠이 오고, 안 자고 싶다고 안 오는 것이 아닙니다. 잠이 올 수 있는 조건이 되면 오고, 조건이 안 되면 안 옵니다. 잠 오는 조건을 만드는 것이 필요합니다. 잠이 오는 조건은 교감신경이 억제되고 부교감신경이 활성화될 때입니다. 부교감신경이 활성화된 상태는 느긋하고 편안하고 풀어지고 뭔가를 잡고 있는 것이 없는 상태입니다. 이에 비해 교감신경이 활성화된 상태는 긴장되고 신경이 곤두서고 흥분되고 뭔가를 붙들고 있는 상태입니다. 잠을 자려고 애쓰는 상태는 교감신경이 자극되는 상태입니다. 그래서 잠을 자려고 애쓰지 말라고 하는 것입니다.

그저 하루 동안 움직였으니까 '쉰다', '피로를 푼다' 하는 마음으로 누워 있습니다. 잠이 오면 자고, 안 오면 쉬면서 좋은 시간을 갖는다는 마음으로 누워 있습니다. 사실 눈을 감고 누워 있는 것 자체가 가수면 상태로 들어가는 것입니다. 잠자는 것이 아니고 단지 눈을 감고 누워 있을 때라도 뇌파를 찍어보면 눈을 뜨고 누워 있을 때와 뇌파가 다릅니다. 눈을 감고 있다가 우리도 모르게 깜빡깜빡 자기도 합니다. 그럴 때 피로가 많이 풀립니다.

눈을 감고 누워 있을 때 여러 가지 생각이 날 수 있습니다. 과거와 미래의 생각이 주로 날 것입니다. 이때 생각을 따라가지 않는 것이 중요합니다. 현재에 집중하지 않는 한 생각이 나는 것은 당연합니다. 생각이 나면 생각의 구체적인 내용을 생각하지 말고 그냥 '생각이 났구나' 하고 생각이 난 것을 알아차리면 그 생각은 사라집니다. 그러면 다시 피로를 푼다는 마음으로 누워 있도록 합니다. 그러다가 또 생각이 나면 구체적인 내용은 생각하지 않고 또 생각이 났구나 하고 알아차립니다. 이렇게 하는 가운데 너무 답답하면 눈을 감은 상태로 잠시 앉아 있는 것도 괜찮습니다. 일어나서 돌아다니면 잠이 완전히 깹니다. 편안한 마음으로 이렇게 시간을 보내는 것이 아주 중요합니다.

이렇게 밤을 보내고 아침에 일어날 시간이 되면 일어나 봅니다. 일어나야 할 시간에 일정하게 일어나는 것이 좋습니다. 일어난 후 상태가 괜찮으면 활동을 시작합니다. 그런데 일어났더니 어질어질 하면 다시 좀 누웠다가 다시 일어나 괜찮아지면 다시 활동을 시작합니다. 그리고 일어났을 때의 몸 컨디션에 맞게 하루를 보내겠다는 마음으로 하루를 보냅니다. 실제로 잠이 안 올 때라도 동요 없이 편안한 마음으로 누워서 밤을 보내면 아침에 일어날 때 그렇게 많이 힘들지 않습니다.

불면증의 자연 보조제, 바디 스캔

앞의 방법에 덧붙여 명상을 이용한 바디 스캔을 하면 잠이 드는 데 방해가 되는 생각을 다스리는 데 도움이 되고, 몸과 마음이 편안한 상태를 만들어 부교감신경이 활성화되게 할 수 있습니다. 그래서 쉽게 잠에 빠져들 수 있습니다. 바디 스캔은 명상과 최면과 심리학적인 요소가 결합된 방법입니다. 내가 '명상과 자기 치유 8주 프로그램'을 개발하여 시행할 때, 바디 스캔이 프로그램에 포함되어 있었는데, 이것이 잠자는 데 크게 효과가 있었습니다. 특히 불면증을 가진 환자들에게 효과가 좋았습니다.

바디 스캔을 할 때 조심할 것은 이완되도록 너무 애쓰지 않는 것입니다. 애쓰면 오히려 긴장을 초래할 수 있습니다. 그저 느껴지는 대로 느끼면 됩니다. 이렇게 느껴야 한다고 딱 정해진 방법은 없습니다. 그러면 바디 스캔을 어떻게 하는지 자세히 알아보겠습니다.

먼저 왼쪽 발가락부터 시작합니다.

왼쪽 엄지발가락에서 느껴지는 느낌을 느낍니다. 어떤 감각이 느껴질 수도 있고, 아무 감각도 안 느껴질 수 있습니다. 아무것도 느껴지지 않으면 그것을 그냥 그대로 경험하십시오. 두 번째 발가락에서 마찬가지로 느껴 보십시오. 세 번째, 네 번째, 다섯 번째 발가락을 느껴 보십시오. 이번에는 발가락 사이를 느껴 보십시오. 발가락 사이를 다 느낀 후 발가락 전체를 통해 호흡이 일어나고 있다고 생각해 보십시오. 발가락으로 숨이 들어와서 발가락에 숨이 머물다가 발가락을 통해 숨이 나간다고 생각하십시오. 코를 통해 들어오는 숨이 발가락에서 들어온다고 생각하십시오. 처음에는 잘 안 되지만 자꾸 하면 익숙해집니다. 발가락에 불편한 것이 있으면 내쉬는 숨을 통해 내 보내도록 하십시오. 그러고 난 뒤 편안해진 것을 느껴 보십시오. 이제 발등으로 옮기기 위해 발가락을 의식 속에서 내려 놓으십시오.

발등의 피부를 느껴보십시오. 피부를 하나하나 천천히 느껴보십시오. 충분히 느꼈다고 생각하면 이제 피부를 통해 호흡이 일어나고 있다고 생각하십시오. 발등의 피부를 통해 호흡이 들어와 살속에 머물다 피부를 통해 다시 나간다고 생각하십시오. 편안히 발등의 피부르 통해 호흡을 하십시오. 이제 됐다 싶으면 발바닥으로 옮기십시오. 발바닥으로 옮기기 위해 발등을 내려놓으십시오.

발바닥에서 느껴지는 감각을 느껴 보십시오. 발바닥을 통해 숨을 들이쉬고 내쉽시오. 숨을 내쉴 때 발바닥을 내려 놓으십시오. 발바닥에서 불편한 것이 있으면 내쉬는 숨을 통해 내보내고 편안하게 있으십시오.

발꿈치에서 느껴지는 감각을 느껴 보십시오. 발꿈치가 바닥에 닿는 느낌이나 무게감을 느껴 보도록 하십시오. 발꿈치로 숨을 쉬고 그런 후 내쉴 때 발꿈치를 내려 놓으십시오.

이와 같이 다음의 순서로 각 부위의 감각을 느끼고 그 부위를 통해 호흡이 일어나게 하고 그 부위를 내려 놓습니다. 왼쪽 정강이, 장딴지, 무릎, 허벅지, 오른쪽 발가락, 발등, 발바닥, 발꿈치, 오른쪽 하지와 정강이, 장딴지, 무릎, 허벅지까지 한 후 골반 부위로 이동합니다.

이제 골반 부위에 주의를 집중하여 느껴 보십시오. 한 쪽 골반에서 다른 쪽 골반까지 느껴 보십시오. 바닥과 접촉하는 엉덩이에 느껴지는 감촉을 느껴 보십시오. 접촉하는 부위의 무게감을 묵직한 느낌이든지 뭐든지 느껴 보십시오. 성기 부위에 주의를 집중해 보십시오. 골반 그 자체에 주의를 집중하고 전체 골반과 함께 호흡을 하도록 하십시오. 골반 안으로 숨을 들이쉬고 숨을 내쉴 때 골반을 부드럽게 놓으십시오. 골반 속에 긴장이 있으면 호흡과 함께 사라지고 점점 깊은 이완의 상태로 되면서 고요한 가운데 주의는 집중될 것입니다.

이제 아래쪽 등으로 주의를 집중해 보십시오. 여기서 느껴지는 어떠한 감각이라도 느껴 보십시오. 숨을 들이쉴 때 숨이 등 속으로 들어가고 숨을 내쉴 때 등에 있는 긴장이나 뻣뻣한 것이 등 밖으로 나오게 하십시오.

이제 위쪽 등으로 옮기십시오. 숨을 들이쉴 때 가슴이 팽창하고 숨을 내쉴 때 가슴이 수축하는 것을 느껴 보십시오. 가슴에 긴장이나 답답함, 피로감이나 불편함이 있으면 숨을 내쉴 때 그것들을 녹여버리고 밖으로 내 보내도록 하십시오. 위쪽 등 부위를 놓아버리고 점점 깊고 고요하고 이완된 상태로 되도록 하십시오.

배 쪽으로 주의를 집중하십시오. 호흡을 할 때 배가 불러오고 꺼지는 것을 느껴 보십시오. 가슴과 심장과 폐와 배를 분리하는 횡경막의 움직임을 느껴 보십시오. 숨을 들이쉴 때 가슴이 팽창하고 숨을 내쉴 때 가슴이 수축하는 것을 느껴 보십시오. 준비가 되면 숨을 내쉬면서 배 부위를 놓아버리고 이완 상태로 들어가도록 하십시오.

이제는 손가락, 손바닥, 손등, 손목, 팔 아래쪽, 팔꿈치, 팔 위쪽, 어깨, 목으로 이동합니다.

바디 스캔을 하는 방법은 부위의 감각을 느끼고 그 부위를 통해 호흡이 일어나고 불편한 것이 있으면 내쉬는 숨과 함께 내보내고 마지막으로 내쉬는 숨과 함께 그 부위를 내려 놓습니다.

이제 얼굴을 느껴 보도록 하십시오. 먼저 턱을 느끼고 턱·관절·입술·이·잇몸·혀·입 천정·입 뒤쪽·목·빰·코·눈·눈썹·눈썹 사이·눈꺼풀·관자놀이·귀·앞이마 등 각 부위를 느낀 후 그 부위를 통해 호흡이 일어나게 하십시오. 이제 얼굴 전체와 더불어 숨을 들이쉬고 내쉬도록 하십시오. 항상 얼굴은 바쁘고 이 표정을 지었다가 저 표정을 짓습니다. 얼굴이 편안하게 있게 하십시오. 고요하고 이완되고 평화롭게 하십시오.

이제 뒷머리와 정수리, 두개골 전체, 두개골 윗부분에 주의를 집중하십시오. 이 부위에서 숨을 들이쉬고 내쉬십시오. 이제 정수리에 집중하세요. 코로 들이쉰 숨이 정수리를 통해 나가고 정수리를 통해 들이쉰 숨이 코로 나간다고 상상하십시오. 이제 정수리가 열려 마치 고래가 물을 뿜듯이 정수리를 통해 숨과 에너지가 들어와서 몸을 거쳐서 발바닥으로 나간다고 상상하십시오. 또 발바닥을 통해 숨을 들이쉬고 몸을 거쳐서 정수리로 나가도록 하십시오. 이렇게 온 몸에서 숨이 들어오고 나가는 것을 지켜보도록 하십시오. 온 몸의 근육이 깊이 이완이 되어 있고 마음은 이 에너지의 흐름을 그저 자각하면서 온 몸으로 호흡하고 있는 것을 경험하고 있습니다.

정수리부터 발끝까지 온 몸을 그냥 느껴 보십시오. 고요하고 깊이 이완이 되어서 여기에 누워 있습니다. 아주 편안한 상태로 점점 더 깊게 가라앉으면서 지금 느껴지는 감각과 완전히 함께 있습니다.

지금까지 말한 바디 스캔은 대략적인 것입니다. 자꾸 하다 보면 자신에 맞는 바디 스캔 방법을 찾을 수 있습니다. 위에서 말한 것을 참고로 하여 자신의 바디 스캔을 만들어 그것을 녹음하여 잘 때 틀어놓고 들으면서 따라 해 보는 것도 좋은 방법입니다.

지금까지 잠이 안 올 때 어떻게 올바르게 대처하는지에 대해 알아보았습니다. 잠에 대해서 올바른 마음가짐을 가지고 올바른 방법을 쓴다면 살아가면서, 잠을 못 자면 어떻게 하나 하는 부담감에서 벗어나고 불면증에 걸리지 않고 살아갈 수 있습니다.

3-5

몸과 마음의 치유는 '관찰'로부터 시작된다

우리가 몸과 마음을 가지고 있는 한, 몸과 마음에서 일어나는 괴로움을 면할 수는 없습니다. 그러나 나는 몸과 마음을 있는 그대로 관찰하는 위빠사나 수행을 통해 정신적·신체적 고통을 줄이거나 없앨 수 있다는 것을 경험했습니다. 이러한 경험은 미얀마 찬메센터에서 수행할 때 모기가 물었을 때 오는 가려움의 관찰과 극복으로부터 시작되었습니다.

신체의 고통 관찰하기

내가 수행했던 미얀마 찬메센터에는 모기가 많았습니다. 걸어 다녀도 물고 밥 먹을 때도 물고 또 물었습니다. 명상센터에는 지켜야 할 계(戒)가 있습니다. 그 중에서도 가장 중요한 것은 살아있는 것은 어떤 것도 죽이지 않는다는 것입니다. 모기도 그것을 아는지 여유 있게 물고는 자기가 날아가고 싶을 때 날아갑니다.

난생 처음으로 모기가 앉아서부터 날아갈 때까지를 계속 관찰했습니다. 모기가 물어서 가려울 때 그 가려운 것을 있는 그대로 보는 것입니다. 이미 몸과 마음에서 일어나는 현상을 있는 그대로 보는 훈련이 되어 있었습니다.

모기가 앉아서 피를 빨고 나면 조금 후 가렵기 시작해서 이내 가려움이 최고조에 이른 후 가렵지 않아질 때까지의 전(全) 과정을 반복해서 관찰할 수 있었습니다.

감정적 요소의 개입 없이 가려움을 있는 그대로 느껴보니 가려움의 정도가 훨씬 적어지는 것을 느꼈습니다. 모기에 물리지 않을까 하는 두려움, 싫어하는 마음, 혹은 과거에 물렸을 때 가려웠던 기억 등이 가려움을 증폭시키지 않고, 현재 몸에서 일어나는 가려움만 느끼니 그 정도가 줄어든 것으로 생각되었습니다.

가려움을 느끼는 것도 자세히 보면 가려움이 계속 되고 있는 것이 아니라 있다가 없다가 또 있는 것이 반복되는 것을 알 수 있었습니다. 가려움을 있는 그대로 느껴보면 가려운 가운데 가려움이 없는 순간을 느낄 수 있습니다. 가려움이 없는 순간을 경험할 때 가려움이 훨씬 덜하다고 느끼게 됩니다. 이렇게 되니 가려움에 대해 과거보다 훨씬 견디기 쉬웠습니다.

여기에 추가하여 모기가 앉아서부터 가려움이 끝날 때까지를 반복해서 지켜보니 앞으로 어떻게 될지 알았습니다. 즉 모기가 물어 지금은 가렵지만 가려움이 금세 사라진다는 것을 알고 난 뒤는 좀 담담해졌습니다. 이런 세 가지 요인에 의해 가려움을 있는 그대로 관찰했을 때가 그렇지 않을 때보다 가려움의 정도가 줄어들었다고 생각합니다.

몸과 마음을 있는 그대로 관찰하는 위빠사나 수행이 통증을 다스리는 데 아주 유용하다고 생각합니다. 미얀마 찬메센터에서 만난 한 외국인 수행자가 나에게 "당신이 의사라고 들었어요. 위빠사나 수행이 통증에 아주 효과가 있다는 것 아시죠? 해서 "나도 그렇게 생각해요. 그래서 한국에 돌아가면 통증 치료하는 의사에게 내 경험을 이야기할 생각이에요."라고 대답했습니다.

미얀마에서 수행을 하고 얻은 가장 큰 선물은 이제 모기 물리는 데 신경을 쓰지 않게 되었다는 점입니다. 위빠사나 수행을 하고 난 뒤는 아픈 것에 대해서는 별로 염려를 하지 않습니다.

미얀마에서 집중수행을 끝내고 돌아와 일상생활을 하면서 순간순간 내 몸과 마음에서 일어나는 현상을 관찰하는 가운데 다른 신체적 고통에 대해서 경험할 기회를 가졌습니다. 치과나 안과, 피부과 치료를 받으면서 그리고 일상생활을 하면서, 신체적 고통을 겪을 때 그것을 있는 그대로 관찰하면 모기에 물려 가려울 때와 똑같은 것을 경험했습니다. 신체적 통증이 현저히 줄어드는 것을 느꼈습니다.

정신적 고통 관찰하기

우연한 기회에 정신적인 고통에 대해서도 관찰하게 되었습니다. 정신적인 고통이란 어떤 형태로든 마음이 편치 않은 상태를 말하는데, 화가 나거나 초조하거나 질투를 느끼거나 마음이 안정이 안 되고 불안하고 우울한 상태를 말합니다.

정신적인 고통을 관찰했을 때 신체적 고통을 있는 그대로 관찰했을 때와는 다른 현상이 일어났습니다. 신체와 달리 정신의 경우 한 순간에 어느 한쪽으로만 작용합니다. 때문에 지켜보는 쪽으로 정신이 작용하면 고통을 느끼는 쪽의 작용은 중단됩니다. 순간적으로 정신이 지켜보는 쪽으로 이동했다가 다시 정신적인 고통을 느끼게 할 생각이나 느낌으로 이동할 수 있습니다. 이러면 정신적인 고통을 느끼는 정도는 많이 줄어듭니다. 무의식적으로 작용하던 과거나 미래가 마음의 관찰 대상이 되어 우리의 통제 아래 있을 수 있기 때문입니다.

우리가 정신적인 고통을 느낄 때는 과거나 미래가 검은 구름처럼 우리를 덮친다고 볼 수 있습니다. 그때 지금 이 순간에 집중하면 과거나 미래가 걷히면서 현재에 마음이 있게 됩니다.

정신적인 고통이 있는 순간에 마음에서 일어나는 것을 있는 그대로 지켜보면 과거나 미래의 영향은 떨어지고 현재에 마음이 있게 되고 현재 고통이 있다면 그 고통만 느껴집니다.

사실 우리의 고통은 과거와 미래가 더해질 때 더 커지게 됩니다. 현재의 고통 그 자체는 고통의 정도가 적고 때로는 지켜보는 순간 싹 없어지기도 합니다. 현재의 고통은 순간순간 일어났다 사라집니다.

우리가 어떤 생각을 계속한다는 의미는 계속 길게 그 생각에 잠기는 것이 아니라 짧은 순간순간 반복하여 그 생각을 하는 것이기 때문에 이어지는 것처럼 느낄 뿐입니다. 화가 나거나 불안할 때 반복적으로 그 느낌 속에 빠져 있는 것입니다. 이때 자신의 상태를 있는 그대로 보면 일어난 화나 불안이 그 순간 싹 없어지는 것입니다. 이런 원리로 고통을 있는 그대로 볼 때, 신체적 고통보다 정신적 고통이 더 빨리 사라질 수 있습니다.

어떤 정신적 고통도 일어났다가는 사라집니다. 그것을 반복해서 지켜보면 모든 것은 일어났다가 사라지는 것을 압니다. 그래서 괴롭고 힘든 일이 닥쳐도 조금 있으면 사라진다는 것을 알고, 좋은 일이 생겨도 조금 있으면 사라진다는 것을 알아 괴로운 일이나 즐거운 일에 담담해집니다.

'지켜보는 것'으로 치료가 된 환자

나를 찾아온 30대 여자 환자는 자신이 초등학교부터 중학교 때까지는 활발했었는데 20대 후반부터 벌레를 심하게 무서워하게 되었다고 했습니다. 어릴 때는 벌레를 가지고 놀았는데 이유도 모르게 그렇게 되었다고 했습니다. 그녀는 정신치료를 받으러 올 당시에는 방에 벌레가 있다고 생각하면 방에 있을 수가 없을 정도였습니다. 파리가 날아다니는 소리만 들려도 기겁을 할 정도였습니다.

그래서 앞서 말한 나의 경험을 이야기해 주면서 100퍼센트 집중해서 보거나 들으면 좋고 싫고가 없어지니 한번 그렇게 해 보라고 했습니다.

그 후 치료 시간에 와서 "벌레소리 같은 것이 났을 때 뭐가 있나 하고 조용히 들어봤어요. 그랬더니 담담해졌어요." 하면서, 내 경험을 들은 후 그것을 이해하고 실천한 후에 자신에게 생긴 변화를 이야기했습니다. 심지어 환자는 '텔레비전을 부수고 싶다'는 친구에게 '그대로 쳐다보라'고 이야기해 주었다고 말했습니다.

이 환자와의 치료가 끝날 때쯤 벌레를 무서워하는 것은 어떻게 되었냐고 물었더니 환자는 "안 무서워요. 일단 안경을 벗고 신발로 잡아버려요. 곤충이 내는 부웅부웅 하는 소리가 싫어요. 이번 여름에 두고 봐야겠어요. 도망은 안 가려고 해요. 그냥 보고 들으려고 해요."라고 대답했습니다.

또 다른 40대 여자 환자도 신체적·정신적 고통이 있을 때 그것을 있는 그대로 지켜보면 고통이 줄어들거나 없어진다는 이야기를 듣고 그대로 해 본 후에 자신이 경험한 것을 이렇게 이야기했습니다. "병원 대기실에 앉아 있는데 간호사가 대기실에 있는 다른 환자와 가깝게 이야기 하는 걸 보면서 소외됐다는 느낌이 들어 화가 났어요. 그때 그것을 지켜보니 없어졌어요. 화가 난다든지 상태가 안 좋을 때 그런 상태가 시작된다는 것을 알 수 있었고 그것을 지켜보면 없어져요."

내가 이끈 '명상과 자기 치유 8주 프로그램'에 참가한 한 70대 남자는 명상 수련을 통해 인생의 숙제 하나를 해결했다고 했습니다. 그분은 치과 치료를 받으러 가는 것이 죽기보다 싫었다고 했습니다. 그런데 명상수련을 한 후에 치과치료에 대한 마음의 변화를 다음과 같이 말했습니다. "요새는 치과에서 의자에 앉는 순간 눈을 감고 정좌명상과 몸 부위 인식하기를 시작합니다. 그리고 현재 일어나는 것에 집중합니다. 그렇게 하다 보면 치과 의자에서 겪는 괴로운 소리가 안락한 정적으로 전환되는 것을 새롭게 체험할 수 있습니다."

이처럼 누구나 몸과 마음에서 힘든 일이 있을 때 그것을 있는 그대로 지켜보면 힘든 것이 줄어들거나 없어질 수 있습니다. 이렇게 될 수 있는 것은 우리의 몸과 마음의 속성이 그렇기 때문입니다.

3-6

몸이 아프다고 마음도
꼭 아파야 하는 것은 아니다

사람들은 보통 몸이 안 좋아질 때 마음도 같이 안 좋아집니다. 몸이 힘들고 괴로우면 마음도 같이 힘들고 괴로워집니다. 어떤 사람은 배만 고파도 짜증을 냅니다. 날씨가 춥거나 더워도 기분이 안 좋아집니다. 정신과 환자인 경우 이것이 더 심합니다. 몸의 변화에 대해 민감하게 반응합니다. 공황장애의 경우 한 번 몸의 안 좋은 상태로 인해 극심한 불안을 겪었다면 다음에 다른 원인으로 비슷한 상태가 되면 전과 똑같이 극심한 불안으로 반응합니다. 물론 마음에 내재한 불안이 원인이 되어 그렇게 반응합니다.

남자 환자 A씨는 과로한 상태에서 술을 과도하게 마신 후 심장이 떨리고, 어지럽고 몸에서 이상한 현상을 느끼면서 죽을 것 같은 심한 불안을 느꼈습니다. 그 후 비슷한 상태에 놓이면 심한 불안을 느꼈습니다. 그래서 진료실을 찾게 되었습니다.

A씨의 불안은 스스로 감당하지 못 할 정도로 컸기 때문에 불안을 다스리는 약도 쓰면서 "몸은 무리하면 당연하게 그에 상응하는 현상이 일어난다. 당연한 이 현상을 불안하게 받아들이지 않도록 노력해야 한다."라고 말해 주었고, A씨는 나의 말을 듣고 노력한 후 아주 빠른 회복을 보였습니다.

A씨는 하는 일이 잘 안 풀렸습니다. 스스로 그 어려움을 뚫고 나갈 수 없었고 그렇다고 주위의 도움을 받을 수도 없었습니다. 이 때문에 괴로워하던 차에 술을 과도하게 마셨고 그 날 심한 불안을 느낀 후 심한 불안을 느끼는 상태가 지속됐습니다. 이미 마음이 안정을 잃은 상태였기 때문에 술을 많이 마신 후에 올 수 있는 신체적 현상에 불안이 추가되어 심장이 떨리고 어지러움을 호소하는 등 몸에서 이상한 현상을 느꼈다고 볼 수 있습니다. 만약 그때 마음이 안정된 상태에서 과음했다면, 과음했을 때 올 수 있는 신체적 현상에 불안을 느끼지 않았을 것이고, 그러면 신체적 현상도 다르게 나타나고 불안한 반응도 안 보였을 것입니다.

A씨에게 이제 치료를 받고 있고 마음도 많이 안정되었으니 앞으로 어떠한 신체적인 현상이 나타나더라도 그것을 있는 그대로 보도록 노력하라고 말해 주었습니다. A씨는 그렇게 하려고 노력했고, 신체적 증상이 나타날 때도 안정된 상태에서 보니 그 신체적 증상만 느껴졌고, 그 신체적인 증상이 나타난 이유를 이해하고 받아들였습니다. 그렇게 되니 더 이상 불안하지 않게 되었습니다.

몸이 아플 때 화를 내는 것은 아픈 몸에 화살을 한 대 더 맞는 것

우리는 살아가면서 몸이 안 아플 수 없습니다. 몸이 안 아파서도 안 됩니다. 아픈 것을 통해 면역시스템이 가동됩니다. 그래서 다음에 안 아프도록 방비를 합니다. 뭐가 무리였는지 우리를 점검할 수 있는 좋은 기회입니다.

몸이 아픈 것에 이런 의미가 있다 하더라도 사실 몸이 아프다는 것은 힘든 일입니다. 그런데 몸이 아플 때 몸이 아픈 것도 힘든데 마음까지 아프면 너무 힘듭니다. 몸이 아플 때 마음이 안 아플 수 있다면 살아가면서 훨씬 덜 힘들 수 있습니다. 정신장애도 생기지 않을 수 있습니다. 몸이 아플 때 괴로워하고 짜증을 내 가족을 힘들게 하는 경우도 많습니다. 몸이 아플 때 마음이 동요되지 않으면 가족이나 주위 사람도 덜 힘들 수 있습니다. 그래서 붓다는 경전에서 몸이 아픈 것은 화살을 한 대 맞은 것이고, 몸이 아플 때 화를 내거나 우울해 하거나 불안해 하면 화살을 한 대 더 맞은 것이라고 말했습니다. 우리는 가능하면 화살을 한 대만 맞도록 노력해야 할 것입니다.

그러면 어떻게 해야 몸이 아플 때 마음이 같이 안 아플 수 있겠습니까. 보통 사람들은 몸이 아플 때 마음이 아픈 것은 당연하다고 생각합니다. 그래야 몸이 아픈 것이 좀 덜해진다고도 생각합니다. 그러나 사실은 그렇지 않습니다. 몸이 아플 때 마음이 아파지면 몸이 아픈 것이 더 악화됩니다.

초기불교경전에는 '몸이 아플 때 마음이 아프지 않는 법'에 대한 내용이 많습니다. 초기불교경전 전체에서 중요하게 다루는 주제 중의 하나입니다. 이 경전 중에서 직접적으로 '몸이 아플 때 마음이 아프지 않는 법'에 대해 말하고 있는 경전을 소개하겠습니다.

『나꿀라삐따의 경』(쌍윳따 니까야 제3권 58~65쪽)을 보면 장자 나꿀라삐따가 붓다를 찾아와 "세존이시여, 저는 늙고 노쇠하고 몸에 병이 들어 종종 병고에 시달립니다. 저는 이제 세존과 존경스러운 스님들을 친견하러 오는 것도 힘듭니다. 제가 오랫동안 편안하고 행복할 수 있도록 제게 용기를 불어넣어 주십시오. 제게 가르침을 베풀어 주십시오."라고 붓다에게 자신의 상태와 바람을 이야기했습니다.

그러자 붓다는 "장자여, 참으로 그렇습니다. 그대의 몸은 허약하고 낡았습니다. 어떤 사람이 그런 몸을 가지고 건강하다고 말한다면 그는 어리석은 사람일 것입니다. 그러므로 그대는 '나의 몸은 아프더라도

나의 마음은 아프지 않을 것이다'라고 배워야 합니다."라고 말하자 그 장자는 더 이상 묻지 않고 오로지 기뻐하면서 세존이 있는 곳에서 나왔습니다. 그러고는 붓다의 제일가는 제자인 사리불을 찾아갔습니다. 그 장자를 본 사리불이 "장자여, 그대의 감각기관들은 고요하며 안색이 깨끗하고 밝습니다. 오늘 세존을 친견하고 설법을 듣지 않았습니까?" 하고 말했습니다. 그 장자는 그렇다고 하면서 붓다를 만나 나눈 이야기를 사리불에게 하자 사리불이 그 장자에게 '어떻게 하면 몸이 아플 때 마음이 안 아플 수 있는지'에 대해 붓다에게 왜 더 이상 여쭈어보지 않았는지 물어봤습니다. 이에 그 장자는 사리불에게 그것을 물어보러 왔다고 했습니다. 아마도 이 장자는 바쁘고 높고 귀하신 붓다를 번거롭게 하기보다는 사리불도 잘 알고 있을 것이라고 생각하고 사리불을 찾아온 것입니다.

그러자 사리불이 어떻게 몸이 아플 때 마음이 아파지고, 어떻게 몸이 아플 때 마음이 안 아파지는지에 대해 다음과 같이 이야기해 주었습니다.

"장자여, 세상에 배우지 못한 일반사람은 성자를 보지 못하고, 성자의 가르침을 알지 못하고, 성자의 가르침을 수행하지 않아 존재를 이루는 다섯 가지 요소인 오온(五蘊: 물질·느낌·인식·형성·의식), 다시 말해 몸과 마음을 자아로 생각하거나, 오온을 가진 것을 자아로 생각하거나, 자아 가운데 오온이 있다고 생각하며 '나는 오온이고 오온은 나의 것이다'라는 잘못된 생각 속에 있습니다.

그는 '나는 오온이고 오온은 나의 것이다'라는 잘못된 생각 속에 있지만 그 오온은 변화하고 달라집니다. 오온이 변화하고 달라지기 때문에 그에게 슬픔·비탄·고통·근심·절망이 생깁니다. 이렇게 해서 몸이 아플 때 마음이 아파집니다.

장자여, 세상에 잘 배운 성스러운 제자는 성자를 보고, 성자의 가르침을 알고, 성자의 가르침을 수행해서 존재를 이루는 다섯 가지 요소인 오온, 다시 말해 몸과 마음을 자아로 생각하지 않고, 오온을 가진 것을 자아로 생각하지 않고, 자아 가운데 오온이 있다고 생각하지 않으며 '나는 오온이고 오온은 나의 것이다'라는 잘못된 생각 속에 있지 않습니다.

그는 '나는 오온이고 오온은 나의 것이다'라는 잘못된 생각 속에 있지 않을 때, 그 오온이 변화하고 달라집니다. 오온이 변화하고 달라지는 것에도 불구하고 그에게 슬픔·비탄·고통·근심·절망이 생기지 않습니다. 이렇게 해서 몸이 아플 때 마음이 안 아파집니다."

사리불이 이렇게 말했을 때 장자 나꿀라삐따는 사리불이 말한 것에 아주 기뻐했습니다.

이 경전에서 보듯이 몸이 아플 때 마음이 아프지 않을 수 있는 길은 우리 존재를 구성하는 몸과 마음의 본질을 알고 그에 따라 살아가는 것입니다.

우리 몸과 마음이 우리 것이 아니라는 것을 알고, 몸과 마음에서 어떤 변화가 있든 그것을 당연하게 받아들여야, 몸이 아플 때 마음의 동요 없이 몸이 아픈 것을 받아들이게 됩니다. 이럴 때 몸만 아플 뿐 마음까지 아프지 않게 됩니다.

몸과 마음의 본질을 알면 더 이상 아프지 않다

이제 몸과 마음의 본질이 어떤지 살펴보겠습니다.

우리를 이루는 몸과 마음(오온: 색·수·상·행·식)은 자세히 보면 자체의 변화 법칙이나 조건에 따라 변합니다. 몸은 말할 것도 없고 순식간에 일어나는 정신적인 현상도 자세히 순간순간 관찰해 보면 자체의 변화 법칙이나 조건에 따라 변합니다.

느낌을 예로 들면, 즐거울 만한 조건이 되면 조건에 따라 즐거운 느낌을 가집니다. 여기에는 순간적으로 선택의 가능성이 없습니다. 이것에 대해, 조건하고는 관계없이 괴롭게 또는 덤덤하게 느낄 수도 있었는데 내가 즐거움을 선택하여 즐겁게 느꼈다고 보통 생각하는데 이것은 착각입니다. 조건과 다른 선택을 하는 것이 불가능합니다.

무엇인가를 아는 인식작용도 마찬가지입니다. 무엇을 봤을 때 우리 속에 그것이 무엇인지를 이미 알기 때문에 인식될 수 있는 것입니다. 한국말을 들었을 때 이미 우리 속에 한국말이 어떤 것인지 알기 때문에 순식간에 알아듣는 것입니다. 알아듣는다는 의식도 없이 알아듣습니다. 모르는 언어를 들으면 못 알아듣습니다. 그 언어가 우리 속에 없기 때문입니다.

다른 느낌을 느끼게 할 조건이 오거나, 다른 인식을 하게끔 하는 인식 대상이 오면 다른 느낌과 인식이 있게 됩니다.

이렇게 조건에 따라 자동적으로 느끼고 인식하는 과정에서 우리가 원하는 것이 일어나면 즐겁고, 우리가 원치 않는 것이 일어나면 괴롭습니다. 이렇게 자체의 변화의 법칙이나 조건에 따라 우리의 의도와는 관계없이 변하고, 괴로운 것을 피할 수 없고, 우리 마음대로 되지 않는 것을 두고, 우리 마음대로 되는 우리 몸과 마음이라고 할 수 없습니다. 의도와 무엇을 아는 의식도 마찬가지입니다.

의도나 의지에 대해 자세히 보겠습니다. 우리는 의도나 의지를 우리가 낸다고 생각합니다. 물론 의지가 다른 사람이나 다른 곳에서 일어나지 않고 우리 속에서 일어나는 것은 사실입니다.

의지가 우리 속에서 일어난다는 것과 우리가 의지를 냈다는 것은 다릅니다. 우리가 의지를 냈다는 것은 우리가 원하면 어떤 의지라도 낼 수 있다는 것입니다. 우리 속의 조건과 관계없이 새로운 의지를 내는 것이 가능하다는 이야기입니다. 엄밀하게 볼 때, 그리고 본질적으로 볼 때 의지는 우리 속의 조건에 따라 일어나지 우리 속의 조건과 무관하게 의지를 낼 수 있는 것은 아닙니다.

이러한 사실은 치료적으로 매우 중요합니다. 왜냐하면 의지의 본질이 어떠하냐에 따라 치료적인 접근이 달라집니다. 만약 알코올 중독증 환자가 "내가 마음만 먹으면 언제라도 술을 끊을 수 있어요"라고 할 때 치료자가 '의지는 조건과 무관하게 일으킬 수 있다'라고 생각하면 그렇게 의지를 계속 내서 이제 술을 끊을 수 있다고 하면서 의지를 낸 것에 초점을 둘 것입니다. 하지만 치료자가 '의지는 조건에 따라 일어난다'라고 생각한다면 환자가 지금은 치료자와 만나고 있고, 여러 조건이 그런 의지를 내게끔 되었지만, 혼자 있다든지 술이 앞에 있다든지 기분 나쁜 일이 있다면 어떤 의지가 발동할지 모르니, 환자 속의 조건을 바꾸어 가는 데 치료의 초점을 둘 것입니다.

실제로 벤자민 리베트(Benjamin Libet, 1916~2007)가 1986년에 한 실험이 이런 문제를 다루고 있습니다. 리베트는 실험 참가자들에게 자신들이 그렇게 하고 싶을 때마다 아무 손가락이나 하나를 위로 올리도록 하고 그 시간을 측정했습니다. 그와 동시에 참가자들의 머리에 전극을 설치해 전기적인 스파크가 일어난 시간을 측정하였습니다. 그 결과 피실험자들이 손가락을 올리기 약 1초 전에 뇌 속에서 전기적인 신호가 일어난다는 것을 알았습니다.

이 실험이 의미하는 바는 참가자들이 손가락을 움직이기로 결정하기 전에 이미 뇌에서 그렇게 하기로 결정이 났다는 것입니다. 벤자민 리베트보다 이러한 성격의 실험을 1860년대에 먼저 한 헤르만 헬름홀츠(Hermann Helmholtz, 1821~1894)는 뇌에서 일어나는 활동 중 상당수는, 사물에 대한 의식적인 지각보다 앞서서, 뇌 속에서 무의식 중에 일어나는 것이라고 주장했습니다.

나의 경우, 나 자신의 몸과 마음을 순간순간 관찰했을 때 이러한 사실을 깨달았습니다.

이처럼 우리를 이루는 몸과 마음이 항상 변화하고 그 변화에 대해서 본질적으로는 받아들일 수밖에 없다는 사실을 알아야 합니다.

그 사실을 항상 알고 잊지 않는 사람은 몸과 마음에서 변화가 일어날 때 그 변화를 당연하게 받아들이게 됩니다. 그리고 그 변화의 순간을 자세히 관찰하며 지켜보게 되면 몸과 마음의 본질을 깨달을 수 있고 또 확인할 수 있습니다.

그러나 이러한 몸과 마음의 당연한 변화를 받아들이기 힘들 수 있습니다. 그때, 그 받아들이지 못하는 자신의 마음을 보면서, 힘들더라도 바로 잡는 계기로 삼아야 합니다. 이런 것이 확실히 우리 마음속에 자리 잡으면, 몸이 아플 때 몸만 아프지 마음까지 아프게 되지 않습니다.

이런 마음이 점점 더 확대되고 확고해지면 살아가면서 무슨 일이 일어나든 그것을 있는 그대로 지켜보게 됩니다. 이런 훈련이 잘 되어 있으면 죽음의 순간에도 일어나는 일을 그대로 동요하지 않고 보게 됩니다.

붓다에 의하면, 다음 생의 상태를 결정하는 것은 이생에 우리가 한 일과 전생에 우리가 한 일, 그리고 죽을 때의 상태라고 합니다. 그런 면에서 보면 죽는 순간은 우리에게 매우 중요합니다. 다음 생이 이어진다면 죽을 때 어떤 마음으로 죽느냐에 따라 다음 생에 영향을 줄 것입니다.

몸이 아플 때 마음이 아프지 않는 훈련을 잘 해 두면 살아가면서도 힘들지 않고 죽을 때도 잘 죽을 수 있습니다.

3-7

자애명상으로 분노를 다스린다

붓다의 가르침이나 불교적 지혜, 불교 수행을 정신치료에 활용한 다면 가장 적절한 것 중의 하나가 바로 자애명상입니다.

자애는 남이 잘 되기를 바라는 사랑의 마음입니다. 내가 괴로움 없이 행복하게 살고 싶듯이 당연히 다른 사람들도 그렇게 살기를 바랄 것입니다. 이 사실을 깨닫고 받아들여 다른 사람들도 나와 같이 행복하기를 바라는 마음이 자애이고, 그런 자애의 마음을 닦는 것이 자애명상입니다.

'화'의 지속기간은 90초

불교에서는 분노를 다스릴 때 자애명상을 활용합니다.

불교에서는 분노를 욕심, 무지와 함께 우리 안에 있는 세 가지 독이라고 합니다. 이 세 가지 독 때문에 우리는 괴롭고 불행할 수밖에 없습니다. 세 가지 독이 사라져야 우리는 편안하고 행복해질 수 있습니다.

불교는 이 세 가지 독을 빼는 길을 분명히 제시하고 있습니다. 세 가지 독이 모두 해롭지만 특히 분노는 마치 불이 모든 것을 태우듯이 바로 우리와 다른 사람을 해치고 파괴합니다. 그래서 분노가 있을 때 분노가 우리를 태우기 전에 그것을 빨리 다스리는 것이 필요합니다.

정신치료에 자애명상이 이용될 수 있는 이유는 정신적인 문제나 정신장애의 특성과 관계됩니다. 정신적인 문제나 정신장애는 대부분 화나 분노, 적개심과 관계가 있기 때문입니다. 화를 잘 처리하지 못하는 데에서 정신장애가 초래된다고 볼 수 있습니다.

살아가면서 화가 안 날 수는 없습니다. 문제는 일어난 화를 어떻게 다스리느냐 하는 것입니다. 화를 잘 다스리면 정신이 건강한 사람이고 잘 다스리지 못하면 정신이 불건강한 것입니다. 화를 다스린다고 해서 화를 무조건 참으라는 것은 아닙니다. 화를 참으면 화를 폭발시키는 것만큼이나 문제가 생깁니다.

정신분석에서는 화가 억압이 되면 우울증이 된다고 합니다. 남을 향해야 하는 화가 자기 내부로 향해 자기를 괴롭힙니다. 마치 다른 사람이 자기를 괴롭히듯이 자기 자신이 자기를 괴롭히는 것이 우울증이라

고 할 수 있습니다. 화가 바깥으로, 남이나 사회를 향해 표출되면 폭력이나 범죄가 됩니다. 몇 해 전에 미국 버지니아 공대에서 일어난 조승희 사건도 개인이 가진 엄청난 분노가 사회나 타인을 향해 일으킨 사건으로 볼 수 있습니다.

보통 사람은 살아가면서 화가 안 날 수 없습니다. 본질적으로 볼 때 화는 뭔가를 바라는데 그것이 이루어지지 않을 때 일어납니다. 다른 사람이 나에게 어떤 말은 하지 말아야 하는데 그 말을 하니 화가 납니다. 또 나에게 이렇게 대해 주어야 하는데 다르게 대하면 화가 납니다.

내 속에 '이렇게 되어야지' 하고 바라는 것이 없고 무슨 일이 일어나든 그것이 일어날 만한 이유를 보고 이해해서 받아들이면 화는 안 나게 됩니다. 많은 노력을 해서, 이해하고 받아들일 때까지는 우리는 화 나는 것에서 벗어날 수 없습니다.

화를 다스리는 방법은 사람마다 다릅니다. 몇 년 전에 다른 여러 사람과 함께 서울의 절에 와 있는 티베트 스님을 방문한 적이 있었습니다. 그때 같이 갔던 여자 분이 스님에게 "스님은 화가 났을 때 어떻게 합니까?" 여쭈니 스님이 "화가 날 때 그 사람에게 도움 받은 것을 생각합니다."라고 대답했습니다. 참 좋은 방법이라고 생각했습니다.

질 볼티 테일러(Jill Bolte Taylor)라는 미국 여자 뇌 과학자는 『나에게 통찰을 가져다 준 뇌졸중(My stroke of insight)』이라는 책에서 자신의 전문가로서의 지식과 뇌졸중 경험에 입각하여 화를 다스리는 법을 소개하고 있습니다.

어떤 감정이 우리 속에서 일어날 때, 뇌의 변연계에 있는 프로그램에 의해 자동적으로 유발되어, 몸에 퍼지고, 혈관에서 완전히 빠져나가는 데 90초가 걸린다고 합니다. 생리적으로 볼 때 한 번의 화는 길어야 90초만 되면 끝납니다. 90초 이상 지속되는 화는 또 새로운 화에 대한 프로그램이 발동된 것입니다. 그래서 이 뇌 과학자는 화가 났을 때 일단 90초간을 기다린다고 합니다. 기다리는 동안 마음속으로 진지하게 자신의 뇌에게 다음과 같이 말합니다. "나는 생각하고 감정을 느끼는 당신의 능력을 존중합니다만, 더 이상 이러한 생각을 하고 이러한 감정을 느끼는데 관심이 없습니다. 그러니 이러한 생각이나 감정들을 가져오는 것을 멈추어주십시오." 이렇게 하여 뇌에서 화 프로그램이 계속 실행되는 것을 막고 있습니다.

분노에 특효약 자애명상

불교에서 제시하는 자애명상은 화를 다루는 데 크게 도움이 됩니다.

붓다는 여러 불교 경전에서 하늘에 태어나는 길로 사범주(四梵住: 네 가지 거룩한 마음가짐—자애〔慈〕, 연민〔悲〕, 같이 기뻐함〔喜〕, 평온〔捨〕)를 말했습니다.

"비구는 자애가 함께 한 마음으로 한 방향을 가득 채우면서 머문다. 그처럼 두 번째 방향을, 그처럼 세 번째 방향을, 그처럼 네 번째 방향을, 이와 같이 위로, 아래로, 주위로, 모든 곳에서 모두를 자신처럼 여기고, 모든 세상을 풍만하고, 광대하고, 무량하고, 원한 없고, 고통 없는 자애가 함께 한 마음으로 가득 채우고 머문다 … 다시 비구는 연민이 … 같이 기뻐함이 … 평온이 … 가득 채우고 머문다 … 이것이 범천의 일원이 되는 길이다."

불교인에게는 사무량심으로 더 잘 알려져 있는 이 자애·연민·같이 기뻐함·평온 중에서 자애가 자애명상으로 소개되어 위빠사나 수행에서 주된 수행의 하나가 되어 있고 일반적인 명상이나 치료적인 명상, 다른 종교에서도 이용되고 있습니다.

나는 이 자애명상을 실제 환자 치료에 이용하고 있습니다. 자애명상은 여러 형태로 알려져 있습니다. 내가 쓰는 자애명상은 경전(4부 니까야)에 대한 주석서인 『청정도론』에 있는 자애명상입니다. 『청정도론』은 5세기경에 스리랑카에서 붓다고사라는 승려가 경전에 있는 붓다의 가르침을 실제 수행에 도움이 되도록 수행방법을 체계적으로 기술한 책으로 미얀마에서는 경전 못지않게 중요하게 생각하는 책입니다. 『청정도론』에 있는 자애명상은 자애명상의 목적과 방법 그리고 자애명상을 해도 화가 잘 다스려지지 않을 때 화를 다스리는 방법이 구체적으로 잘 나와 있습니다.

『청정도론』에는 화가 우리에게 어떤 영향을 미치는지, 화를 다스리고 참고 나아가서 사랑의 마음이 우리 마음에 있을 때 우리에게 어떻게 이로운지, 그리고 화를 다스리는 방법이 분명하게 제시되어 있어 화가 심한 환자에게 실질적인 도움이 될 수 있습니다.

실제로 『청정도론』에 있는 자애명상을 가지고 한 여자 환자를 치료해 크게 효과를 본 적이 있습니다.

이 환자는 믿었던 남편이 바람을 피운 후 배신감에 몇 년을 남편에 대한 적개심에서 벗어나지 못했습니다. 거의 가정생활을 할 수 없었고 남편에게 거의 매일 지칠 때까지 폭력을 행사하는 생활을 반복하였습니다. 정신과에서 입원치료도 받고 통원치료를 통해 약물치료를 받았지만 호전이 없는 가운데 마지막으로 상담치료를 받아보아야겠다는 심정으로 진료실에 찾아 왔습니다. 어느 정도 정신치료와 약물치료를 하였지만 남편에 대한 적개심(화)이 너무나 커서 통상적인 치료로는 한계가 있다는 것을 느낀 후, 나는 환자에게 "남편의 바람으로 인해 정신적 충격을 받은 후 생긴 적개심 문제를 해결하기 위해서는 남편의 바람에 반응하는 당신의 성격 중 불건강한 부분을 치료해야 합니다. 적개심을 다스리는 데에 자애명상이 많은 도움이 됩니다." 하며 자애명상을 설명하고 자애명상에 대한 인쇄물과 하는 방법을 자세히 일러 주었습니다.

그 다음 치료 시간에 환자가 왔는데 얼굴 표정이 밝아 물어보았더니 "지난 시간에 선생님이 내 성격이 문제라 하였는데 그렇다는 생각이 들었어요. 그리고 일러준 대로 자애명상을 하니 마음이 편하고 사고가 긍정적으로 변하는 게 느껴져요."라고 하였습니다. 전에는 자신이 지옥불에 떨어져도 그 여자를 용서할 수 없다고 생각했는데, 이제는 남편과 관계한 그 여자가 떠올라도 화가 안 난다고 하면서 그 여자가 안 되었다는 생각까지 든다고 했습니다. 예전엔 거울을 보면 분노에 가득 찬 자기 얼굴이 추하고 보기 흉하게 변한 모습이어서 스스로도 마음에 안 들었는데 요즘엔 많이 좋아진 것 같다며 미소지었습니다.

자애명상을 통해 환자 마음에 큰 전환이 있긴 하지만 이것이 마음속에 확실히 자리 잡게 하기 위해서 다음과 같이 분명히 말하였습니다. "앞으로는 두 가지만 하도록 하십시오. 자애명상을 하든지 아니면 현재에 집중하든지."

그 후로 환자는 자애명상을 꾸준히 했고 현재에 집중하면서 많은 변화가 있었습니다. 차분한 가운데 왜 몇 년 동안 남편을 용서하지 못하고 심한 적개심 속에서 살았는지 환자와 같이 대화하면서 그 의미를 이해하고 그 속에 감추어진 긍정적인 의미를 발견하였습니다.

남편이 바람피우기 전부터 있었던 남편과의 건강하지 못한 관계를 바로잡고자 하는 환자 나름대로의 노력도 알게 되면서 고통스러웠던 지난 몇 년을 있는 그대로 평가하게 되었습니다. 남편도 많은 것을 느끼고 건강한 부부관계를 위해 노력하여 치료가 끝날 때는 내가 보기에 세상 어떤 부부보다도 행복한 부부로 느껴졌고, 그 부부도 서로를 그렇게 느끼고 있었습니다. 이 환자의 치료에 있어서 자애명상의 힘이 엄청나게 컸습니다. 정신치료에 불교적인 지혜를 활용하는 정신과 의사로서 이러한 치료 방법에 대한 확신을 주는 사례였습니다.

자애명상의 구체적 방법

그러면 이처럼 큰 치료 효과가 있는, 『청정도론』에 있는 자애명상을 구체적으로 살펴보겠습니다(『청정도론』 제2권 137~170쪽). 먼저 자애명상의 목적을 보면 "성냄(화)을 버리고 인욕(忍辱, 참고, 용서하고, 나아가 사랑하는 것)을 얻는 것이고 이를 위해 성냄(화)의 손실과 위험을 보고 인욕의 이익을 알아야 한다."입니다.

구체적인 방법을 보면, 먼저 나 자신에 대해 '원한이 없기를, 악의가 없기를, 근심이 없기를, 고통이 없기를, 행복하기를' 기원합니다. 나를 괴롭히고 나에게 해로운 원한, 악의, 근심, 고통이 없이 내가 행복하기를 진정으로 바랍니다.

그 다음에 좋아하는 사람, 무관한 사람, 원한 맺힌 사람에게 똑같이 합니다. 자신이나 좋아하는 사람, 무관한 사람을 대상으로 자애명상을 할 때는 별 문제가 없습니다. 나나 내가 좋아하는 사람에게 나나 내가 좋아하는 사람을 괴롭히고 해가 되는 원한, 악의, 근심, 고통이 없기를 바라는 것은 어렵지 않습니다.

그러나 내가 싫어하고 원한이 있는 사람에게는 잘 되지 않습니다. 그럴 때 『청정도론』에서는 그러한 화를 극복하는 열 가지 단계적인 방법을 제시해 주고 있습니다.

그 열 가지 단계를 하나하나 보겠습니다. 첫째, 원한 맺힌 사람에 대한 적개심이 해결되지 않을 때는 나·좋아하는 사람·무관한 사람에 대한 자애명상을 다시 합니다. 그러고 난 뒤 다시 원한 맺힌 사람에게 자애명상을 해봅니다. 그래서 적개심이 해결되면 다음 단계로 넘어갈 필요가 없습니다.

두 번째 단계는 두 가지가 있습니다. 하나는 붓다의 '톱의 비유'의 경책을 생각합니다. "비구들이여, 무지막지한 악당들이 양쪽에 자루가 달린 톱으로 사지를 토막토막 자르더라도 그것 때문에 마음속으로 화를 낸다면 그는 나의 가르침을 따르는 자가 아니다." 또 하나는 화난 사람에게는 적을 즐겁게 하고 적에게 도움이 되는 일곱 가지가 찾아온다는 것입니다. 즉 1.흉한 꼴, 2.괴롭게 잠들게 됨, 3.행운이 찾아오지 않음, 4.부를 이룰 수 없음, 5.명성이 찾아오지 않음, 6.친구가 없음, 7.죽은 뒤 악처에 태어남입니다.

셋째, 그 사람의 좋은 점을 떠올립니다(그 사람의 좋은 점을 생각할 때 나에게 고요함이나 청정함이 생기는 그런 좋은 점). 그런 점이 전혀 없으면 죽어서 지옥에 떨어질 것이라고 생각하면서 연민을 일으킵니다.

넷째, 자기를 훈계합니다. 설사 남이 나에게 나쁜 짓을 했다 해도 나는 나의 영역인 내 마음을 지키겠다고 마음먹습니다.

다섯째, 우리 모두가 업의 상속자임을 생각합니다. '여보게, 그에게 화를 내어 무엇을 할 것인가? 화냄으로 인한 그대의 업이 장차 그대를 해로움으로 인도하지 않겠는가. 그대의 업이 바로 그대의 주인이고,

그대는 업의 상속자이고 업에서 태어나고 업이 그대의 친척이고 업이 그대의 의지처다. 그대는 그대가 행한 업의 상속자가 될 것이다.'

여섯째, 붓다의 전생 수행의 덕을 생각합니다. 붓다는 과거 수 없는 생에서 인간과 동물로 태어나서 도저히 참을 수 없는 상황에서 화를 내지 않으려고 노력했습니다.

일곱째, 긴 윤회에서 어머니, 아버지, 형제가 아니었던 중생을 만나기가 어렵다는 것을 생각합니다.

여덟째, 자애의 열한 가지 이익을 생각합니다. 즉 1. 편안하게 자고, 2. 편안하게 깨어나고, 3. 악몽에 시달리지 않고, 4. 사람들이 좋아하고, 5. 사람 아닌 자(산신 등)가 좋아하고, 6. 신들이 보호하고, 7. 불이나 독이나 무기가 영향을 미치지 못하고, 8. 마음이 쉽게 집중된 상태에 들고, 9. 안색이 밝고, 10. 혼란하지 않은 상태에서 죽음을 맞이하고, 11. 더 높은 경지에 도달하지 못하더라도 범천의 세계에 태어난다.

아홉째, 화내는 대상을 다음과 같이 스스로 분석합니다. '그대가 그에게 화를 낼 때 무엇에 대하여 화를 내는가? 머리털에 대하여 화를 내는가? 아니면 몸털·손톱·발톱 … 오줌에 대해 화를 내는가? 혹은 머리털 등에 있는 땅의 요소에 대하여 화를 내는가? 아니면 물의 요소, 불의 요소, 바람의 요소에 대하여 화를 내는가? 이와 같이 요소들을 분석할 때 마치 바늘 끝의 겨자씨처럼, 허공의 그림처럼 화를 내는 발판을 얻지 못한다.' 여기서 머리털·몸털·손톱·발톱부터 오줌은 우리 몸을 구성하는 서른두 가지입니다. 서른두 가지 종류는 「이성에 대한 욕망을 다스리는 법」 장에 기술했기 때문에 생략합니다. 불교에서는 우리는 우리 몸을 구성하는 서른두 가지로 구성되어 있을 뿐 그것들을 움직이는 자아나 주체가 있다고 보지 않습니다. 화를 낼 때 그것을 받을 자아나 주체가 없으니 우리 몸을 구성하는 서른두 가지에 화를 내는 것인데 실제 서른두 가지 각각이 어떻게 화를 받고 있나를 보자는 것입니다. 실제는 우리가 생각하는 것과 다르다는 것입니다.

열 번째, 상대에게 필요한 것을 줍니다. 주면 나의 적개심이 가라앉고 상대방에 대한 화도 내가 주는 것을 상대방이 받는 순간 가라앉습니다.

사실 이 열 가지 단계는 자애명상을 하지 않더라도 그 순서만 외워도 우리의 화를 다스리는 데 도움이 됩니다.

여기서 말한 열 가지는 불교적인 것인데, 자애명상을 하는 사람이 기독교인이면 기독교적으로 내용을 바꾸어 쓰면 됩니다. 예를 들면, 여섯 번째 단계인 '붓다의 전생 수행의 덕을 생각합니다' 하는 내용을 예수가 겪었던 고난으로 바꿉니다.

어떤 종교든 화내는 마음을 잘 다스리라고 합니다. 자신의 종교에 맞게 바꾸어 쓰면 될 것입니다.

내가 하였던 '명상과 자기 치유 8주 프로그램'에는 다양한 종교를 가진 사람들이 참가하였습니다. 자애명상도 프로그램에 포함되어 있었는데 참가자들은 자기 종교에 맞게 자애명상을 변형하여 아무런 문제가 없었고 화를 다스리는 데 도움이 되었습니다.

3-8

다르다는 걸 인정하면
더욱 행복해지는 부부관계

옛날에는 '부부는 일심동체(一心同體)'라는 말을 많이 했습니다. 요즘은 시대가 바뀌어 이런 말을 많이 하지 않는 것 같습니다. 오히려 '일심동체'라는 말 속에 각자의 개성을 죽이고 자유를 구속하는 의미가 포함되어 있다고 부정적으로 생각하는 사람들도 있는 것 같습니다. 하지만 일심동체라는 말이 가진 의미는 큽니다. 부부는 남남이 만났지만 마음도 하나이고 몸도 하나이니 싸우지 않고 화합해서 산다는 의미가 들어 있습니다. 행복할 수 있다는 뜻입니다.

그러나 실제로 부부는 마음도 다르고 몸도 다른 이심이체(二心異體)입니다. 마음도 다르고 몸도 다르다 보니 좋아하는 것이 다르고 원하는 것이 다를 수 있습니다. 서로 다른 것을 추구하다 보니 섭섭하기도 하고 외롭기도 합니다. 그렇지만 한 공간에서 같이 살아가야 합니다. 그러다 보니 배우자에게 무의식적인 소망 같은 것을 가집니다. 실제로 배우자는 단지 자신과 똑같은 사람일 뿐인데 마치 특별한 사람처럼 생각합니다. 자식이 부모를 볼 때 한 사람의 성인으로 보기보다는 특별하게 보듯이 배우자를 볼 때 배우자를 있는 그대로 보기보다는 자신의 소망을 충족시켜 줄 특별한 사람으로 봅니다. 서로 다른 삶의 과정, 성격의 차이, 이상의 차이에 더해져 이런 무의식적인 부분이 부부간의 인간관계를 복잡하게 합니다. 그래서 부부관계를 가장 어려운 인간관계라고 보기도 합니다. 부부 사이가 안 좋은 때만큼 힘든 것은 없습니다. 사회적으로 성공하고 돈을 많이 벌어도 부부 사이가 좋지 않으면 인생에서 가장 소중한 것을 잃고 덜 중요한 것을 얻은 것 같아 허전하고 허무해집니다. 부부의 행복을 기반으로 하지 않은 성공은 우리에게 행복을 가져다 주지 않습니다.

  시대가 아무리 바뀌어도 부부관계는 언제나 중요합니다. 부부관계는 부부만의 행복뿐만 아니라 자녀들에게도 큰 영향을 미칩니다. 그래서 일심동체와 같은 말을 하면서 과거에는 나름대로 우리 인생에서 가장 중요한 부부관계에 대한 해법을 제시했다고 봅니다. 우리나라의 어떤 원로 정신과 의사는 "부부는 몸도 다르고 마음도 다른 이심이체인데 그것을 인정하고 받아들이는 마음이 일심동체"라고 하였습니다. 탁월한 해석입니다. 서로가 다르다는 것을 이해하고, 인정하고 받아들이는 마음이 부부간의 다름에서 오는 문제를 해결해 준다는 것입니다. 그리고 다르다는 것은 우리를 풍부하게 해 줄 수 있습니다.

부부, 각자 다르다는 걸 아는 것이 일심동체

몇 년 전 우연한 기회에 소설을 쓰는 분과 대화를 하게 되었습니다. 그분이 우리나라와 서양의 차이에 대해 말했습니다. 우리는 다른 사람끼리의 동업이 안 되는데, 서양은 다른 사람끼리의 동업이 가능하다고 했습니다. 사실 우리나라 의사들 사이에도 동업은 하지 말라는 것이 불문율처럼 되어 있습니다. 의사뿐만 아니라 다른 직종에서도 동업을 해서 안 좋게 끝난 이야기를 주위에서 많이 들을 수 있습니다.

다른 사람과 함께 뭘 같이 한다는 것이 왜 힘들까 생각해 보았습니다. 다르다는 것은 생각하는 것이 다르고, 보는 것이 다르고, 추구하는 것이 다르다는 것입니다. 내가 보는 것에 동의하지 않을 수 있다는 것입니다. 내가 하는 것을 인정하고 알아주기를 바라지만 나와 다른 사람은 다르게 생각할 수 있습니다. 그럴 때 갈등이 생기고 분쟁이 생깁니다.

부부간에 '가장 가까운 사람인 배우자가 왜 내 편을 안 드나' 하는 마음이 있으면 배우자가 자신과 다른 의견을 이야기할 때 섭섭하고 화가 납니다. 부부간에는 앞서도 말한 것처럼 배우자에게 무의식적인 욕구가 작용합니다. 그래서 배우자에게 이성적이고 합리적이기보다는 억지를 부리게 됩니다. 이럴 때 이런 무의식적인 욕구를 자각하고 합리적으로 생각하는 것이 중요합니다. 나와 다른 시각과 의견을 제시하는 배우자도 그럴 만한 충분한 근거를 가지고 있을 것이라고 생각하고 '그것에 대해 한번 들어보자' 하는 여유가 중요합니다. 그래서 듣고 난 뒤에 만약 배우자의 의견이 낫다면 받아들여야 합니다. 그렇게 하면 나에게도 도움이 되고, 배우자는 상대가 합리적이고 지혜롭게 하는 것을 보고 진정한 신뢰를 가질 것입니다. 부부 모두 행복해질 수 있습니다.

사실 다르다는 것은 같은 것보다 '다양하다'는 것입니다. 같을 때는 한 종류밖에 없습니다. 다를 때는 부부간인 경우 두 종류가 있고, 두 사람이 동업한 경우 두 종류이고, 세 사람이 동업한 경우 세 종류가 있는 것입니다. 사업의 경우, 어떤 측면에서 보면, 한 종류의 사람만 있으면 한쪽만 신경을 쓰게 됩니다. 그런데 두 종류의 의견이 있으면 두 쪽 모두 신경을 쓸 수 있습니다. 사업의 대상이 되는 고객은 다양합니다. 다양한 고객을 챙기기 위해서는 다양한 시각이 필요합니다. 물론 한 사람이 여러 시각을 가질 수도 있습니다. 그러나 한계가 있을 수 있습니다. 물론 동업에 있어서 다양성이 힘을 발휘하려면 동업자간의 신뢰와 공동의 목표, 그리고 갈등이 생겼을 때 조정할 수 있는 구조를 가져야 합니다.

부부도 상대해야 할 이웃이 있고 부부가 속한 단체나 사회가 있습니다. 그럴 때 부부가 다양한 시각을 가질 때 단일한 시각을 가지는 것보다 훨씬 유리할 수 있습니다. 부부 밑에서 크는 아이도 부부가 다양한 시각을 가질 때 세상을 보는 눈이 풍부해집니다.

이처럼 실제를 보면, 다름으로 해서 우리는 더 풍부해지고 행복해질 수 있습니다. 배우자가 자신의 관점이나 의견에 동의하지 않을때 고정관념이나 무의식적인 동기로 인해 섭섭해 하고 화를 내고 불행하다고 생각하는 것은 지혜롭지 못합니다. 부부사이에 다른 시각과 견해가 있을 때 나와 부부, 가족에게 진정 도움이 되는 것을 찾아가는 것 자체를 피곤하게 생각하지 않고 즐길 수 있다면, 부부관계는 물론 일반적인 인간관계에서도 순탄할 수 있습니다.

이건 역설 같지만 서로 잘 맞는 부부는 편안하고 행복하긴 하지만 부부관계를 통해 별로 바뀌지 않는 반면에 잘 맞지 않는 부부는 서로 맞추어 가는 가운데 새로운 것을 경험하고 많은 것을 얻을 수 있습니다.

부부가 마음을 맞춰가는 3단계

지금까지 부부가 다른 것을 어떻게 받아들이고 맞추어가나 하는 이야기를 했습니다. 이제부터는 처음에 말한 부부의 일심동체에 대해 말하려고 합니다.

나는 부부가 일심동체가 되는 것은 불가능하다고 생각했습니다. 동체는 아예 안 되는 것이고 일심도 불가능하다고 생각했습니다. 일심의 가능성을 불교경전에서 발견하기 전까지는 앞서 언급한 원로 정신과 의사의 이심이체 주장을 받아들이고 존중하는 마음이 일심동체라는 견해를 최상의 것으로 생각했습니다. 그러다가 몇 년 전에 불교경전을 읽고 일심의 가능성을 생각하게 되었습니다. 그 경전을 소개하겠습니다.

『고씽가 법문의 작은 경』(맛지마 니까야 제2권 41~51쪽)에 나오는 내용입니다. 붓다는 어느 날 아누룻다, 난디야, 낌빌라라고 하는 세 명의 제자가 수행하고 있는 숲을 찾아갔습니다. 이 중 아누룻다는 후에 붓다의 십대제자 중의 한 사람이 된 사람으로 천안통(天眼通)이 제일인 것으로 유명합니다. 아누룻다가 아직 깨닫기 전에 수행을 할 때 이야기입니다.

붓다는 같이 모여서 수행하고 있는 제자들에게 몇 가지를 확인합니다.

먼저 음식을 포함해서 지내는 데 어려움이 없는지를 알아봅니다.

두 번째, 어떻게 화합해서 지내는지 알아봅니다.

세 번째, 게으르지 않고 정진하고 있는지 알아봅니다.

마지막으로 그렇게 정진해서 뭘 경험했는지 알아봅니다.

스승으로서 제자에 대한 따뜻한 배려와 엄격함이 잘 느껴졌습니다. 내가 일심의 가능성을 본 것은 붓다가 제자들이 어떻게 화합해서 지내는지에 대해 물었을 때 제자들이 한 대답에서였습니다. 그 대화를 소개하겠습니다.

붓다는 제자들이 생활하는 데 어려움이 없다는 것을 확인한 후 이들 중 제일 큰 제자인 아누룻다에게 다음과 같이 말했습니다.

"아누룻다여, 화합하고 서로 감사하고 다투지 않고 우유와 물처럼 융화하며 서로 사랑스러운 눈빛으로 지내기를 바란다." 그러자 아누룻다는 그렇게 지낸다고 대답했습니다.

붓다는 다시 어떻게 그렇게 지내냐고 물었습니다. 그러자 아누룻다가 다음과 같이 구체적으로 대답합니다.

"세존이시여, 저는 '내가 이 도반들과 함께 수행하는 것은 참으로 나에게 이롭고 유익한 일이다'라고 생각합니다. 세존이시여, 저는 여기 존자들에게 여럿이 있을 때나 홀로 있을 때나 자애로운 신체적 행위를 일으키며, 여럿이 있을 때나 홀로 있을 때나 자애로운 언어적 행위를 일으키며, 여럿이 있을 때나 홀로 있을 때나 자애로운 정신적 행위를 일으킵니다. 세존이시여, 저는 '내가 나의 마음을 버리고 이 존자들의 마음을 따르면 어떨까'라고 생각합니다. 그래서 저는 제 마음을 버리고 이 존자들의 마음을 따랐습니다. 저희들의 몸은 여러 가지이지만 마음은 하나입니다. 세존이시여, 저희들의 몸은 다 다르지만 마음은 하나입니다."

붓다가 나머지 두 제자에게 똑같이 묻자 그들도 아누룻다와 똑같이 대답했습니다.

두 제자의 대답이 끝난 후 아누룻다가 "세존이시여, 이와 같이 저희들은 화합하고 서로 감사하고 다투지 않고 우유와 물처럼 융화하며 서로 사랑스러운 눈빛으로 지내고 있습니다."라고 말했습니다.

이 경을 보고 부부관계에서 마음이 하나 될 수 있는 길을 보았습니다. 이 경에서의 일은 실제로 있었던 일입니다. 이 세 사람이 깨닫기 전이므로 우리와 비슷한 상태였다고도 볼 수 있습니다. 이 사람들이 할 수 있었으면 우리도 할 수 있습니다.

이 경에서 세 사람은 3단계를 거쳐 마음이 하나 되는 것을 볼 수 있습니다. 먼저 아누룻다 등은 '이 도반들과 함께 수행하는 것은 참으로 나에게 이롭고 유익한 일이다'라고 생각하면서 같이 수행하는 사람을 소중하게 느낍니다. 그런 후 혼자 있을 때나 같이 있을 때 생각으로나 행동으로나 말로 그 사람들에 대한 자애로움을 표현합니다.

더 나아가서 자신의 마음을 버리고 그 사람들의 마음으로 자신의 마음을 삼습니다. 수행자는 세 사람이 있지만 마음은 하나이니 갈등하고 충돌할 일이 없습니다.

나는 이 세 사람이 자기의 마음을 없앴다고 주체성을 잃고 다른 사람이 되었다고 생각하지 않습니다. 그것보다는 갈등을 일으키고 충돌을 일으키는, 자기만을 위하는 이기적인 마음을 없애고 세 사람이 화합할 수 있는 마음을 내었다고 생각합니다.

세 수행자가 한 생각은 부부 사이에도 얼마든지 적용할 수 있습니다. 먼저 배우자에 대해 '이 사람과 함께 가정을 이루어 세상을 살아가는 것은 참으로 나에게 이롭고 유익한 일이다'라고 생각하며 배우자의 소중함을 느낍니다. 그 다음 배우자와 같이 있을 때나 혼자 있을 때 소중한 배우자에 대해 생각으로나 행동으로나 말로 사랑의 마음을 표현합니다. 이것을 더 발전시켜 나의 이기적인 마음을 버리고 화합하기 위해 배우자의 마음으로 내 마음을 삼습니다.

인간관계는 상호적입니다. 내가 어떻게 하느냐에 따라 상대의 반응이 달라집니다. 여기서 말하는 3단계는 각각이 상대로부터 좋은 반응을 유발합니다. 사람은 누구나 행복은 추구하고 고통은 피하려고 합니다. 일심으로 가는 3단계는 상대를 행복하게 하는 것이기 때문에 호응이 좋을 수밖에 없습니다.

어떤 사람은 이렇게 말할 수도 있습니다. '상대방이 나에게 잘해 주지 않는데 내가 어떻게 잘해 줄 마음을 내겠나.' 이 말도 이해가 됩니다. 비록 지금은 그렇더라도 처음부터 그러지는 않았을 것입니다. 처음부터 그랬으면 만나지도 않았을 거니까요. 언젠가부터 그랬을 것입니다. 화나는 마음, 섭섭한 마음을 내려놓고 보면 내가 힘들었던 만큼 상대방도 힘들었다는 것을 알 수 있습니다. 누구든 내가 그런 것처럼 잘 살고 싶고 행복하기를 바랍니다. 그런데 그것이 잘 안 될 때 나름대로 그렇게 되려고 노력하는데, 그 방법이 틀렸을 수 있습니다. 이렇게 생각하면 나 자신과 상대가 이해됩니다. 그러면 앞서 말한 3단계로 다시 시작할 수 있습니다.

지금까지 부부가 어떻게 하면 행복할 수 있느냐에 대해 생각해 보았습니다. 지금까지 살펴본 바에 의하면 부부는 서로 다른 두 사람이라는 것도 분명한 사실이지만 마음이 하나가 될 수 있는 가능성도 있습니다. 서로 다르다는 것은 두 가지의 가능성을 가지고 있습니다. 달라서 힘들 수도 있고 달라서 풍부해질 수도 있습니다. 우리가 하기에 따라 달라집니다. 그리고 마음이 하나가 되는 3단계를 실천해 보는 것도 행복한 부부관계를 위해서 필요하다고 생각합니다.

항상 한마음이 될 수도 있고, 하루에 한 번 잠깐 한마음이 될 수도 있고, 일주일에 한 번 해 볼 수도 있고, 결혼기념일에 이벤트로 할 수도 있습니다. 부부가 마음이 하나 되는 가능성을 한 번 생각해 보는 것만으로도 의미가 있다고 생각합니다.

꿈을 통한 마음 치유

정신의학에서는 두 가지 이유에서 꿈을 중요시합니다.

첫째, 꿈은 존재가 잠자고 있을 때 나타나는 정신활동의 표현으로 보기 때문입니다. 깨어있을 때의 의식적 정신활동과 더불어 잠자고 있을 때의 정신활동이 합쳐져서 우리의 전체 정신세계가 된다고 볼 때, 꿈의 정체를 이해하는 것은 매우 중요합니다.

두 번째, 꿈의 치료적 효용성 때문입니다. 꿈에는 꿈꾼 사람의 속마음이 잘 나타납니다. 꿈에는 꿈꾼 사람이 자신의 문제를 어떻게 보고 있는지 제시되는 경우가 많으며 또 때로는 문제의 해결책까지 포함하고 있는 경우도 있습니다. 이런 연유로 정신치료에서는 꿈의 해석을 치료의 중요한 수단으로 여깁니다.

이렇게 중요한 꿈에 대해서 정신의학에서는 두 가지 측면으로 접근하고 있습니다. 하나는 실험적이고 생리학적인 측면인, 꿈꾸는 과정 그 자체에 대한 연구이고 또 다른 하나는 심리학적이고 임상적인 측면인, 꿈의 의미와 관계된 접근입니다.

먼저 꿈의 실험적인 연구의 측면을 보겠습니다. 꿈의 실험 연구에 있어서 1953년은 기념비적인 해입니다. 그 해에 잠의 각 단계와 꿈과의 연관성이 발견되었습니다. 사람들은 안구가 매우 빨리 움직이는 수면 기간 중에 주로 꿈을 꾸는 것이 발견되었습니다. 안구가 빨리 움직이는 수면을 REM(Rapid Eyeball Movement, 빠른 안구 운동) 수면이라고 합니다.

꿈에 대한 실험으로 밝혀진 내용을 요약해 보겠습니다. 사람들은 하룻밤 동안 일정한 간격을 두고 평균 너덧 번 꿈을 꿉니다. 의미 있는 꿈은 REM 수면기간 동안 꾸는데, REM수면은 밤 12시~1시 사이에는 짧으나 시간이 흐를수록 길어지고 새벽이 되면 아주 길어져 보통 새벽에 꿈을 많이 꿉니다. 새벽에 소변을 보러 가기 위해 일어난다든지 잠이 얕아지는 경우 꿈을 기억하기 쉽습니다. 꿈꾸는 시간은 전체 수면시간의 약 20퍼센트를 차지합니다. 7~8시간 잠을 잔다면 1시간 반 정도는 꿈을 꾸는 셈입니다. 단지 대부분의 경우 이것을 기억하지 못할 뿐입니다.

그리고 꿈은 정신적 건강 유지에 큰 영향을 미치는데, 실험적으로 꿈을 꾸는 REM 수면시간을 박탈하면 긴장·불안 증세와 기억장애·집중력장애 등이 나타나고 장시간 계속되면 정신병 같은 행동이 유발되기도 합니다. 또한 다음날 스트레스를 받았을 때 평소보다 당황되고 극복이 힘듭니다. 따라서 꿈을 꾸는 것은 정신건강 유지에 필수적입니다.

두 번째로 심리학적이고 임상적인 접근을 보겠습니다. 정신분석에서는 일찍부터 꿈이 의미가 있다는 것을 알았습니다. 1900년에 프로이트의 『꿈의 해석』이 출간되고 난 뒤 꿈은 의미가 있으며 해석이 가능하고 치료적인 수단이 될 수 있다는 것이 확실해졌습니다.

꿈은 어떤 신비로운 현상이 아니라 마음속에서 생각하는 바를 그려 내는 그림과 같은 것으로 생각되었습니다. 무의식에 이르는 왕도로서, 꿈 분석을 통해 깊숙한 내면의 세계를 들여다 볼 수 있습니다. 정신치료시간에 꿈을 다루면 환자의 문제 핵심에 빨리 도달하게 됩니다. 그런데 꿈은 그대로는 그 뜻을 알기 어렵습니다. 예외적으로 어린아이들의 꿈은 그대로 의미를 알 수 있는 경우가 많긴 하지만 성인들의 꿈의 대부분은 그 의미를 쉽게 파악하기 어렵습니다. 해석되지 않은 꿈은 마치 낯선 외국어처럼, 그 언어를 모르는 사람에게는 잘 모르는 단어의 나열처럼 보입니다.

꿈은 '자유연상'을 통해서 그 의미를 알 수 있는데, 자유연상이란 꿈을 꾼 사람이 그 꿈을 생각할 때(전체 내용이나 세부적인 요소들) 마음속에 떠오르는 것을 무엇이든지 자유롭게 이야기하는 것입니다. 정신치료의 각 유파들이 꿈을 보는 시각이나 꿈 해석에 있어서 각기 견해를 달리하지만 자유연상을 통해 꿈의 의미를 파악하는 것은 거의 공통되는 점입니다. 자유연상을 통해 분석된 꿈을 보면 꿈은 우리에게 마음속 깊은 곳의 비밀을 알려 주기도 하고, 인생에 있어서 귀중한 경고를 하기도 하며, 중대한 일인데 낮에 소홀히 하고 지나쳐버린 일이 나타나기도 하고, 걱정거리에 대한 어떤 해결책을 제시해 주기도 하는 등 많은 것을 암시하고 있습니다.

내가 읽었던 어떤 정신치료 책에 나와 있는 환자의 꿈을 소개하겠습니다. 어떤 환자가 유기화학 공부를 마치고 난 뒤 끔찍한 꿈을 꾸었습니다. 꿈은 오로지 유기화합물로 구성되었는데 화합물들은 꼬이고 찢어져 있었습니다. 그것들이 터졌을 때 부서진 분자들로부터 피가 솟아올랐습니다. 이 꿈에 그가 꿈꿀 당시에 그의 삶에 대해 느끼고 있었던 것이 정확하게 나타났습니다. 그의 삶과 내적인 경험이 해체되고 있었고 불안과 공포로 가득 찼습니다. 이 꿈을 꾼 후에 그가 처한 곤경이 치료자로부터 이해받고 있다고 느꼈고 환자는 안정을 되찾을 수 있었습니다. 이 환자가 치료시간에는 자신의 내부의 삶이 와해되고 있다는 것을 정확하게 표현하기 어려웠지만 꿈은 환자의 내부에서 일어나고 있는 것을 한 장의 그림으로 선명하게 표현하고 있습니다.

이처럼 꿈은 환자의 문제를 아는 데도 크게 도움이 됩니다. 또한 치료를 받아 환자 상태가 나아졌을 때 그 변화가 꿈에서부터 시작되기도 합니다.

예를 들면 항상 사람들을 두려워하고 움츠러들던 환자가 남에게 당당하고 위축되지 않는 꿈을 꾸고 나면 실제 생활에서 그렇게 됩니다. 환자의 치료효과를 꿈을 통해 확인할 수 있습니다. 환자가 좋아졌다고 해도 꿈에서 확인이 되지 않은 경우 그 변화가 내면 깊숙이에서 일어나지 않은 경우가 많습니다.

내가 치료한 한 30대 여자 환자는 정신치료 후 생긴 변화를 보여주는 꿈을 이야기했습니다. "생소한 동네에 갔어요. 환한 곳이었어요. 옆에 있는 젊은 남자가 나무판자를 부수고 들어가면 뭐가 있다고 해서 부수고 들어갔더니 하얀 성모 마리아 상이 있었어요. 뚱뚱한 아주머니 같은 성모 마리아였어요. 동네 사람들이 '저 속에 저런 것이 있었구나' 하면서 의아해 하는 눈치였어요."

이 꿈에 대한 연상을 물었습니다. 환자가 별로 떠오르는 생각이 없다고 하여 내가 요즘 새롭게 보는 것이 있느냐고 물어보았습니다. 내 생각에 이 꿈은 환자의 내면의 변화를 드러내 주고 있었습니다. 누군가의 도움으로 자신 내면의 가치를 발견하였는데, 그것도 바깥에서 특별한 것을 발견한 것이 아니라 자신 속에서 평범한 진리를 발견한 것을 이 꿈은 말하고 있다고 나는 생각했습니다. 그래서 환자에게 '새롭게 보는 것이 있느냐' 는 질문을 함으로써 환자의 내면을 보게끔 했습니다. 환자 속에 긍정적인 변화가 있을 때 그것을 치료자가 알아차리고, 환자로 하여금 그것을 알게 하고, 그것이 환자 속에 자리 잡게 하는 것은 중요한 치료적 작업입니다. 물론 환자 속에 부정적인 변화가 있을 때도 마찬가지입니다. 조기에 포착하여 그것에 대해 환자와 상의해야 합니다. 나의 질문에 환자는 최근에 자신에게 있었던 긍정적인 변화를 이야기 했습니다.

이 환자는 자신의 변화를 보여주는 또 다른 꿈을 이야기했습니다. "지하철을 타고 가는데 먼 것 같았는데 실제 갔더니 가까웠어요. 지하철이 완성 안 되고 길이 비포장이라 엉망이어서 어떻게 가야 할까 했는데 결국 도착했어요." 이 당시 환자는 생활에서 자기도 뭔가 할 수 있다는 자신감이 생겼고 실제 생활에서 일을 잘 하고 있었습니다. 이 사실이 이 꿈에 나타나 있었습니다.

내가 아는 어떤 불교신자는 평소 계율을 지키기가 어렵다고 하소연을 했습니다. 하지만 그 뒤 경전을 많이 읽고 그것을 실천하려고 노력하던 중 어느날 꿈을 꾸었는데, 그 꿈에서 오계(五戒)를 아주 쉽게 지키는 꿈을 꾸었습니다. 그런데 그 후 실제 생활에서 계를 지키는 것이 전처럼 힘들지 않다고 하였습니다.

선가(禪家)에서도 화두 공부가 어느 정도 되었는지 점검할 때 '꿈에서도 화두를 드느냐'고 물어봅니다. 이것은 꿈에서 화두를 들 정도면 무의식에서도 화두를 들고 있는 상태로 온 마음이 화두에 집중되어 있는 상태로 볼 수 있습니다.

붓다의 꿈 해석

『꿈 경』(앙굿따라 니까야 제3권 443~447쪽)에서 붓다도 깨달음을 이루기 전에 다음과 같은 다섯 가지 꿈을 꾸었다고 스스로 이야기하면서 자신의 꿈에 대한 해석을 합니다. 이 꿈 이야기도 정신치료에서 기본적으로 하는 꿈 해석과 다르지 않습니다. 4부 니까야를 통틀어 붓다의 꿈 이야기는 이 경이 유일합니다.

"비구들이여, 여래·아라한·정등각이 깨닫기 전, 아직 바른 깨달음을 성취하지 못한 보살이었을 때 다섯 가지 큰 꿈을 꾸었다. 무엇이 다섯인가 … 이 대지는 큰 침상이었고, 산의 왕 히말라야는 베개였으며, 동쪽 바다에는 왼손을 놓았고, 서쪽 바다에는 오른손을 놓았고, 남쪽 바다에는 두 발을 놓는 것을 보았다. 이것이 첫 번째 큰 꿈이다 … 띠리야 풀이 배꼽에서 자라서 구름에 닿은 뒤에 멈추는 것을 보았다. 이것이 두 번째 큰 꿈이다 … 검은 머리를 가진 흰 벌레가 두 발에서 위로 기어올라 양 무릎을 덮는 것을 보았다. 이것이 세 번째 큰 꿈이다 … 각기 다른 색깔의 새 네 마리가 사방에서 와서 발아래 떨어지더니 모두 흰색으로 변하는 것을 보았다. 이것이 네 번째 큰 꿈이다 … 분뇨로 된 큰 산 위에서 경행을 하였는데 분뇨에 묻지 않은 꿈을 꾸었다. 이것이 다섯 번째 큰 꿈이다 ….

첫 꿈을 꾸고 여래·아라한·정등각에 의해서 위없는 정등각은 성취되었다 … 두 번째 꿈을 꾸고 여래·아라한·정등각은 여덟 가지 구성요소로 된 성스러운 도, 팔정도를 깨달은 뒤 모든 신과 인간들에게 잘 드러내었다 … 세 번째 꿈을 꾸고 흰 옷을 입은 많은 재가자들이 여래께 평생을 귀의하였다 … 네 번째 꿈을 꾸고 네 가지 계급의 크샤뜨리야와 바라문과 와이샤와 수드라들은 여래가 선언한 법과 율에 의지해서 집을 나와 출가한 뒤 위 없는 해탈을 실현한다 … 다섯 번째 꿈을 꾸고 여래는 의복과 탁발음식과 거처와 병구완을 위한 약품을 얻지만 여래는 그것에 묶이지 않고 홀리지 않고 집착하지 않으며 위험을 보고 벗어남을 통찰하면서 수용한다 … 비구들이여, 여래·아라한·정등각이 깨닫기 전, 아직 바른 깨달음을 성취하지 못한 보살이었을 때 이러한 다섯 가지 큰 꿈을 꾸었다."

지금까지 꿈에 대한 정신의학적인 두 가지 접근을 이야기했지만 꿈에 대한 실험에서 얻어진 연구결과와 정신분석가들에 의해 임상적으로 인정된 꿈의 의미 사이의 통합은 아직 이루어지지 않고 있습니다. 정신의학적으로 꿈의 정체가 현재로서는 완전히 밝혀졌다고 할 수 없습니다.

정신치료적으로 볼 때 꿈은 외부의 어떤 힘이 작용해서 꾸는 것이 아니고 꿈꾼 사람이 그 꿈의 감독이고 배우이고 엑스트라이고 각본을 쓴 사람입니다. 따라서 꿈이란 자기 상태를 그대로 비추어 볼 수 있는 거울입니다. 꿈이라는 거울에 비친 자신의 속마음을 매일매일 볼 수 있다면 자기를 닦는 데 많은 도움이 될 것입니다.

3-10

정신의학에서 보는 윤회

윤회 그 자체는 종교의 영역에 속하지 정신의학에서 다룰 수 있는 성격의 것이 아닙니다. 그러나 윤회가 정신장애의 원인이나 치료와 관계가 될 때는 정신의학의 연구 대상이 됩니다.

일부이긴 하지만 지난 40여 년 동안 심리학자와 정신과 의사들은 환자들에게 최면을 통해 전생으로 퇴행할 수 있도록 해 현재 문제의 원인이 되는 것을 찾아보려고 노력했습니다. 이 전생요법이 소개되고 시행되면서 윤회와 전생은 공식적으로 또는 비공식적으로 정신의학계에서 관심과 연구의 대상이 되기도 했습니다.

그동안 윤회와 전생에 대한 연구는 크게 두 가지 방향에서 이루어졌습니다. 하나는 최면과 관계없이 평상 시에 전생을 기억하는 사람을 대상으로 한 것이었고, 나머지 하나는 최면상태에서 전생을 기억하는 경우였습니다.

전생을 기억하는 사람을 대상으로 한 연구는 최면을 통한 전생요법과 달리 연구자 개인의 관심사항으로 여겨져서 정신의학계에서 그 연구결과를 검증하거나 공식논평을 하지 않았고 연구결과도 논란의 대상이 되지 않았습니다. 그 이유는 이러한 연구가 치료와 연관되지 않았고 사회적으로 물의를 일으키지 않았기 때문입니다.

전생을 기억하는 사람들

전생을 기억하는 사람을 대상으로 한 연구는 학계에 보고된 경우가 많지 않긴 하지만 미국 버지니아 대학의 정신과 교수와 버지니아 대학 부설 환생연구소 소장을 역임한 정신과 의사인 이안 스티븐슨(Ian Stevenson, 1918~2007)의 연구가 가장 눈에 띕니다. 이안 스티븐슨은 연구팀과 함께 전 세계에서 전생을 기억하는 사례들을 직접 만나서 확인하고 연구하였습니다. 전생을 기억하는 사례들은 주로 어린 아이들이었습니다. 2~4살 경부터 '나는 전생에 어디에 사는 누구였으며, 가족은 누구며, 나는 어떻게 죽었다. 내가 살던 곳으로 데려다 달라'고 하는 것이 주로 보이는 특징이었습니다.

대부분의 사례는 전생을 기억하는 아이들의 두 가족(전생과 현생)이 서로 만난 후에 수집되었으나 몇 사례는 이안 스티븐슨이 직접 입회하여 아이가 처음으로 전생의 집을 찾아가서 알아맞추고 가족들을 알아보고 자기가 살던 물건을 알아맞추는 것을 지켜보고 확인하였습니다.

이 확인과정에서 이안 스티븐슨은 다음에 열거하는 네 가지 경우에 의해서 이런 현상이 일어날 수도 있다고 보고 그것을 배제하기 위하여 노력하였습니다.

첫째는 어떤 목적을 가지고 연극을 하지 않는가, 둘째는 전에 언젠가 어떤 형태로든지 접촉이 있고 난 뒤 그것을 까맣게 잊어버리고 마치 전생에서 경험한 것처럼 생각하지는 않는가, 셋째는 종족적 기억이 아닌가 하는, 즉 전생을 기억하는 아이의 조상이 실제로 경험한 것이 종족적으로 그 아이에게 기억되고 있는 것은 아닌가, 마지막으로 초감각적 지각(ESP:Extrasensory Perception)을 통해서 알 수 있었던 것이 아닌가 하는 것입니다.

이안 스티븐슨은 자신이 연구팀과 함께 수집한 2,000여 건의 사례 중에서 위의 네 가지 경우로는 설명되지 않고 환생으로써 설명하는 것이 가장 합리적으로 생각되는 사례를 고르고 또 그 중에서도 환생타입에서 전형적인 유형이 될 수 있는 스무 가지 사례를 모아 『환생을 시사하는 스무 가지 사례(The Twenty Cases Suggestive of Reincarnation)』라는 책을 출판했습니다. 이 책은 매우 학구적이고 과학적인 저작으로 환생 및 윤회연구에 있어서 가장 권위가 있는 책입니다.

이안 스티븐슨은 언젠가 자신의 저서에서 자신의 연구 작업에 대하여 다음과 같이 솔직하게 말했습니다. "지금까지 내가 조사한 모든 사례들에는 예외 없이 몇 가지 허점이 있었으며, 그 중의 많은 부분은 아주 중대한 허점이었다. 환생을 객관적으로 증명할 수 있는 사례는 단

하나도 없었다. 그것들은 다만 환생에 대해 암시적인 증거만을 제공했을 뿐이다."

최면상태에서 전생을 기억하는 사람들

다음은 최면상태에서 전생을 기억하는 경우에 대한 연구를 보겠습니다. 최면상태에서 기억된 전생이 과연 실재했던 생인가 하는 것에 대해서는 논란이 굉장히 많습니다.

다행히 최면상태에서 기억된 것이 실재했던 사건으로 믿을 수 있는 것인가에 대한 연구가 미국에서 집중적으로 있었습니다. 최면상태에서 회상된 기억이 미국에서 법적인 문제를 야기시켰기 때문입니다. 뚜렷한 이유 없이 남자를 싫어하고 성적으로 장애가 있는 여자를 최면을 걸어 어렸을 때로 연령퇴행을 시켰더니 가까운 남자에게 성적으로 학대당하는 것을 생생하게 경험하였습니다. 그러고 난 뒤 그녀는 성적인 학대를 한 사람을 상대로 소송을 걸었습니다. 법원에서는 도저히 판단을 할 수 없어 미국 최면학회에 검토를 의뢰했습니다. 이 사건이 일어난 게 1970년대입니다. 그 후 이런 비슷한 소송사례가 잇따라 미국에서는 큰 사회문제가 되었습니다.

앞의 사례와는 성격을 좀 달리 하지만 범죄 피해자나 증인이 최면상태에서 회상된 기억을 가지고 법정진술을 하거나 소송을 할 때도 마찬가지로 문제가 되었습니다.

연령퇴행상태에서 회상된 기억에 대한 연구결과는 전생의 경우에도 적용될 수 있으며 실제로 전생퇴행에 대해서도 많은 최면 연구가들이 연구하였습니다. 그 연구결과는 1988년에 『최면과 기억(Hypnosis and memory)』이라는 책으로 출간되기도 했습니다.

이 책에 의하면 최면에서 회상된 기억은 사실일 수도 있고 환상일 수도 있으며 또는 사실과 환상이 섞여 있을 수도 있다고 합니다. 그런 만큼 법정증인이나 사회에 물의를 일으킬 만한 소지를 가지고 있는 경우에는 매우 신중하게 접근해야 합니다. 실제로 1980년 미국 미네소타 주 최고법원에서는 최면상태에서 회상된 기억을 법정에서 증언할 수 없다는 판결을 내렸습니다. 그 후 미국 14개주 이상의 최고 법원에서 그 결정을 따랐습니다. 이 책에는 전생퇴행의 사례 세 가지가 나옵니다. 그 중에 두 사례는 기록이 있을 수도 있는데 기록을 찾지 못해 결론을 내리지 못했으나 한 사례는 다행히 기록이 있어 알아 봤는데 틀렸다고 했습니다. 그 내용을 살펴보겠습니다. 도로레스 제이(Dolores Jay)라는 여자는 최면상태에서 자신은 독일 비스마르크 시대에 그레첸 고트라이프(Gretchen Gottleib)라는 이름의 여자였으며 그 당시 에베스발데(Ebeswalde) 지방의 시장 딸이라고 기억했습니다. 하지만 그 당시 교회와 마을 기록이 남아 있어 찾아봤는데 그런 성을 가진 사람이 없었으며 그런 성을 가진 시장도 없었습니다. 이 책에서는 전생퇴행에 대하여 여러 가지 근거를 제시하면서 실제가 아니라 환상 쪽으로 보고 있습니다. 그러나 환상이라는 단정적인 표현을 쓰고 있지는 않습니다.

어렸을 때로의 연령퇴행에 대해서도 기본 입장은 똑같습니다. 즉 사실일 수도 있으며 둘이 섞여 있을 수도 있습니다. 실제 어린아이로 퇴행을 하여 그린 그림을 보면 얼핏 보기에는 어린아이 그림 같지만 자세히 보면 어린아이에게는 발달이 되지 않은 어른의 요소가 들어 있습니다.

전생에 대한 기억은 실재일까?

나는 지금은 최면을 잘 하지 않습니다. 하지만 예전에는 나에게 최면을 통해 기억을 되살릴 수 있느냐는 문의 전화가 가끔 오곤 했습니다. 그럴 경우 "문의하신 분이 최면 능력이 있어 최면 상태에 어느 정도 깊게 들 수 있으면 그때로 퇴행해 그것을 다시 경험할 수 있다. 그러나 그 경험이 사실일 수도 있고 아닐 수도 있다. 하지만 기억을 되살릴 수 있는 계기가 될 수는 있다."고 설명합니다. 이런 설명을 듣고도 최면을 원하면 환자에게 최면을 실시합니다.

오래 전에 했던 두 사례를 소개하겠습니다.

한 사례는 회사에서 경리업무를 보고 있던 여자였습니다. 이분이 수천만 원을 받은 사실은 물론 어디에 둔 지 기억이 안 난다고 했습니다. 이분은 최면 능력이 높아서 그 당시로 퇴행해 누구에게서 받았는지, 돈을 어디에 두었는지 생생히 회상했습니다. 환자는 진정이 되고 기분 좋게 진료실을 나갔습니다. 하지만 내가 며칠 후에 어음을 찾았는지 어떤지 사실여부를 확인하려고 연락을 했지만 진료차트에 적힌 전화번호가 맞지 않아 확인을 하지는 못했습니다.

두 번째 사례는 남자 직장인이었습니다. 이분은 병원에 오기 약 보름 정도 전에 비행기에서 상대방의 명함을 받았는데 잃어버렸다고 했습니다. 잃어버린 명함에 적힌 이름과 전화번호를 꼭 기억해야 한다고 해서 최면을 했습니다. 이 환자 역시 최면 능력이 높아서 그 당시로 퇴행해서 명함을 보았습니다. 이름과 전화번호를 회상했습니다. 일본 이름이었고 동경 전화번호였습니다. 다행히 이 사람과는 연락이 되어 확인했습니다. 하지만 이 사람이 기억했던 상대방의 전화번호는 비슷했으나 틀렸고 이름도 비슷한 자는 있으나 틀렸습니다.

『최면과 기억』이라는 책에 들어있는 내용과는 달리 전생요법을 하는 치료자들은 최면상태에서 기억된 전생이 실재한 것이라고 주장합니다. 이들은 학술지를 통하지 않고 일반인을 상대로 한 자신의 저서를 통해 자신이 경험한 사례와 이론적 근거를 제시하면서 전생임이 증명되었다고 주장합니다. 공통적으로 제시하는 근거는 다음과 같습니다.

첫째는 최면상태에서 경험한 전생을 조사해 봤더니 실제로 있었다는 것입니다. 몇 가지 맞지 않은 점이 있지만 전생이라고 볼 수밖에 없다는 것입니다.

둘째는 전생을 경험한 뒤 치료가 되는 것으로 볼 때 전생임이 분명하다는 것입니다. 단순한 환상 같으면 치료 효과가 있을 수 없다는 것입니다.

셋째는 최면 그 자체에서 증명이 되었다는 것입니다. 예를 들면, 현재 부부 중 부인이 최면을 해서 전생퇴행을 했더니 현재 남편이 오빠였는데, 남편 역시 최면을 해 보니 현재 부인이 전생퇴행에서 여동생으로 나왔습니다. 이것은 전생이 사실이 아니면 도저히 있을 수 없다는 것입니다.

넷째는 전생퇴행에서 평소에 전혀 접해 보지 못했던 언어를 구사할 때가 있는데 그것 자체가 증명이라는 것입니다.

이러한 주장에 대하여 미국에서 발간된 정평 있는 최면 책에는 전생요법을 하는 사람들이 납득할 만한 증거를 제시한 적이 결코 없다고 이야기하고 있습니다. 현재 전 세계적으로 가장 권위 있는 최면 책에서는 전생요법을 최면을 남용하는 것으로 규정하고 있으며, 미국임상최면학회에서는 성적인 학대가 의심되어 연령퇴행을 하는 경우, 최면을 받을 사람이 과거에 전생요법을 받은 경험이 있는 경우에는 조심하도록 규정하고 있습니다. 왜냐하면, 전생요법으로 경험한 전생을 실재 전생으로 받아들인 사람의 경우, 성적 학대가 의심되어 시행한 연령퇴행의 최면 현상도 충분한 사실 확인 없이 실재했던 사건으로 해석할 위험이 있기 때문입니다.

나도 십여 년 전에 십 개월 동안 총 50명을 대상으로 연구 차원에서 최면을 통한 전생퇴행을 시행한 적이 있습니다. 이 중 29명이 소위 말하는 전생으로 퇴행했습니다. 약 58퍼센트에 달하는 수치입니다.

전생퇴행을 한 29명 중에는 정신과 환자가 10명이었고 나머지 19명은 정신과 환자는 아니지만 성격적인 문제나 생활 적응의 문제, 이혼, 결혼생활의 문제, 사회 적응의 문제 등을 가진 경우가 대부분이었습니다. 환자든 일반인이든 해결해야 할 문제를 가지고 있었기 때문에 전생퇴행을 한 29명에서 전생요법의 효과를 어느 정도까지는 평가할 수 있었습니다. 환자 사례가 적은 것은 사례를 선택하는 데 있어서 신중했기 때문입니다.

내가 연구의 초점으로 삼은 것은 전생퇴행에서 나타난 전생이 과연 실재했던 생인지 아닌지와 전생요법이 정말 치료효과가 있는지였습니다. 둘 중의 어느 하나라도 확실하다면 계속적인 연구의 가치가 있다고 생각했습니다.

먼저 전생퇴행에서 나타난 전생이 과연 실재했던 생인가 하는 것부터 살펴보겠습니다. 결론부터 말하자면, 이들이 본 것은 전생이라고 말할 수 없습니다. 전생이라고 말하기에는 모순과 결함과 검토해야 할 점이 너무 많았기 때문입니다. 또 전생임을 증명할 수 있는 사례를 만나지 못했고 계속 연구를 하더라도 그런 사례를 만날 수 있을 것 같지 않았습니다.

전생퇴행을 경험한 한 남자는 실제 1953년생인데 전생퇴행에서 1903년에 태어나 1967년에 죽었다고 했습니다. 또 어떤 남자는 1890년의 같은 시기로 두 번 전생퇴행을 했는데 각기 직업도 다르고 모습도 다르게 나타났습니다. 또 어떤 여자는 일제강점기 때 19세 여학생으로 만세를 부르다가 감옥에 갇혔는데 정식재판도 받지 않고 감옥에서 무릎을 꿇어앉힌 상태에서 칼에 찔려 죽었다고 했습니다. 이 환자는 자신이 유관순이라는 생각이 자꾸 들었다고 했습니다.

이러한 결함과 모순 외에도 무엇보다 회의가 든 것은 전생퇴행에서 내가 '언제냐, 이름이 뭐냐'라고 물었을 때 '1853, 김아무개'라는 것이 머릿속으로 떠오르거나 글자가 나타난다고 했는데 그것을 과연 믿을 수 있느냐 하는 것입니다. 가끔 동물의 생으로 퇴행하는 수도 있었는데 그렇다면 그때 동물로서 지각된 것이 회상되어야 될 텐데 사람으로서 지각된 것이 나타나는 등 과학적으로 따지고 들어간다면 문제점으로 검토되어야 할 것이 너무도 많았습니다. 그리고 전생퇴행을 경험한 사람들의 반응도 '정말 전생일까. 혹 내가 봤던 영화나 책의 내용이 아닌가. 내가 지어낸 것이 아닐까. 어디선가 본 것 같다'는 등 전생이라는 확신이 들지 않는 경우가 대부분이었습니다.

전생요법의 치료효과 또한 별로 없는 것 같았습니다. 다만 환자와 일반인 사이에 조금 차이가 있었습니다. 일반인의 경우는 간혹 현재 문제와 연관된 전생이 나타나면 스스로 나름대로 해석을 하여 마음이 정리되는 경우도 있었습니다. 예를 들면 이혼한 여자가 있었는데, 이혼한 남자가 전생에 자기 때문에 죽었는데, 그것을 경험하고 난 뒤 이혼한 남자가 왜 자기에게 나쁘게 대했는지 이해가 된다고 했습니다. 정신과 환자 중 잡념이 많은 경우는 전생퇴행이 잘 되지 않았습니다.

나는 전생퇴행으로 나타난 전생현상을 자신 있게 전생이라고 말할 수도 없고 더욱이 치료효과도 뚜렷이 없었기 때문에 환자들에게 전생요법을 치료법의 하나로 권하기 어렵습니다. 특히 치료법으로서의 전생요법은 매우 위험할 수도 있습니다. 정신적인 문제가 있을 때 정확한 원인을 찾아 문제를 해결해야 되는데 원인을 찾는 합리적인 노력보다는 전생퇴행을 했을 때 나타나는 현상 속에서 원인을 찾는다면 그 원인은 잘못된 것일 수 있습니다. 전생요법이 세상을 살아가는 지혜보다는 무지를 조장할 수 있습니다.

혹 어떤 사람은 내가 한 전생요법에 대한 연구기간이 짧고 사례 수가 적다고 생각할지 모르겠지만 어떤 현상을 여러 번 경험해 보면 굳이 아주 많은 경험을 하지 않더라도 그 결과가 예상되는 경우가 있습니다. 내가 전생요법을 붙들고 계속 해도 비슷한 결과가 나올 것으로 생각했기 때문에 그 시점에서 그 정도로 정리하였습니다. 전생요법에 대한 실험을 하면서 많은 것을 느꼈습니다. 그 중 하나가 세월과 사람들의 건전한 비판과 검증에 살아남은 치료법이나 종교, 과학, 학문이 소중하다는 것입니다.

전생 경험은 수행을 통해서 해야

정신의학에서 윤회를 밝히는 작업은 매우 어려운 것으로 생각합니다. 더욱이 정신장애의 원인을 밝히고 정신장애가 있는 환자를 치료하는 데 윤회를 이용한다는 것은 더욱더 어려울 것으로 예상되며, 확실한 임상연구결과가 뒷받침되지 않으면 어떤 형태로든지 부작용이 생길 수 있습니다. 그리고 최면을 통해 전생이 마치 과학적으로 증명된 것처럼 사회에 유포될 때 어떤 문제가 야기될지 모릅니다. 사실 윤회는 불교 교리의 핵심이고 수준 높고 철저한 수행을 통해 경험할 수 있습니다. 내가 최면을 이용한 전생요법에 대한 연구를 마치고 내린 결론은 실재했던 생으로서의 전생은 수행을 통해 접근되어야 한다는 것입니다.

2009년 9월 티베트 망명정부가 있는 인도 다람살라에서 달라이 라마를 개인적으로 친견할 기회가 있었습니다. 한 시간 정도 친견하는 중에 "생과 생이 연결되어 있다는 것을 어떻게 분명히 알 수 있느냐?"고 질문했더니 달라이 라마는 세 가지 길을 통해 생과 생이 연결되어 있고 윤회한다는 것을 알 수 있다고 대답했습니다.

하나는 사마타 수행을 통해 선정을 개발한 후 신통을 통해서 알 수 있는 길이고, 다른 하나는 태어나면서부터 전생을 기억하는 것인데, 달라이 라마 자신도 어렸을 때는 전생을 기억했다고 했습니다. 지금도 때로는 잠에서 완전히 깨기 전에는 전생이 떠오르다가 잠에서 완전히 깨면 기억이 나지 않는다고 했습니다. 그리고 달라이 라마가 확인한 전생을 기억하는 아이들 이야기를 자세하게 해 주었습니다. 또 다른 하나는 불교 중관(中觀)과 인명(因明) 공부를 통해 이치적으로 윤회가 있다는 것을 납득하는 것이라고 이야기했습니다.

정신의학적 측면에서 윤회를 다룰 때는 아주 신중하고도 과학적인 접근이 필요하며, 연구결과가 먼저 전문가들 사이에서 검토와 토론을 거친 후에 일반인에게 제시되어야 할 것입니다. 그래야 사회에 혼란을 주지 않고 환자 치료에 부작용이 생기는 것을 방지할 수 있을 것입니다.

4 마음 나누기
— 내가 붓다에게 배운 마음치료

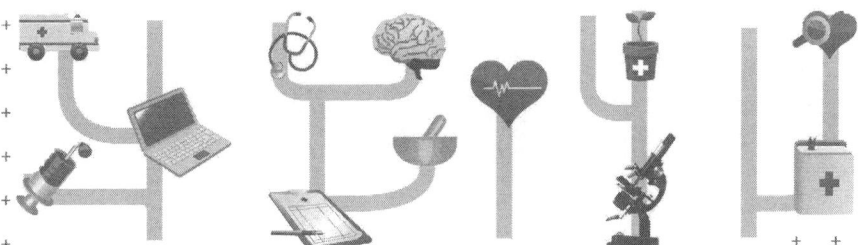

나는 정신과 의사, 정신치료자로서 붓다가 그 당시의 다른 종교인들을 설득하여 불교인이 되게 하는 과정을 보면, 잘못된 생각을 가진 사람들을 치료하는 과정으로 보이고, 붓다는 탁월한 치료자라는 생각이 듭니다. 붓다는 그 사람들보다 그 사람의 종교나 족보를 더 잘 알고 있습니다. 그 사람들이 근거하고 있는 사실의 허구를 진실에 입각하여 지적하여 자연스럽게 진리를 받아들이게 합니다.

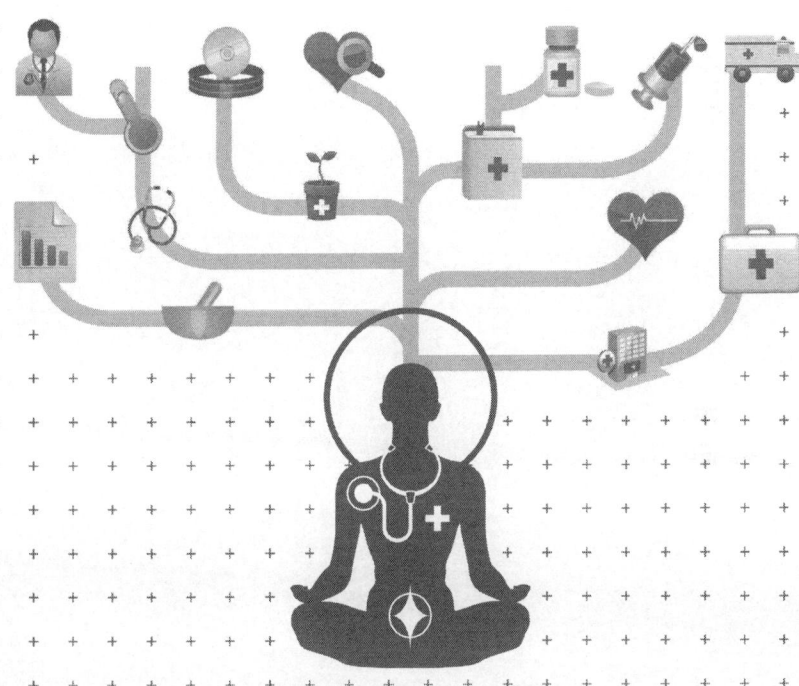

4-1

붓다는 실제로 어떤 분인가?

붓다는 실제 어떤 분이었을까? 어떤 생각을 가졌고, 어떤 말을 했고, 어떻게 행동했을까? 불교경전 니까야에는 이런 붓다의 모습이 잘 묘사되어 있습니다.

붓다는 지금으로부터 2,600여 년 전에 인도에서 태어나 뜻한 바 있어 출가하여 6년의 수행 끝에 깨달음을 이루었습니다. 그 후 45년 동안 붓다가 경험한 것을 제자들에게 가르쳤습니다. 붓다가 경험한 것은 보편적이었기 때문에 제자들도 붓다가 가르쳐 준대로 수행을 하자 똑같은 것을 경험할 수 있었습니다. 붓다는 이렇게 45년간 제자들을 가르친 후 80세에 열반에 듭니다. 열반에 든 후 두 달이 지나자 아라한(열반을 경험하여 윤회를 벗어난 성인)의 경지에 올랐던 제자 500명이 모여

7개월 동안 붓다의 말씀을 복원하였습니다. 붓다의 사촌동생이자 가장 오랫동안 붓다의 곁에서 시봉을 했던 아난다가 자신이 듣고 기억했던 내용을 이야기 했고 나머지 499명의 제자가 맞다고 인정하는 형식이었습니다. 나중에 이것이 문자로 기록되어 오늘날 우리가 보는 경전이 되었습니다. 니까야에 있는 내용들은 실제로 일어난 일입니다. 그렇게 말한 붓다가 있고 그것을 들은 제자들이 있습니다. 그래서 니까야를 자세히 보면 붓다가 어떤 분인지 알 수 있습니다.

니까야는 양이 방대합니다. 크게 디가 니까야(한역 장아함경), 맛지마 니까야(한역 중아함경), 쌍윳따 니까야(한역 잡아함경), 앙굿따라 니까야(한역 증일아함경) 등 4부로 분류하고 소부(小部)라고 해서 숫따니빠따(한역 경집), 자따까(한역 본생경), 담마빠다(한역 법구경), 테라가타(한역 장로게경), 테리가타(한역 장로니게경) 등이 있습니다.

어느 경전에서든 부처님의 모습을 알 수 있지만 앞에 이야기한 4부 니까야를 보면 부처님의 모습을 좀 더 자세히 알 수 있습니다.

그러면 4부 니까야에 대해 간단하게 살펴보겠습니다. 디가 니까야는 길이가 긴 경들을 모아놓은 경인데『대반열반경』,『대념처경』,『사문과경』,『범망경』등과 같은 중요한 경이 많고 외도들과의 대화도 많습니다. 맛지마 니까야는 중간 길이의 경들로 비구들을 대상으로 수행에 관한 가르침이 주를 이룹니다. 쌍윳따 니까야는 주제별로 붓다의 가르침을 모은 것입니다. 천신(天神)과의 대화가 있고, 연기·근(根)·온(蘊)·37조도품(助道品)에 대해 여러 각도에서 말하기 때문에 그것들이 어떤 것인지 잘 알 수 있습니다. 앙굿따라 니까야는 법수(法數)별로 되어 있습니다. 다른 경들의 내용을 다시 법수별로 정리한 것이 아니라 새로운 내용의 가르침이 법수 별로 들어 있고 재미있고 유익하고 중요한 경들이 많습니다.

나는 4부 니까야를 읽으면서 나름대로 '붓다는 이런 분이구나' 하고 짐작할 수 있었습니다. 4부 니까야의 모든 경이 붓다의 모습과 붓다가 경험한 세계를 알게 해 주었지만 그 중에서도 붓다가 어떤 분이었는지에 대해 잘 알려 주는 아주 재미있고 특이한 경이 있어 소개할까 합니다.

소개하고자 하고자 하는 경은『브라흐마유의 경』(맛지마 니까야 제4권 37~61쪽)입니다. 이 경에는 브라흐마유라는, 그 당시 바라문교를 믿는 바라문으로서는 높은 경지에 도달한 사람이 나옵니다. 브라흐마유라는 바라문이 붓다의 명성을 듣고 역시 높은 경지에 도달한 젊은 제자에게 붓다가 과연 소문대로 대단한 사람인지 아닌지 알아보고 오라고 시키는 장면이 나옵니다. 그래서 그 제자는 붓다를 뵙고 소문을 확인하고 난 후 바로 스승에게 가지 않고 7개월 동안 붓다를 그림자처럼 따라다녔습니다. 그리고 난 후 스승에게 보고한 내용이 이 경의 내용입니다.

붓다는 탁월한 치료자

『브라흐마유의 경』내용으로 들어가지 전에 내가 경전을 읽으면서 '붓다는 이런 분이구나'라고 짐작했던 몇 가지를 이야기하겠습니다.

먼저 붓다는 무조건적인 행복, 자유를 추구한 분이라는 생각이 들었습니다. 우리는 보통 조건적인 행복, 자유를 추구합니다. 조건적인 행복, 자유는 그 조건이 지속할 때는 행복하고 자유롭지만 그 조건이 없어지면 행복하고 자유롭지 못합니다. 예를 들면 우리가 건강할 때는 행복하지만 아플 때 행복하지 못하다면 건강을 조건으로 한 행복을 우리는 추구하는 것입니다. 만약 어느 정도의 돈이 있을 때는 행복하고 자유로움을 느끼지만 돈이 없을 때 불행하고 자유롭지 못하면 돈을 조건으로 하는 행복과 자유로움 속에 있는 것입니다. 붓다는 어떤 조건에서도 행복하고 자유로운 것을 추구하였고 그것을 성취하였다는 것을 니까야 전체에서 느꼈지만 다음의 경에서도 짐작할 수 있었습니다.

『탁발음식의 경』(쌍윳따 니까야 제1권 354~355쪽)을 보면 악마 빠삐만이 붓다가 탁발을 못하도록 사람들에게 영향을 주었습니다. 그런 후에 붓다에게 다가가 "사문이여, 탁발음식을 얻었는가?" 하고 물었습니다. "빠삐만이여, 내가 탁발음식을 얻지 못하도록 그대가 하지 않았는가?" 하고 붓다가 대답하니, 빠삐만이 "그러면 존자여, 그대는 다시 마을로 가라. 내가 그대가 탁발음식을 얻을 수 있도록 하겠다." 하였습니다. 이에 대해 붓다가 게송으로 대답하였습니다. "… 아무것도 갖고 있지 않지만 우리는 참으로 행복하게 살고 있네 …."

두 번째로 나는 정신과 의사, 정신치료자로서 붓다가 그 당시의 다른 종교인들을 설득하여 불교인이 되게 하는 과정을 보면, 잘못된 생각을 가진 사람들을 치료하는 과정으로 보이고, 붓다는 탁월한 치료자라는 생각이 듭니다. 붓다는 그 사람들보다 그 사람의 종교나 족보를 더 잘 알고 있습니다. 그 사람들이 근거하고 있는 사실의 허구를 진실에 입각해서 지적하여 자연스럽게 진리를 받아들이게 합니다.

심지어는 그 당시에 "사문 고따마는 요술쟁이다. 그는 개종시키는 요술을 알아서 다른 외도들을 제자로 개종시킨다."는 소문까지 있었습니다. 그 소문이 사실인지 아닌지 밧디야라는 사람이 직접 붓다에게 물었습니다. 붓다가 밧디야에게 자신이 사람들을 어떻게 올바르게 가르치는지 이야기하니 오히려 밧디야는 "세존이시여, 세존의 개종시키는 요술은 축복입니다. 세존의 개종시키는 요술은 훌륭합니다. 나의 사랑하는 혈육과 친척들이 이러한 개종시키는 요술로 개종한다면 나의 사랑하는 혈육과 친척들에게 오랜 세월 동안 이익과 행복이 있을 것입니다."라고 말했습니다. (『밧디야 경』, 앙굿다라 니까야 제2권 442~452쪽)

마지막으로 다음 경전을 통해 붓다의 인간으로서의 개인적인 감회를 엿볼 수 있었습니다. 『욱까벨라의 경』에 나오는 내용입니다. (쌍윳따 니까야 제6권 125~127쪽) 붓다의 양대 제자인 사리불과 목건련이 죽고 난 뒤 얼마 되지 않았을 때 붓다가 밧지 국의 욱까벨라 마을의 갠지스 강변에서 많은 비구들과 같이 있었습니다. 아마 붓다도 열반(죽음)을 그렇게 많이 남겨 놓지 않았을 때였을 것입니다. 이때 붓다가 침묵한 채 비구들의 무리를 바라보다가 말씀하셨습니다. "비구들이여, 사리불과 목건련이 완전한 열반에 들었으니 실로 나에게 대중들이 있지만 텅 빈 것처럼 보인다. 예전에 대중들이 텅 비게 느껴진 적은 없었다. 사리불과 목건련이 지내던 곳에서는 그곳이 어떠한 곳이든 신경을 안 썼다 … 그런데 이것도 참으로 놀라운 일이다. 사리불과 목건련처럼 훌륭한 제자가 열반에 들었을 때 여래에게 슬픔이 없고 비탄이 없었다는 것이."

4부 니까야를 통해서 붓다의 개인적인 감정을 엿볼 수 있는 경은 이 경 외에는 드뭅니다. 이 경에서 붓다는 아끼던 두 제자가 없는 공간에서 느끼는 허전함과 그 제자들이 했던 역할을 말하고 있습니다. 그 제자들이 열반에 들었을 때 자신의 마음에서 일어난 현상을 붓다의 육성으로 들을 수 있었습니다. 아끼는 제자에 대한 사랑과 소중함을 느끼면서도 제자들이 떠나갈 때 슬픔과 비탄이 없다는 것은 참으로 쉽지 않은 일입니다.

붓다의 일상이 주는 감동

이제 이 글의 서두에서 말한 『브라흐마유의 경』으로 돌아가겠습니다. 스승의 명을 받은 웃따라라는 제자가 스승에게 "그러면 존자여, 제가 어떻게 하면 그 존자 고따마 주위에 퍼져 있는 명성이 진실인지 아닌지 알 수 있습니까?" 하고 물으니 스승은 "웃따라야, 우리들의 성전에는 위대한 사람의 서른두 가지 특징이 전수되고 있다. 그것을 확인하면 된다."고 대답했습니다. 그래서 바라문 청년 웃따라는 붓다를 찾아가 위대한 사람의 서른두 가지 특징을 확인했습니다. 그는 여기서 그치지 않고 부처님을 7개월 동안 그림자처럼 따라다녔습니다.

붓다가 걸을 때 어떻게 걷는지, 앞을 바라볼 때 어떻게 바라보는지, 집안에서 어떻게 행동하는지, 음식을 받고 먹을 때는 어떻게 하는지, 발우를 씻을 때 어떻게 물을 받고 어떻게 씻는지, 식사를 끝내고 식사를 제공한 사람에게 어떻게 하는지, 옷을 입을 때 어떻게 입는지, 승원에서 법을 설할 때 어떻게 하고, 목소리는 어떻고, 승원에서는 어떻게 행동하는지 등 붓다의 일거수일투족을 하나도 놓치지 않고 지켜봤습니다. 그렇게 자기 나름대로 충분히 붓다를 관찰하고 난 뒤 스승에게 돌아갔습니다. 가서는 다음과 같이 스승에게 말했습니다.

"존자여, 존자 고따마 주위에 퍼져 있는 명성이 사실입니다. 존자 고따마는 위대한 사람의 서른두 가지 특징을 가지고 있습니다. 또한 존자 고따마는 걸을 때에 오른발을 앞으로 먼저 내디디며 그 보폭이 너무 길지도 않으며, 너무 짧지도 않으며, 걸을 때는 너무 빠르지도 않으며, 너무 느리지도 않으며, 무릎으로 무릎을 마주치지 않으며, 복사뼈로 복사뼈를 마주치지 않습니다. 걸으면서 넓적다리를 올리거나 내리거나 오므리거나 벌리지 않습니다. 또한 걸으면서 몸의 하반신만을 움직이되 신체적인 힘으로 애써 걷지 않습니다.

또한 존자 고따마는 바라볼 때에 온몸으로 바라보되 위로 곧바로 바라보지 않고 아래로 곧바로 바라보지 않고 두리번거리며 바라보지 않고 앞으로 멍에의 폭만큼 바라봅니다.

그는 집안에 들어설 때에 몸을 쳐들지 않고 굽히지 않고 몸을 움츠리지 않고 몸을 벌리지 않습니다.

그는 소리를 내며 그릇을 씻지 않고, 돌리면서 그릇을 씻지 않고, 또한 그릇을 땅에 두고 양손을 씻지 않습니다. 그가 손을 씻으면 그릇이 씻어지고, 그가 그릇을 씻으면 손이 씻어집니다. 그는 그릇 씻은 물을 버리되 너무 멀리 버리지도 않고, 너무 가까이 버리지도 않고 주변에 흘리지도 않습니다.

그는 한 입에 적당량을 먹을 뿐, 반찬을 넘칠 만큼 먹지 않습니다. 입에서 두세 번 씹어서 삼킵니다. 어떠한 알갱이도 부수어지지 않고는 몸으로 들어가지 않게 하고 어떠한 알갱이도 입에 남겨두지 않습니다. 그러고 나서 다른 한 입을 취합니다. 맛을 음미하면서 음식을 먹지만 맛에 탐착하지 않습니다.

그는 식사를 끝내고 발우를 바닥에 두되, 너무 멀리 두거나 너무 가까이 두지 않습니다. 그는 발우에 너무 무관심하지도 않고 발우를 너무 오래 지켜보지도 않습니다.

그는 식사를 끝내고 잠시 침묵하지만 감사의 말을 하는 시간을 놓치지 않아 적절한 시간에 합니다. 그가 식사를 끝내고 감사를 표할 때 음식에 대하여 불평하지 않고 다른 음식을 요구하지도 않고 반드시 가르침으로 사람들을 훈계하고 교화하고 격려하고 기쁘게 합니다. 그가 가르침으로 사람들을 훈계하고 교화하고 격려하고 기쁘게 하고 나서 자리에서 일어나 떠납니다.

존자 고따마는 몸에 옷을 걸칠 때 너무 높게 걸치지 않고, 너무 낮게 걸치지 않고, 너무 꽉 끼게 걸치지 않고, 너무 헐렁하게 걸치지 않습니다. 또한 몸에서 바람이 옷을 나부낄 정도로 걸치지 않습니다. 존자 고따마의 몸에는 먼지와 때가 끼지 않습니다.

그가 승원에 들어가면 마련된 자리에 앉습니다. 자리에 앉아서 두 발을 씻되 치장하는 데 신경을 쓰지 않습니다. 그는 두 발을 씻고 결가부좌를 하고 몸을 곧게 펴고 얼굴 앞으로 마음챙김을 확립하고 앉습니다. 그는 결코 자신을 해칠 생각을 하지 않고, 남을 해칠 생각을 하지 않고, 자신과 남을 해칠 생각을 하지 않습니다. 존자 고따마는 자신의 유익함을 생각하고, 남의 유익함을 생각하고, 자신과 남의 유익함을 생각하고 실제로 온 세상의 유익함을 생각하며 앉습니다.

그는 승원에 들어가 대중들에게 법을 설하되 대중에게 아첨하거나 대중을 매도하지 않고, 반드시 가르침으로 사람들을 훈계하고, 교화하고, 격려하고, 기쁘게 합니다. 존자 고따마의 입에서 나오는 목소리는 여덟 가지 요소를 갖춥니다. 또렷하고, 명료하고, 감미롭고, 듣기 좋고, 청아하고, 음조 있고, 심오하고, 낭랑합니다. 그러나 존자 고따마는 음성으로 대중에게 알게 하지만, 그 목소리가 대중 밖으로 퍼져나가게 하지 않습니다. 대중들은 존자 고따마의 가르침으로 훈계받고 교화되고 격려받고 기쁨에 넘쳐 오로지 그만을 바라보며 다른 것에는 관심 없이 자리에서 일어나 떠납니다.

존자 고따마는 참으로 지금까지 말한 것과 같습니다. 이와 같지만 이보다 훨씬 훌륭합니다."

자신이 보고 느낀 것을 이와 같이 말하자 스승인 바라문 브라흐마유는 자리에서 일어나 윗옷을 한쪽 어깨에 걸치고 붓다가 있는 곳으로 세 번 합장하며 찬탄했습니다. "세상에 존경받는 님, 거룩한 님, 올바로 원만히 깨달은 님께 귀의합니다.(세 번) 어쩌면 언젠가 어디선가는 존자 고따마를 만나 뵙고 어떤 대화를 나눌 수 있을 것입니다." 그 후 브라흐마유는 붓다를 직접 뵙고 불법승(佛法僧) 삼보에 귀의하여 재가신자가 되고 얼마 안 되어 죽었습니다. 죽을 때 불환자(不還者, 다섯 가지 낮은 장애를 부순 상태로 죽은 후 천상에 태어나 거기에서 열반에 드는 성자)가

되었다고 붓다는 말하였습니다.

웃따라라는 제자가 스승에게 보고한 내용을 보면 붓다는 우리와 같이 옷을 입고, 밥을 먹고, 그릇을 씻고, 걷고, 사람들을 만나 이야기하였지만 웃따라가 이야기한 것처럼 특별한 느낌을 주었던 것 같습니다.

지금까지 내가 느낀 붓다 그리고 경에 나타난 붓다의 구체적 모습을 살펴보았습니다. 상당히 사실적이고 객관적인 붓다의 모습이 그려져 있어 붓다가 실제 어떤 분이었는지 아는 데 도움이 될 것으로 생각합니다.

붓다는 일체지를 갖춘 위대한 분이지만 우리와 같은 모습을 하고 오래 전이긴 하지만 제자들 곁에서 있다가 가신 분입니다. 붓다를 너무 신격화하고 이상화하기보다는 붓다가 실제 어떤 분인지 잘 앎으로써 우리는 붓다에게 더 가까이 갈 수 있고, 붓다를 더 잘 알 수 있고, 붓다로부터 더 배울 수 있어서 붓다가 세상을 보듯이 세상을 보고 세상을 보다 지혜롭게 살아갈 수 있습니다. 그렇게 하는 데 조금이라도 도움이 되었으면 하여 내가 느낀 붓다의 여러 면과 붓다의 실제적인 모습을 경전을 통해 알아보았습니다.

4-2

붓다가 말한 우리의 존재와 상황 그리고 해결책

붓다가 우리 존재와 우리가 처한 상황을 어떻게 보고 있고, 그런 상황에서 우리가 어떻게 해야 하는지에 대해 비유를 들어 설명한 경이 있어 소개할까 합니다.

붓다는 가끔 비유를 들어 말합니다. 중요하면서도 이해하기 어려운 내용이 비유를 통해 명확하게 이해되고 우리들 가슴과 기억 속에 자리 잡습니다. 이 경도 그러합니다. 한 번 들으면 충격과 함께 우리 마음속에 자리 잡습니다. 이 짧은 경 속에 불교의 핵심이 들어 있다고 봅니다. 불교를 믿는 사람이든 아니든 이 경은 불교가 어떤 것인지 이해하는 데 도움이 될 것입니다.

우리는 어떤 상황에 처해 있는가?

지금부터 소개할 경은 『뱀 비유 경』(쌍윳따 니까야 4권 632~636쪽)입니다.

"비구들이여, 엄청난 열을 뿜고 끔찍한 독을 가진 네 마리의 뱀이 있다.

살기를 바라고 죽기를 원하지 않고 즐거움을 바라고 괴로움을 싫어하는 사람이 사람들로부터 이 네 마리의 뱀에 대해 들으면 그 뱀을 피하여 이리저리 도망칠 것이다.

사람들이 또 '여보시오, 당신의 적 다섯 명이 당신을 죽이려고 쫓아오고 있어요.' 하고 말하면 두려워서 그 다섯 명의 살인자를 피해 이리저리 도망칠 것이다.

또 사람들이 '여섯 번째 살인자인, 당신의 가까운 친구가 칼을 들고 당신을 보는 즉시 칼로 머리를 베려고 막 뒤쫓아 오고 있다'고 하여 정신없이 도망치다가 마을을 발견하고는 그 마을에 들어갔는데 집집마다 텅텅 비고 도움 되는 것이 하나도 없었다. 그런데 그마저 사람들이 '이 사람아, 지금 이 마을을 도둑들이 약탈하려고 한다' 하고 말하자 다시 그 마을에서 나와 도망치다가 홍수가 나서 엄청 크고 넓은 물을 만났다.

그 물을 사이에 두고 이쪽 언덕은 공포와 위험으로 가득 차 있고 저쪽 언덕은 안전하고 자유롭고 평화로운 곳이었다. 그러나 저쪽 언덕으로 걸어서 건널 수 있는 다리나 타고 건너갈 수 있는 배가 없었다.

그렇지만 살아야 하겠다는 일념에서 풀과 나무, 가지, 잎사귀를 모아서 뗏목을 만들어 그 뗏목을 타고 두 손과 두 발로 안간힘을 써 저 언덕으로 가서 거룩한 이가 되어 땅 위에 섰다.

비구들이여, 의미를 말하려고 이 비유를 들었다.

그 의미는 다음과 같다.

엄청난 열을 뿜고 끔찍한 독을 가진 네 마리의 뱀은 지(地), 수(水), 화(火), 풍(風) 사대를 말한다.

다섯 명의 살인자인 적은 오취온(五取蘊) 즉 색취온(色取蘊), 수취온(受取蘊), 상취온(想取蘊), 행취온(行取蘊), 식취온(識取蘊)(색: 몸, 수: 느낌, 상: 인식, 행: 의지 작용, 식: 의식)을 말한다.

여섯 번째 칼을 든 살인강도는 환락과 욕망을 말한다.

텅 빈 마을은 육근(六根)을 말한다. 현명하고 유능하고 지혜로운 자가 눈·귀·코·혀·몸·정신(意)에 관해 잘 살펴보면 육근은 텅 비고, 황량하고, 공허한 것으로 드러난다.

마을을 약탈하는 도둑은 육경(六境)을 말한다. 눈(귀·코·혀·몸·정신)은 좋아하거나 좋아하지 않는, 마음에 들거나 마음에 들지 않는 형상(소리·냄새·맛·감촉·법)들 때문에 파괴된다.

엄청 크고 넓은 물은 네 가지 홍수로 감각적 욕망의 홍수, 존재의 홍수, 견해의 홍수, 무명의 홍수를 말한다.

두렵고 위험한 이 언덕은 유신(有身, 내가 있다)을 말한다.

안전하고 자유롭고 평화로운 저 언덕은 열반을 말한다.

뗏목은 팔정도(八正道)다. 즉 바른 견해, 바른 사유, 바른 언어, 바른 행위, 바른 생업, 바른 정진, 바른 마음챙김, 바른 삼매다.

두 손과 두 발로 노력한다는 것은 정진을 발휘하는 것을 말한다.

건너서 저쪽 언덕으로 가서 땅 위에 서 있는 거룩한 이는 아라한을 말한다."

몸이 우리의 말을 듣고 있다고 생각하는 것은 착각

이 경을 이해하려면 불교에 대한 배경 지식이 좀 필요합니다. 필요한 배경 지식은 필요한 때 말하겠습니다. 사실 내가 이 경을 처음 봤을 때 붓다가 좀 지나치지 않았나 하는 생각을 했습니다. 우리 자신을 살인자로 본다는 것이 납득이 잘 되지 않았습니다. 그런데 곰곰이 생각해 보니 붓다의 말이 이해가 되었습니다.

나는 의사로서 우리 몸을 봤을 때 몸이 우리의 말을 들은 적이 없었다는 사실을 알게 되었습니다. 몸은 몸대로 살아갑니다. 몸은 우리의 말을 듣지 않습니다. 몸이 우리의 말을 듣고 있다고 생각할 뿐입니다.

붓다는 그것을 잘 알고 있는 것입니다. 몸에 언제 암이 생길지 모릅니다. 암이 생기면 우리는 죽게 되니 몸이 우리를 죽였다고 볼 수 있습니다. 몸에 무슨 일이 벌어지는지도 모릅니다. 몸에 안 좋은 일이 생기면 꼼짝없이 당하는데 우리는 모르고 있습니다. 신체검진을 하는 것은 몸을 수색하는 것이라고 할 수 있습니다.

불교에서는 우리 몸이 네 가지 구성 요소로 이루어졌다고 봅니다.

지·수·화·풍 즉 땅·물·불·바람이라는 네 가지 요소로 구성되었다고 봅니다.

뇌졸중으로 사망한 사람은 우리를 구성하는 요소 중의 하나인 풍대, 즉 바람이라는 뱀이 난동을 피우고 그래서 바람이라는 뱀에게 물려죽은 것입니다. 암으로 죽었다면 지대, 즉 땅이라는 뱀에게 물려죽은 셈입니다.

우리는 할 일이 많습니다. 우리는 홍수가 난 물을 건너 안전한 곳으로 가야 되는데 그 도중에 네 마리의 뱀에게 물려죽은 것입니다. 사실 네 마리의 뱀에게 언제 물려죽을지 아무도 모릅니다.

홍수가 난 물은 붓다가 말한 대로 감각적 욕망, 존재, 견해, 무명의 홍수로 여기에 떠내려가 열반에 도달하지 못하는 것입니다. 열반이란 괴로움이 없는 상태이고 윤회가 없는 상태입니다. 떠내려간다는 것은 계속 윤회한다는 것입니다.

니까야에서는 일관되게 윤회의 괴로움을 이야기합니다. 윤회하면서 존재하게 되면 몸과 마음을 갖게 되고 그러면 몸과 마음에서 오는 괴로움을 피할 수 없습니다.

마치 교도소에 들어가면 교도소에서 일어난 일을 다 겪어야 하고 결혼을 하면 결혼해서 생길 수 있는 일을 다 겪어야 되듯이 우리가 몸과 마음을 가지게 되면 몸과 마음에서 일어나는 일을 다 겪어야 합니다. 윤회하면서 어떤 형태로든지 존재하게 되면 존재함으로써 일어나는 일을 다 겪어야 하는 것입니다.

니까야에서 볼 때 불교의 핵심은 윤회입니다. 우리가 윤회하면서 고통을 겪고 있다는 것이 붓다의 마음을 아프게 하고 있는 것입니다.

사랑하는 자식이 조금이라도 위험에 처하지 않고 고통을 받지 않게 하고 싶듯이 붓다도 우리가 위험과 고통에서 벗어나기를 바란다고 나는 생각합니다.

윤회로부터 벗어나는 것을 목표로 붓다의 모든 가르침과 수행법이 조직되어 있다 해도 과언이 아닙니다. 그리고 그것을 붓다만 말한 것이 아니라 제자들과 모든 승가가 그것을 공유하였습니다.

『막칼리 품』(앙굿따라 니까야 1권 158~159쪽)에서 붓다는 "비구들이여, 아무리 적은 양의 똥일지라도 악취를 풍긴다. 나는 아무리 짧은 기간일지라도 존재로 태어나는 것을 칭송하지 않나니, 하다못해 손가락을 튀기는 기간만큼이라도 존재로 태어나는 것을 칭송하지 않는다."라고 말했습니다.

『라훌라경』(숫따니빠따 222쪽)에서 붓다는 아들인 라훌라에게 "다시는 세상에 태어나지 말라."고 말했습니다.

어떤 경에서는 붓다는 우리 몸과 마음을 첩자로 비유하고 있습니다. 제자들도 이런 비유를 곧잘 들었습니다.

어느 나라에 잠입한 첩자가 그 나라를 위하는 척하다가 결국 결정적일 때 본색을 드러내어 자기의 목적을 달성하는 것처럼 몸과 마음도 우리인 것처럼 하다가 자신의 길을 갑니다.

이 세상에 많은 위대한 사람이 존재했지만 내가 아는 한 우리 자신을 우리를 죽이는 살인자로 본 사람은 붓다를 빼고는 없을 것입니다.

오취온을 살인자로 본 것도 같은 맥락입니다.

우리는 색·수·상·행·식이라는 오온으로 구성되어 있고 오온에 집착이 가해진 것이 오취온입니다.

오온에서 색은 몸이고 수·상·행·식은 정신입니다. 자살을 한 사람을 보면 괴로운 느낌이라는 수(受)와 죽어야겠다는 행(行)이 작용한 것을 알 수 있습니다. 그러면 수라는 살인자와 행이라는 살인자가 우리를 죽인 것입니다.

붓다가 여섯 번째 살인자로 본 환락과 욕망도 때로는 우리를 죽입니다. 히로뽕과 같은 마약을 먹고 사고가 나 죽었다면 히로뽕을 맞고 즐겨보고자 한 환락이 사람을 죽였다고 볼 수 있습니다. 돈에 대한 욕망으로 범죄에 가담하여 사망한 경우 욕망이 욕망을 일으킨 사람을 죽였다고 볼 수 있습니다.

육근을 텅 빈 마을로 본 것은 참으로 탁월한 견해인 것 같습니다. 육근은 우리를 구성하는 눈·귀·코·혀·몸·정신입니다. 우리가 인생의 어려움에 처해 잘 살아보려고 눈·귀·코·혀·몸·정신을 다 동원해 보지만 인생의 근본적인 문제를 해결하지 못합니다. 속수무책입니다. 그렇게 무력한 육근마저 육경(六境)인 형상·소리·냄새·맛·감촉·법이 자기들 요구를 들어달라고 아우성을 칩니다.

이 모든 어려움은 사실 유신(有身, 내가 있다)으로부터 비롯됩니다.

사실 본질을 보면 우리는 무아입니다. 고정 불변하고 내 마음대로 되는 '나'는 없습니다. 오직 주어진 조건에 따라 변해가는 존재일 뿐입니다. 그런데 이 사실을 모르고 주어진 조건에 따라 변해가는 존재를,

고정 불변의 자아를 가진 나라고 생각하고 나를 내가 원하는 대로 유지하려고 노력합니다. 주위 환경도 내가 원하는 대로 지속시키려고 노력합니다. 그러나 내 뜻대로 되지 않고 힘만 듭니다.

나와 세상의 순리가 항상 충돌합니다. 그 중심에는 내가 있다는 생각이 있습니다. 사실 나라고 하는 것, 내가 있다는 것도 하나의 떠오른 생각에 불과합니다. 생각과 실제는 다를 수도 있고 같을 수도 있습니다. 사물을 있는 그대로 보는 지혜가 있는 사람에게 떠오른 생각은 실제와 같습니다. 그러나 지혜가 없는 사람에게 떠오른 생각은 실제와 다릅니다.

우리를 윤회 속으로 떠내려가게 하는 홍수는 네 가지가 있습니다. 즉 감각적 욕망을 즐기려는 것, 수승한 형태의 존재[天神]가 되려고 하는 것, 각종의 세상을 설명하는 견해, 예를 들면 과학적 지식이나 철학, 종교적인 믿음을 가지는 것 그리고 마지막으로 사성제를 모르는 네 가지입니다.

여기서 사성제는 네 가지 성스러운 진리입니다. 세상은 괴로움이라는 괴로움의 진리, 괴로움의 원인은 집착하지 않아야 하는 것에 집착하는 것이라는 괴로움의 원인의 진리, 괴로움의 완전한 소멸이 가능하다는 괴로움의 소멸의 진리, 괴로움의 완전한 소멸에 이르는 길이라는 괴로움의 소멸의 길의 진리, 이것을 네 가지 성스러운 진리라고 합니다.

팔정도, 윤회에서 벗어나는 길

윤회하게 하는 조건인 네 개의 홍수로부터 벗어나게 하는 길은 팔정도입니다.

앞서 말한 경에서 붓다가 말했듯이 바른 견해, 바른 사유, 바른 언어, 바른 행위, 바른 생업, 바른 정진, 바른 마음챙김, 바른 삼매가 팔정도입니다.

팔정도의 출발점은 바른 견해입니다. 바른 견해에 입각해 그 다음 팔정도의 요소를 닦습니다. 바른 견해가 확고하지 않으면 그 다음의 것을 제대로 닦을 수 없습니다. 바른 견해는 네 가지 성스러운 진리를 아는 것입니다.

바른 견해를 바탕으로 바른 사유를 하고 바른 사유에 입각하여 바른 언어를 쓰고 바른 행위를 하고 바른 생업에 종사합니다. 그리고 그 토대 위에서 바른 정진과 바른 마음챙김, 바른 삼매를 닦습니다.

팔정도를 자세히 보면 불교의 중요한 교리가 다 들어 있습니다. 불교 교리는 서로 포함되는 관계로 된 것이 많습니다. 예를 들면 바른 마음챙김의 내용인 사념처(四念處)만 해도 팔정도를 포함합니다. 사념처의 하나인 법념처(法念處)의 대상은 팔정도입니다. 사념처 속에 팔정도가 있습니다. 팔정도 속에 사념처가 있고 사념처 속에 팔정도가 있습니다.

붓다는 팔정도를 굉장히 중시하였습니다. 『대반열반경』(디가 니까야 2권 281쪽)에서 팔정도가 있으면 사문이 있고 팔정도가 없으면 사문이 없다고 하였습니다. 다시 말해 팔정도가 있으면 불교이고 팔정도가 없으면 불교가 아니라는 뜻입니다.

　이 팔정도를 최선을 다해 닦으라고 하는 것이 붓다의 가르침입니다. 그렇게 함으로써 괴로움을 완전히 소멸하는 열반에 도달할 수 있다고 하였습니다.

　그러면 어떤 마음가짐과 태도 그리고 실천이 있으면 되겠습니까? 『십상경(十上經)』(디가 니까야 3권 505~510쪽)에는 열심히 정진하는 비구가 어떻게 해야 하는지 말하고 있습니다.

　『십상경』은 붓다가 생존해 계실 때 제자 중 지혜제일(智慧第一)인 사리불이 비구들에게 설했던 경입니다. "하나씩 더하여 열까지 증가하며 모든 매듭을 풀어버리는 법을 이제 나는 설할 것이니 열반을 증득하고 괴로움을 끝내기 위해서입니다."라고 설하고 있습니다.

　『십상경』에는 열심히 정진하는 비구와 게으른 비구가 구체적으로 여러 가지 경우에 어떻게 하는지 나타나 있습니다. 여덟 가지 경우를 들어서 이야기하고 있습니다. 비구가 일을 해야 하는 경우, 일을 한 경우, 길을 가야 하는 경우, 길을 간 경우, 마을에서 탁발을 하여 음식을 충분히 얻지 못한 경우, 마을에서 탁발을 하여 음식을 충분히 얻은 경우, 사소한 병이 생긴 경우, 병이 나아서 병에서 일어난 지 오래되지 않은 경우에 게으른 비구와 열심히 정진하는 비구가 어떻게 하는지 보여주고 있습니다.

　먼저 일을 해야 되는 경우를 보면 게으른 비구는 '일을 하면 몸이 피곤할 것이다. 그러니 먼저 좀 누워야겠다' 하면서 자신이 수행해야 할 것을 안 합니다. 반면에 열심히 정진하는 비구는 '일을 하는 동안에 수

행을 못하니 먼저 수행부터 하고 나서 일하자'고 생각하고 그렇게 합니다.

일을 하고 난 경우에는 게으른 비구의 경우 '일을 했으니 피곤하다'며 눕습니다. 정진하는 비구는 일하는 동안 수행을 못했다고 하면서 수행합니다. 길을 가야 되는 경우도 앞의 경우와 마찬가지입니다.

탁발의 경우도 음식을 충분히 얻지 못한 경우 게으른 비구는 '탁발에서 음식도 충분히 못 얻어 피곤하다. 좀 누워야 되겠다'라고 하는 반면 부지런한 비구는 '탁발에서 음식을 충분히 얻지 못해 몸이 가볍고 수행하기에 적합하다'며 수행합니다. 탁발에서 음식을 충분히 얻은 경우에 게으른 비구는 '많이 먹어서 몸이 무거워 누워야겠다'고 하는 반면 부지런한 비구는 '충분히 먹어서 힘이 있고 수행하기에 적합하다'

며 수행합니다.

사소한 병의 경우 게으른 비구는 '사소한 병이 생겼으니 이제 드러누울 핑계가 생겼다' 하며 드러눕습니다. 그러나 부지런한 비구는 '사소한 병이긴 하나 더 심해질 수도 있을 것이다. 더 아프면 수행을 못할 수도 있으니 지금 수행하자'면서 수행합니다. 병에서 나아서 일어난 지 얼마 되지 않은 경우도 게으른 비구는 '병이 나은 지 얼마 되지 않아 힘이 없고 아무 일도 못 하겠다. 누워야겠다' 하는 반면, 부지런한 비구는 '어쩌면 병이 다시 도질 수도 있다. 그러니 지금 수행하자'며 수행합니다.

한마디로 부지런한 비구는 수행을 가장 우선순위에 두고 그것을 실천하지만 게으른 비구는 그때 그때의 상태가 수행보다 우선순위에 있습니다.

지금까지 『뱀 비유 경』을 통해 붓다가 우리 존재와 우리가 놓인 상황을 어떻고 보고 있고 거기서 우리는 어떻게 해야 하는지를 살펴보았습니다. 붓다의 가르침은 붓다가 직접 경험한 것이고, 또 훌륭한 제자들이 그 가르침에 따라 수행하여 붓다와 같은 경험을 한 보편성을 갖춘 것이라고 생각합니다. 우리가 붓다의 가르침을 믿고 열심히 노력한다면 괴로움을 해결할 수 있다고 생각합니다.

4 - 3

붓다의 단계적 가르침과
그 가르침의 정신치료적 유용성

불교수행법은 무척 다양합니다. 화두선, 염불, 위빠사나, 사경, 절, 기도, 진언 수행…. 사람들은 인연과 취향에 따라 수행법을 선택해 수행하고 있습니다. 어느 수행법을 선택하든 열심히 한 경우 나름대로 경지를 경험하고 그것을 통해 붓다의 가르침을 이해할 수 있습니다.

붓다가 열반에 든 지 이미 2,500년 이상의 시간이 흘렀고 그 동안 시대와 지역에 따라 사람들에게 필요한 수행법이 생긴 것을 감안해 볼 때 오늘날의 다양한 수행법은 그 나름대로의 의미를 지닙니다.

그렇지만 불교가 붓다와 붓다의 가르침으로부터 생겨난 것이라면 붓다의 말은 우리가 붓다의 제자인 한 우리에게 소중합니다. 그런 점에서 볼 때 붓다가 '나는 제자들을 이렇게 가르친다'고 직접적으로 말한 게 있다면 우리는 그것을 참고로 해야 할 것입니다. 지금 우리가 어떤 수행법으로 수행하든 그 수행이 붓다가 말한 것을 포함하는지를 보고, 부족한 것이 있다면 보충하는 것이 좋다고 생각합니다.

이런 점에서 도움이 되는 경전이 있어 소개하고자 합니다.

그리고 이 경에 나타난 부처님의 단계적 가르침이 가지는 정신치료적 의미, 유용성 그리고 나아가 정신치료에 적용하는 것에 대해 생각해 보고자 합니다.

단계적인 수행을 말한 붓다

이 경은 『가나까 목갈라나의 경』(맛지마 니까야 제4권 338~343쪽)입니다.

붓다 당시에 회계사였던, 바라문교를 믿는 바라문 가나까 목갈라나가 붓다를 찾아뵙고 다음과 같은 질문을 합니다.

"존자 고따마여, 우리가 있는 이 미가라마뚜 강당도 단계적인 과정을 거쳐 지어져 이렇게 있습니다. 바라문에게도 단계적인 배움, 단계적인 실천, 단계적인 발전이 있습니다. 활 쏘는 사람에게도 단계적인 배움, 단계적인 실천, 단계적인 발전이 있습니다. 우리와 같은 회계사도 그렇습니다. 우리는 제자를 얻으면 먼저 이와 같이 헤아리게 합니다. 하나는 하나, 둘은 둘, 셋은 셋, 넷은 넷 이와 같이 백까지 헤아리게 합니다. 이와 같이 존자 고따마여, 당신의 가르침과 계율에도 단계적인 배움, 단계적인 실천, 단계적인 발전을 설하는 것이 가능합니까?" 하고 묻습니다.

이에 대해 붓다는 다음과 같이 말합니다.

"바라문이여, 나의 가르침과 계율에도 단계적인 배움, 단계적인 실천, 단계적인 발전을 설하는 것이 가능합니다. 이를테면, 현명한 조련사가 성질이 좋은 우량한 말을 얻어서 먼저 고삐에 능숙해지도록 하고 길들이는 것과 같이, 여래가 길들일 사람을 얻으면 먼저 '오라. 비구여, 그대는 모름지기 계를 지키고 계율의 조항에 따라 자제하라. 행동과 처신을 바로 하라. 사소한 잘못에서도 두려움을 보고, 수행규범을 받아 배우라'라고 길들입니다.

그것이 되면 여래는 그를 다시 이와 같이 길들입니다. '오라. 비구여, 그대는 감각의 문을 잘 지켜라. 눈으로 형상을 보고 그 표상을 취하지 말며, 그 세세한 부분상도 취하지 마라. 만약 눈의 감각기능이 제어되어 있지 않으면 욕심과 싫어하는 마음이라는 불선법이 그대에게 물밀듯이 흘러들어 올 것이다. 눈의 감각기능을 잘 지키고 잘 단속하라. 귀… 소리… 코… 냄새… 혀… 맛… 몸… 감촉… 정신으로 법을 보고 그 표상을 취하지 말며, 그 세세한 부분상도 취하지 마라. 만약 정신의 감각기능이 제어되어 있지 않으면 욕심과 싫어하는 마음이라는 불선법이 그대에게 물밀듯이 흘러들어 올 것이다. 정신의 감각기능을 잘 지키고 잘 단속하라.'

바라문이여, 비구가 감각기능의 문을 잘 지키면 여래는 그를 다시 '오라. 비구여, 식사하는 데 분량을 알아라. 이치에 맞게 숙고해서 향락을 위한 것이 아니고, 재미를 위한 것이 아니고, 아름다움을 위한 것이 아니고, 매력을 위한 것이 아니라, 이 몸을 유지하고 연명하고 상해를 피하고 청정한 삶을 위해서 이 음식을 취하며, 나는 예전의 고통을 끊고 새로운 고통을 일으키지 않고 건강하고 허물없이 안온하리라' 라고 생각하도록 길들입니다.

비구가 식사하는 데 분량을 알면 여래는 그를 다시 이와 같이 길들입니다. '오라. 비구여, 깨어있음에 전념하라. 낮에는 경행과 좌선으로 모든 장애에서 마음을 청정하게 하라. 밤의 초야에는 경행과 좌선으로 모든 장애에서 마음을 청정하게 하라. 밤의 중야에는 오른쪽으로 사자와 같이 누워 발에 발을 겹치고 일어날 때를 생각하고 마음챙기며 알아차려라. 그리고 밤의 후야에는 일어나서 경행과 좌선으로 모든 장애에서 마음을 청정하게 하라.'

비구가 깨어있음을 닦으면 여래는 그를 다시 이와 같이 길들입니다. '오라. 비구여, 마음챙김과 알아차림을 성취하라. 앞으로 가건 뒤로 가건 알아차려라. 몸을 굽히건 몸을 펴건 알아차려라. 옷을 입고 발우와 가사를 지닐 때에도 알아차려라. 먹거나 마시거나 삼키거나 소화시킬 때에도 알아차려라. 대소변을 볼 때도 알아차려라. 가거나 서거나 앉거나 눕거나 깨거나 말하거나 침묵할 때에도 알아차려라.'

바라문이여, 비구가 마음챙기고 알아차리는 것을 성취하면 여래는 그를 다시 이와 같이 길들입니다. '오라. 비구여, 그대는 멀리 떨어진 수행처, 숲, 나무 밑, 산 위, 동굴, 묘지, 숲 속, 노지, 짚더미가 있는 곳에서 수행하라.'

그는 멀리 떨어진 수행처, 숲, 나무 밑 등에서 수행을 합니다. 그는 식사를 한 뒤에 탁발에서 돌아와 가부좌를 하고 몸을 곧게 펴고 얼굴 앞으로 마음챙김을 확립하고 앉습니다. 그는 세상에 대한 욕심을 제거하여 욕심을 버린 마음으로 머무릅니다. 욕심으로부터 마음을 청정하게 합니다. 악의의 오점을 제거하여 악의가 없는 마음으로 머무릅니다. 모든 생명의 이익을 위해 연민하여 악의의 오점으로부터 마음을 청정하게 합니다. 게으름과 혼침을 제거하여 게으름과 혼침으로부터 마음을 청정하게 합니다. 들뜸과 회한을 제거하여 들뜨지 않고 머무릅니다. 안으로 고요히 가라앉은 마음으로 들뜸과 회한으로부터 마음을 청정하게 합니다. 의심을 제거하여 의심을 건너서 머무릅니다. 유익한 법들에 아무런 의문이 없어서 의심으로부터 마음을 청정하게 합니다.

그는 이와 같이 지혜를 약화시키는 마음의 번뇌인 다섯 가지 장애를 끊고 나서 감각적 욕망을 완전히 떨쳐버리고 해로운 법들을 떨쳐버린 뒤, 일으킨 생각과 지속적인 고찰이 있고, 떨쳐버렸음에서 생겼으며, 희열과 행복이 있는 초선을 구족하여 머무릅니다.

다시 비구는 일으킨 생각과 지속적인 고찰을 가라앉혔기 때문에 자기 내면의 것이고, 확신이 있으며, 마음의 단일한 상태이고, 일으킨 생각과 지속적인 고찰은 없고, 삼매에서 생긴 희열과 행복이 있는 제2선을 구족하여 머무릅니다.

다시 비구는 희열이 빛바랬기 때문에 평온하게 머물고, 마음챙기고 알아차리며 몸으로 행복을 경험합니다. 성자들이 그를 두고 '평온하게 마음챙기며 행복하게 머문다'고 묘사하는 제3선에 머무릅니다.

다시 비구는 행복도 버리고 괴로움도 버리고, 아울러 그 이전에 이미 기쁨과 슬픔을 소멸하였으므로 괴롭지도 즐겁지도 않으며, 평온으로 인해 마음챙김이 청정한 제4선을 구족하여 머무릅니다.

　바라문이여, 이것이 그 마음이 아직 목표에 도달하지는 못했지만 속박으로부터 최상의 안온을 바라는 학인의 단계에 있는 비구에 대한 나의 가르침입니다. 그런데 이 법들은 청정한 목표에 이르고, 존재의 장애를 부수고, 궁극적인 지혜로 완전히 해탈한, 번뇌를 부순 아라한인 비구들에게 지금 여기에서의 즐거운 머무름뿐만 아니라 마음챙김과 알아차림으로 이끕니다."

　이 경에서는 붓다가 자신의 가르침을 명확히 순서를 정해서 말하지만 다른 여러 경에서도 위의 단계적 가르침을 산발적으로 말합니다. 우리가 붓다가 말하는 괴로움의 소멸인 열반으로 가기 위해 무엇이 필요한지 이 경을 통해서 잘 알 수 있습니다. 이 경에서는 제4선에 도달하기까지만 언급이 되어 있습니다. 물론 제4선이 부처님의 가르침에 종착점은 아닙니다. 그러나 제4선 자체가 상당한 수준이고 열반에 이르기 위한 준비가 확실히 되어 있는 상태라고 볼 수 있습니다. 아마도 바라문 가나까 목갈라나에게 이만큼의 법문이 가장 적절하다고 붓다는 판단한 것 같습니다.

　우리가 어떤 수행을 하든지 이 경에서 붓다가 말한, 크게 볼 때 여섯 단계의 가르침(계를 지키고, 감각의 문을 잘 지키고, 식사를 이치에 맞게 하고, 항상 깨어서 장애가 되는 법을 제거하고, 무엇을 하든 마음챙기고 알아차리고, 혼자 조용한 곳에 떨어져 다섯 가지 장애를 제거한 후 선정에 드는 것)을 항상 명심하고 부족한 부분을 보충한다면 불교 공부에 도움이 될 것으로 생각합니다.

붓다가 말한 여섯 단계

붓다의 단계적인 가르침 각각은 그대로 지킬 때 정신건강을 증진하고 신경증이나 정신병, 성격장애가 치료될 수 있게 합니다. 붓다의 단계적 가르침 각각이 가지는 정신치료적 유용성을 살펴보면 다음과 같습니다.

첫 번째 가르침은 계를 지키는 것입니다.

계를 지키는 것은 우리를 보호하는 것입니다. 우리 속에 있는 정화되지 않은 욕심이나 화, 무지 그리고 잘못된 습관이 발동하여 우리를 위험에 빠뜨리고 남에게도 피해를 주고, 저지른 잘못을 수습하는 데 귀중한 시간을 쓰게 하고, 후회하게 하는 것으로부터 계는 올바른 가이드라인을 설정하여 우리를 보호합니다. 보통 사람들은 계를 우리를 억제하고 힘들게 하는 것으로 생각하는데 계는 우리가 편안하고 괴롭지 않게 하려고 도와주는 것입니다. 우리가 목표하는 바를 이루게끔 도와주는 친구고 우군과 같은 것입니다.

이러한 관점에서 계를 지키다 보면 계를 지킴으로써 자신이 편안하고 자신에게 도움이 된다는 것을 경험하게 됩니다. 그때부터는 계를 보는 시각도 달라집니다. 계의 진정한 의미를 이해하고 즐거운 마음으로 실천하면 우리 속의 부정적인 감정이나 잘못된 습관, 경향이 활성화되는 것을 막고, 우리를 보호하고 진정으로 성장시키는 새로운 사고나 행동이 우리 속에서 자리 잡게 됩니다. 이렇게 할 때 우리의 정신건강이 증진되고 정신장애가 점차 호전됩니다.

붓다도 『대반열반경』(디가 니까야 2권 181~183쪽)에서 어느 마을의 남자 불교 신자들을 불러서 계에 대해 다음과 같이 말하였습니다.

"장자들이여, 계를 지키지 않고 계를 파한 사람에게 다섯 가지 위험이 있다. 그 첫째가 방일한 결과로 큰 재물을 잃는다. 둘째는 악명이 자자하다. 셋째는 끄샤뜨리아의 회중이든, 바라문의 회중이든, 장자의 회중이든, 수행자의 회중이든, 그 어떤 회중에 들어가더라도 의기소침하여 들어간다. 넷째는 죽을 때 맑은 정신을 가지지 못한다. 다섯째는 몸이 무너져 죽은 뒤에 처참한 곳, 불행한 곳, 파멸처, 지옥에 떨어진다. 이것이 계를 지키지 않고 계를 파한 사람에게 오는 다섯 가지 위험이다. 장자들이여, 계를 지키고 계를 받들어 지님에 다섯 가지 이익이 있다. 그 첫째가 방일하지 않은 결과로 큰 재물을 얻는다. 둘째는 훌륭한 명성을 얻는다. 셋째는 끄샤뜨리아의 회중이든, 바라문의 회중이든, 장자의 회중이든, 수행자의 회중이든, 그 어떤 회중에 들어가더라도 두려움 없이 당당하게 들어간다. 넷째는 죽을 때 맑은 정신을 갖는다. 다섯째는 몸이 무너져 죽은 뒤에 선처 혹은 천상세계에 태어난다. 이것이 계를 지키고 계를 받아지님으로써 얻는 다섯 가지 이익이다."

살아가면서 고치고 싶은데 잘 안 되는 것을 지켜야 할 계로 정하고 꾸준히 지키려고 노력하는 것도 붓다의 첫 번째 단계의 가르침을 일상생활에서 실천하는 것입니다. 설사 계를 어기더라도 어겼다는 것에 마음을 너무 쓰지 말고 또다시 지키려고 노력하면 됩니다. 그러다 보면 점차 우리에게 필요해서 우리가 만든 계를 지키는 것이 쉬워지고 나중에는 자동적으로 지키게 됩니다.

내가 미얀마 찬메센터에서 한 달간의 수행을 마치고 나를 지도했던 우 자나카 스님에게 가서 "이제 한국에 갑니다. 한국에 가서 이 수행을 계속하고 싶은데 어떻게 하면 좋겠습니까?" 하니까 "오계를 지키라."고 하였습니다. 오계는 살아 있는 것을 죽이지 않고, 내 것이 아닌 것, 남이 주지 않는 것을 가지지 않고, 삿된 음행을 하지 않고, 거짓말 하지 않고, 술을 먹지 않는 것입니다. "어기면 어떻게 합니까?" 하자 스님이 "다시 지키면 된다."고 말하였습니다.

사실 사회생활을 하면서 오계를 다 지키는 것은 쉽지 않습니다. 특히 술을 마시지 않는 계가 그렇습니다. 내 경우 그 이후 지금까지 부득이 몇 번 술을 마셨습니다. 부득이 술을 마셔야 될 경우에는 마음을 챙기면서 술을 마시고, 술이 몸에서 작용하는 것을 계속 관찰했습니다. 내가 그나마 이 정도라도 수행을 할 수 있었던 것은 오계를 지켰기 때문이 아닌가 합니다.

두 번째 단계는 감각의 문을 지키는 것입니다.

붓다의 말에 의하면, 감각의 문을 잘 지켜야 욕심이나 싫어하는 마음이 우리에게 흘러들어오지 않는다고 합니다. 욕심이나 싫어하는 마음은 누구에게나 있지만 정신불건강이나 신경증, 정신병, 성격장애의 경우 마음속에 욕심이나 싫어하는 마음이 자신이 감당하기 어려울 정도로 많이 있어 그것이 갈등을 일으키고 혼란을 일으킨 경우라고 볼 수 있습니다. 욕심이나 싫어하는 마음이 줄어들거나 없어지면 갈등이 줄어들면서 마음은 안정을 찾고 정신은 건강하게 됩니다.

감각의 문이란 눈·귀·코·혀·몸·정신을 말합니다. 우리는 감각의 문을 통해 외부 대상과 내부 대상을 접합니다. 다시 말해서 눈으로 뭘 볼 때, 귀로 뭘 들을 때, 코로 냄새 맡을 때, 혀로 맛을 볼 때, 몸으로 뭔가와 접촉할 때 그리고 정신작용을 할 때 감각의 문을 잘 지키라는 것입니다. 감각의 문을 지키는 구체적인 방법은 눈·귀·코·혀·몸·정신으로 대상을 접할 때 전체적인 상도 취하지 말고 부분적인 상도 취하지 않는 것입니다.

그러면 어떻게 전체적인 상도 취하지 않고 부분적인 상도 취하지 않을 수 있느냐 하는 것입니다. 이에 대해서는 '이성에 대한 욕망을 다스리는 법'이라는 제목의 글에서 언급하였지만 간단히 다시 말해 보겠습니다. 감각의 문이 대상과 만날 때, 100퍼센트 집중했을 때 전체적인 상도 취하지 않고 부분적인 상도 취하지 않을 수 있습니다.

예를 들어, 본다면 100퍼센트 봐야 합니다. 대상에 대한 판단이나 생각이 없이 오로지 보고 있을 때만이 100퍼센트 보는 것입니다. 그렇게 100퍼센트로 보면 이 자리에서 현재 있는 존재와 만나게 됩니다. 과거와 미래의 투사로서 사물을 대하지 않고 현재 눈앞에 있는 사물의 본질을 만나게 됩니다. 보는 대상을 자신의 욕망 충족의 대상으로 보지 않습니다. 이럴 때 감각의 문을 통해 욕심이나 싫어하는 마음이 우리에게 흘러들어오지 않아 마음은 안정을 유지할 수 있고 사물을 있는 그대로 보는 것을 통해 지혜를 기르고 정신건강을 증진시킬 수 있습니다. 마찬가지로 듣고, 냄새 맡고, 맛보고, 접촉하고, 정신작용을 일으킬 때, 그 대상을 100퍼센트 경험하면 그 대상을 있는 그대로 경험하여 그 대상에 대하여 욕심이나 싫어하는 마음이 일어나지 않게 됩니다.

세 번째 단계는 식사를 할 때 분량을 아는 것입니다.

식사할 때 분량을 알아야 하는 것은 오늘날처럼 먹을 것이 풍부하고 비만이 문제가 될 때 도움이 됩니다. 식사를 할 때 숙고해야 할 내용인 '이 음식이 향락을 위한 것이 아니고, 재미를 위한 것이 아니고, 아름다움을 위한 것이 아니고, 매력을 위한 것이 아니라, 이 몸을 유지하고 연명하고 상해를 피하고 청정한 삶을 위해서 이 음식을 취하며, 나는 예전의 고통을 끊고 새로운 고통을 일으키지 않고 건강하고 허물없이 안온하리라'를 식사할 때마다 떠올린다면 음식을 적당히 먹게 되고 어떻게 살아야 할지 항상 잊지 않게 됩니다. 이것이 지속되면 다른 생활에서도 무리를 하지 않게 됩니다. 불교에서 지켜야 할 계로 오계가 잘 알려져 있지만 적당히 먹는 것도 매우 중요합니다. '적당히 먹는 것'을 여섯 번째 계로 정해야 할 정도입니다.

『전륜성왕 사자후경』(디가 니까야 3권 126~127쪽)에 보면 전륜성왕은 일곱 가지 보배가 있다고 하는데, 그 중에 수레바퀴 보배가 나타나 계속 굴러가면 다른 나라 왕들이 와서 항복을 합니다. 저절로 항복하면서 "무엇이든 분부하십시오. 시키는 대로 하겠습니다." 하자 전륜성왕이 여섯 가지를 지키라고 이야기합니다. "살아있는 것을 절대로 죽이지 말라. 내 것 아닌 것, 남이 주지 않은 것을 절대로 가지지 말라. 음행을 하지 말라. 거짓말을 하지 말라. 술 먹지 말라." 그리고 한 가지 더 이야기 한 것이 "적당히 먹어라."입니다.

붓다들의 일대기가 들어있는 『대전기경(大傳記經)』(디가 니까야 제2권 101~102쪽)에 석가모니 붓다를 포함한 일곱 붓다의 가르침이 게송으로 나와 있습니다. "모든 악은 행하지 말고, 모든 선은 행하고 마음을 맑게 하라. 이것이 모든 부처님의 가르침이다." 불교 신자라면 이 말은 대부분 들어서 알고 있을 것입니다. 그런데 이어서 "남을 해치지 말고 계를 잘 지키면서 음식에서 적당함을 찾고 선정을 닦아라." 하는 말이 있습니다. 여기에도 음식 이야기가 나옵니다. 이처럼 음식을 적당히 먹는 것은 매우 중요한 것입니다. 음식을 먹는 것에 대해서 붓다는 건강을 유지하기 위해서만 먹지 잘 먹어서 남에게 멋있게 보이기 위해서 먹지 말라고 하였습니다. 실제 우리가 음식을 먹을 때 우리 자신을 잘 보면 우리 몸에 대한 집착이나 맛에 대한 탐착, 건강에 대한 불안으로 무리해서 먹는 경우가 많습니다. 그러한 마음이 있을 때 그 마음을 보고 내려놓는다면 도움이 될 것입니다.

요즘같이 영양과잉인 시대에 좀 적은 듯이 먹으면 건강도 유지하고 항상 맛있게 먹을 수 있습니다. 『됫박 분량의 경』(쌍윳따 니까야 제1권 289~290쪽)을 보면 붓다가 당시 코살라 국의 왕이면서 붓다와 나이가 같고 교류가 많았던 빠쎄나디 왕이 많이 먹어서 살이 찌고 걸을 때 숨을 몰아쉴 정도로 힘들어하는 것을 보고 다이어트 처방을 해 다이어트에 성공한 것이 나와 있습니다.

빠쎄나디 왕은 됫박 분량의 밥을 먹어 살이 아주 많이 쪘습니다. 그러던 어느 날 빠쎄나디 왕이 양껏 먹고 숨을 몰아쉬며 붓다가 있는 곳으로 찾아왔습니다. 붓다가 왕을 보고 다음과 같은 시를 읊었습니다.

"언제나 마음챙김을 확립하고 식사에 분량을 아는 사람은 괴로움이 적어지고 목숨을 보존하여 더디 늙어가리."

그때 왕은 바라문 학생 쑤닷싸나에게 말했습니다. "쑤닷싸나야, 너는 세존께 이 시를 배워서 암기하여 내가 식사할 때마다 읊도록 해라. 내가 너에게 매일 그 대가로 백 까하빠나씩 주겠다."

그리하여 왕은 먹을 때마다 마음챙김을 했습니다. 식사량을 점점 줄여 결국에는 한 접시 분량의 음식으로 만족하기에 이르렀습니다. 그래서 왕은 몸이 날씬하게 되어 손으로 몸을 어루만지며 흥에 겨워 다음과 같은 말을 읊조렸습니다. "참으로 세존께서는 이번 생의 유익함과 다음 생의 유익함, 이 두 가지 유익함으로 나에게 자비를 베푸셨네."

먹을 때 제대로 먹어도 수행이 잘 될 수 있습니다. 몸에 대한 집착을 없앨 수 있습니다. 그래서 저는 오계에 적절히 먹는 계를 하나 추가하여 불교 신자들이 평소에 지켜야 할 계를 육계로 했으면 합니다.

네 번째 단계의 가르침은 보행명상과 좌선을 통해 항상 깨어 있는 것입니다.

보행명상과 좌선을 통해 항상 깨어서 모든 장애로부터 마음을 청정하게 하는 것은 정신건강에 직접적으로 도움이 됩니다. 여기서 모든 장애라는 것은 우리 마음의 안정을 해치고, 사물을 있는 그대로 보지 못하게 하고, 건전한 마음 상태를 잃어버리게 하는 모든 부정적인 감정과 기억, 생각들을 말합니다. 이러한 장애가 우리 마음속에 자리 잡으면 정신불건강과 정신장애가 옵니다. 보행명상과 좌선을 통해 하루 종일 깨어서 이러한 장애가 마음속에 자리 잡게 하지 않으니 정신건강 이 크게 증진이 됩니다. 보행명상과 좌선이 가능하지 않으면 걷거나 앉아 있을 때 알아차리면 됩니다.

다섯 번째 단계의 가르침은 마음챙김과 알아차림입니다.

마음챙김과 알아차림도 정신건강을 증진시킵니다. 마음챙김과 알아차림을 한다는 것은 무엇을 하든 거기에 집중하고 그때 일어나는 현상을 분명하게 아는 것입니다. 마음챙김과 알아차림을 함으로써 언제나 현재 속에 있고 현재 일어나는 현상을 있는 그대로 아는 지혜를 가지게 됩니다. 정신불건강이나 신경증, 정신병, 성격장애는 현재에 있지 못하고 과거나 미래에 사는 것입니다. 현재에 살게 되면 정신이 건강해집니다.

여섯 번째 단계의 가르침은 다섯 가지 장애를 제거하고 선정에 드는 것입니다.

다섯 가지 장애를 제거하고 선정에 드는 것도 마찬가지로 정신이 건강해지는 길입니다. 앞서 경에서 말한 대로 다섯 가지 장애는 감각적 욕망, 악의, 게으름과 혼침, 들뜸과 후회, 의심으로 우리 마음을 깨어 있게 하지 못하고 청정하게 하지 않습니다. 선정은 장애가 되는 마음이 하나도 없이, 마음이 하나의 대상에 가 있는 상태입니다.

『청정도론』에는 선정을 얻는 마흔 가지의 방법이 나와 있습니다. 그 중의 하나가 들숨날숨에 마음챙기는 것입니다. 이 방법을 예를 들어 선정을 설명해 보겠습니다.

숨을 들이쉬고 내쉴 때 숨을 들이쉬고 내쉬는 것에만 집중합니다. 이때 생각이 떠오르면 알아차리고, 마음이 그 생각에 가 있는 데에서 숨으로 돌아옵니다. 그래서 숨을 들이쉬고 내쉬는 것을 하나도 놓치지 않고 관찰합니다. 숨을 들이쉬고 내쉴 때 그 과정을 하나도 놓치지 않고 관찰할 정도가 되면 숨은 매우 미세해집니다. 그래서 숨 쉬고 있다는 것을 알기 어려운 상태까지 됩니다. 이러한 감지하기 어려운 미세한 호흡 상태에서 계속 숨을 지켜보고 있으면 숨이 다시 나타납니다. 집중력이 높아진 상태에서 계속 숨을 지켜봅니다. 그렇게 하여 오로지 마음이 숨에만 집중하는 상태가 몇 시간 지속되면 선정에 들어가게 됩니다.

선정에 들었다는 것은 마음이 건전한 상태로 몇 시간 지속되었다는 것을 의미합니다. 이 말은 우리 마음이 불건전한 대상으로 갔을 때 바로 건전한 대상으로 전환이 되었다는 말입니다. 마음이 안 좋은 곳으로 갔을 때 그것을 내려놓고 좋은 곳으로 가게 하는 훈련이 철저히 되었다는 뜻입니다. 선정을 닦는 훈련을 하면 마음에 안 좋은 것이 떠오르면 그것을 떨치는 것이 쉬워집니다. 이런 면에서 선정을 닦는 여섯 번째 단계의 가르침은 정신건강을 얻고 정신장애를 치유하는 데 큰 도움이 될 수 있습니다.

4-4

붓다가 말한 번뇌를 해결하는 다섯 단계의 가르침

불교 경전에는 번뇌를 다스리는 법이 많이 있습니다. 번뇌를 다스리는 것이 불교의 핵심이기 때문입니다. 그래서 많은 경에서 번뇌를 다스리는 구체적인 방법이 언급되어 있습니다.

어떤 경에서는, 붓다가 어떤 번뇌는 어떤 방법을 써서 다스리라고 하며, 번뇌의 종류와 해결 방법에 대해 구체적이고 자세히 설명하고 있고, 또 어떤 경에서는 '감각적 욕망에 대한 생각', '분노에 대한 생각', '폭력에 대한 생각'이 들 때 그 생각을 어떻게 다스리는지에 대해 말하고 있고, 또 어떤 경에서는 우리가 어떤 대상에 주의를 기울일 때 번뇌가 발생하면 그 번뇌에 대처하는 방법을 가르쳐 주는데, 만일 제시한 방법으로 안 될 경우 5단계에 걸쳐 대처하는 방법을 가르쳐 줍니다.

이 경들뿐만 아니라 많은 경들에서 붓다는 우리 속의 여러 가지 번뇌들을 해결하는 법을 가르쳐 주고 있어, 그 많은 경을 다 여기서 언급할 수는 없습니다. 그래서 좀 전에 언급한 5단계에 걸쳐 번뇌를 해결하는 법을 경을 통해 소개할까 합니다. 이 5단계에 걸쳐 번뇌를 해결하는 법은, 우리가 살아가면서 흔히 부딪치는 어려움에 대해 간편하게 적용할 수 있는 방법으로 생각합니다.

번뇌는 나의 적

이 경은 『생각중지의 경』(맛지마 니까야 제1권 403~410쪽)입니다. 어느 날 붓다는 제자들을 불러 다음과 같이 말했습니다. "비구들이여, 비구가 수승한 마음을 닦으려면 때때로 다섯 가지 대상에 주의를 기울여야 한다." 하며 다음의 5단계에 걸쳐 번뇌를 해결하는 방법을 말합니다. 이 경의 내용을 내 나름대로 해석하면 다음과 같습니다.

먼저 1단계 대처법을 말하겠습니다. 어떤 내부적·외부적 대상에 주의를 기울일 때 자신 안에 탐욕, 분노, 어리석음과 관계된 악하고 불건전한 생각이 일어나면 그 대상과는 다른 선하고 건전한 어떤 대상에 주의를 기울여야 합니다. 그러면 탐욕, 분노, 어리석음과 관계된 악하고 불건전한 생각이 버려지고 사라집니다. 그것들이 버려지면 안으로 마음이 확립되고 가라앉고 하나로 모아지고 집중됩니다. 이 상태가 붓다가 말하는 수승한 마음의 상태입니다. 1단계를 일반적인 예를 들어 설명하면 다음과 같습니다. 예쁜 여자를 생각할 때 성적인 욕망이 생기면 예쁜 여자를 생각하지 않고 어머니를 생각하는 것입니다. 그럴 때 예쁜 여자로 인한 성적인 욕망이 사라집니다.

1단계 대처법을 써도 여전히 탐욕, 분노, 어리석음과 관계된 악하고 불건전한 생각이 일어나면 악하고 불건전한 생각들이 가지는 위험을 다음과 같이 봅니다. '이러한 생각은 불건전하다. 이러한 생각은 비난받을 만하다. 이러한 생각은 고통을 유발한다.' 이것이 2단계 대처법입니다. 예를 들어 예쁜 여자를 생각할 때 성적인 욕망이 생기면, 성적인 욕망이 실제 나에게 도움이 되지 않고 이득이 없고 고통을 초래한다는 것을 분명히 알아 거기에서 벗어납니다. 이렇게 악하고 불건전한 생각들이 가지는 위험을 성찰했을 때 탐욕, 분노, 어리석음과 관계된 악하고 불건전한 생각이 버려지고 사라집니다. 그것들이 버려지면 안으로 마음이 확립되고 가라앉고 하나로 모아지고 집중됩니다.

2단계 대처법을 써도 여전히 탐욕, 분노, 어리석음과 관계된 악하고 불건전한 생각이 일어나면 그러한 생각에 마음을 두지 말고 주의도 기울이지 말아야 합니다. 이것이 3단계 대처법입니다. 이 단계는 다시 말하면 그 대상에 전혀 마음을 기울이지 않는 것입니다. 생각도 전혀 안 하고 관심도 안 가집니다. 그러면 탐욕, 분노, 어리석음과 관계된 악하고 불건전한 생각이 버려지고 사라집니다. 그것들이 버려지면 안으로 마음이 확립되고 가라앉고 하나로 모아지고 집중됩니다.

3단계 대처법을 써도 여전히 탐욕, 분노, 어리석음과 관계된 악하고 불건전한 생각이 일어나면 그러한 생각을 일으키는 동력을 중지시키는 것에 주의를 기울여야 합니다. 이것이 4단계 대처법입니다. 그러면 탐욕, 분노, 어리석음과 관계된 악하고 불건전한 생각이 버려지고 사라집니다. 그것들이 버려지면 안으로 마음이 확립되고 가라앉고 하나로 모아지고 집중됩니다.

그러한 생각을 일으키는 동력을 중지시키는 것에 주의를 기울이는 것에 대해서 붓다는 경에서 다음과 같은 비유를 쓰고 있습니다.

"비구들이여, 이것은 마치 어떤 사람이 빨리 걸어가다가 '내가 왜 이렇게 빨리 걸어가지. 천천히 걸어 가보자'라고 생각하여 천천히 걸어갑니다. 그러다가 또 '내가 왜 이렇게 천천히 걸어가지. 서보자' 하여 섭니다. 그러다가 또 '내가 왜 서 있지. 앉자' 하며 앉습니다. 그러다가 또 '내가 왜 앉아 있지. 눕자' 하며 눕습니다."

이처럼 탐욕, 분노, 어리석음과 관계된 악하고 불건전한 생각을 하

게 하는 동력 자체를 중단시킵니다. 그래서 그러한 생각을 안 하게 됩니다. 3단계 대처법이 아예 생각을 안 하는 것이라면, 이 4단계 방법은 그런 생각을 하는 마음을 놓아버리는 것입니다. '이런 생각 할 것 있나. 다른 것 하자' 하며 마음에서 놓아버리는 것입니다. 마음 자체에서 전환이 일어나는 것입니다.

4단계 대처법을 써도 여전히 탐욕, 분노, 어리석음과 관계된 악하고 불건전한 생각이 일어나면 이빨과 이빨을 붙이고 혀를 입천장에 대고 마음으로 마음을 항복시키고 제압해서 없애버려야 합니다. 이것이 5단계 대처법입니다. 그러면 탐욕, 분노, 어리석음과 관계된 악하고 불건전한 생각이 버려지고 사라집니다. 그것들이 버려지면 안으로 마음이 확립되고 가라앉고 하나로 모아지고 집중됩니다.

이 단계의 방법은 앞의 여러 가지 방법으로도 마음에서 악하고 불건전한 생각이 사라지지 않으면, 이것을 내 마음에서 꼭 몰아내겠다는 굳건한 의지를 가지고 마음에서 몰아내는 것입니다. 지금까지도 의지를 내서 방법들을 써왔지만 이제는 사생결단을 내는 마음으로, 강한 의지를 가지고 번뇌를 내 마음에서 몰아내는 것입니다. 1단계에서 예를 든, 예쁜 여자를 생각할 때 성적인 욕망이 생긴 경우, 예쁜 여자로 인한 성적인 욕망을 나를 파괴하는 적으로 간주하고, 그 적을 내 모든 의지를 발동하여 섬멸하는 것입니다. 그것과의 전쟁을 벌이는 것입니다.

이렇게 해서 자신 안에 있는 탐욕, 분노, 어리석음과 관계된 악하고 불건전한 생각을 다스린 비구에 대하여 붓다는 "비구들이여, 이러한 비구를 나는 사유 활동의 길에서 달인의 경지에 도달한 자라고 부른다. 그는 자신이 생각하기를 원하는 것을 생각할 것이고, 자신이 생각하기를 원하지 않는 것을 생각하지 않을 것이다. 그는 갈애를 끊고, 결박을 풀고, 자만을 완전히 정복하여, 괴로움의 종식을 이루었다."라고 말했습니다.

이 경을 통해 우리가 살아가면서 뭘 보고 들을 때나 생각할 때 일어나는 탐욕과 분노 그리고 어리석음과 같은 번뇌를 어떻게 다스릴 수 있는지 알아보았습니다.

이 5단계 번뇌 퇴치법을 외우는 것만으로도 번뇌가 생길 때 번뇌를 쉽게 물리칠 수 있을 것입니다. 이렇게 붓다의 가르침에 따라 5단계로 번뇌를 해결하는 훈련을 할 때, 번뇌를 보는 시각도 이 훈련을 도와줄 수 있습니다.

번뇌를 보는 올바른 시각이란 번뇌가 일어났을 때 그 번뇌를 나의 적으로 보는 것입니다. 이 훈련이 충분히 되기 전까지는 번뇌가 시키는 대로 하려고 하는데, 사실 번뇌는 없애야 할 우리의 적입니다. 적의 말을 들을 수는 없습니다. 번뇌를 해결하여 우리 자신을 편안하도록 해야 합니다.

4-5

붓다에게 들어보는 인간관계의 지혜

한 사람이 있으면 한 세계가 있다고 할 수 있습니다.

어느 누구나 눈·귀·코·혀·몸 그리고 정신작용을 통해 받아들인 정보가 엄청납니다. 그러나 각자 기질과 환경과 경험에 따라 뇌에 각기 다른 지각적·지성적·정서적 회로를 가집니다. 한 사람의 세계 속에 담긴 내용이 다 다릅니다. 그런 만큼 사람과 사람이 만나면 갈등이 있을 수밖에 없고 충돌이 있을 수밖에 없습니다.

가족도 예외가 아닙니다. 나에게 상담을 받는 대부분의 부모는 자녀들과의 의견 대립, 갈등을 호소합니다. 어떤 어머니는 아들이 고등학교 다닐 때까지는 말도 잘 듣고 참 좋은 아이였는데, 대학을 다른 지방에서 다니고 난 뒤 아이가 완전히 바뀌었다고 했습니다. 요즘말로 코

드가 완전히 달라 사사건건 의견 대립이 된다고 하면서 너무 힘들다고 했습니다. 사람이 있는 곳에는 어디서나 생각이나 견해의 다름으로 인한 갈등이나 분쟁, 다툼이 불가피하다고 볼 수 있습니다. 문제는 이러한 것에 어떻게 대처하느냐 하는 것입니다.

불교적 지혜를 정신치료에 활용하고자 하는 정신과 의사로서 이러한 문제에 대해 붓다는 어떻게 말하고 있는지를 불교 경전을 통해 살펴보겠습니다.

경전 곳곳에서 다른 사람에게 말할 때 어떻게 해야 되는지, 비난이나 칭찬을 받을 때 어떻게 해야 되는지, 내가 남에게 잘못했을 때나 남이 나에게 잘못했을 때 어떻게 해야 되는지, 남을 훈계해야 할 때는 어떻게 해야 되는지 등등에 대해 붓다가 말해 놓은 것을 발견할 수 있었습니다.

말해야 할 것과 말하지 말아야 할 것

『정신경(淨信經)』(디가 니까야 3권 244~245쪽)에서 붓다는 사리불의 동생인 쭌다 비구에게 과거·현재·미래의 사실에 대해 어떻게 말해야 하는지 말하고 있습니다.

"쭌다여, 만일 과거(미래·현재)가 사실이 아니고, 옳지 않고, 이익을 줄 수 없다고 여기면 여래(如來)는 그것을 설명하지 않는다. 만일 과거(미래·현재)가 사실이고, 옳더라도, 이익을 줄 수 없다고 여기면 여래는 그것을 설명하지 않는다. 만일 과거(미래·현재)가 사실이고, 옳고, 이익을 줄 수 있다 하더라도 여래는 그 질문을 설명해 줄 바른 시기를 안다. 쭌다여, 이처럼 과거와 미래와 현재의 법들에 대해서 여래는 시기에 맞는 말을 하고, 있는 것을 말하고, 유익한 것을 말하고, 법을 말하고, 율을 말하는 자다. 그래서 여래라 부른다."

이 경에서 보듯이 붓다는 우리가 남에게 이야기할 때 염두에 둬야 될 것은 먼저 그것이 사실이냐는 것이고, 그 다음이 그 사실이 다른 사람에게 도움이 되느냐 하는 것이라고 강조하고 있습니다.

사실과 진실에 바탕을 두고 다른 사람에게 진정으로 도움이 되는 길을 모색하는 것이 불교적 인간관계의 근본입니다.

다른 사람에게 진정 도움이 되려면 그 사람이 받아들일 수 있을 때 이야기해야 하고 거부감이 없이 표현되어야 합니다. 적절한 때와 온화한 말, 자애로운 말이 진실에 따라와야 합니다.

요약해서 말하면, 우리가 남에게 어떤 사실을 이야기할 때 다섯 가지 조건을 갖추어야 한다는 것입니다. 1. 사실이어야 하고, 2. 진실이어야 하고, 3. 도움이 되어야 하고, 4. 적절한 때에 해야 하고 5. 적절하게 표현하여야 한다는 것입니다. 그렇지 않으면 예상하지 못한 부작용이 생길 수 있습니다.

우리는 진실이나 사실만을 중시하고 다른 조건을 갖추지 못하여 상대방에게 상처를 주고 사회에 혼란을 야기하는 것을 많이 봤습니다. 반대의 경우도 있습니다. 상대방이나 사회에 도움이 되는 것에 치중한 나머지 사실이나 진실이 무시된 경우 결국 해당되는 개인이나 사회에 해가 돌아가는 경우도 종종 있습니다.

진료실에서 환자들에게, 이 말할 때의 다섯 가지 요소에 대해 말해 주면 거의 대부분, 다섯 가지 중 빠진 부분이 있다고 하면서 반성을 합니다. 우리가 살아가면서 이 다섯 가지를 잊지 않고, 말할 때 늘 염두에 둔다면 나와 남을 보호할 수 있을 것입니다.

진실한 말과 적절한 때

진실은 붓다의 가르침의 출발점이라고 볼 수 있습니다. 그래서 진실에 대해 좀 더 알아보겠습니다. 붓다는 무엇보다도 진실을 중요시합니다. 그래서 불교는 진실에 바탕을 두고 있습니다.

『언어표현 경』(앙굿따라 니까야 5권 290쪽)에서 붓다는 다음과 같이 진실을 강조합니다.

"비구들이여, 여덟 가지 성스러운 언어표현이 있다.

무엇이 여덟인가? 보지 못한 것을 보지 못했다고 하고, 듣지 못한 것을 듣지 못했다고 하고, 생각하지 않은 것을 생각하지 않았다고 하고, 알지 못한 것을 알지 못했다고 하고, 본 것을 보았다고 하고, 들은 것을 들었다고 하고, 생각한 것을 생각했다고 하고, 안 것을 알았다고 하는 것이다."

우리 자신을 되돌아 볼 때 우리가 말하는 순간순간 불확실한 사실을 사실인 것처럼, 모르는 것도 아는 것처럼, 안 본 것도 본 것처럼 말하기도 하고, 그렇게 하고 싶은 유혹을 느끼기도 합니다. 붓다가 말한 대로 자신에게 있었던 일을 그대로 남에게 전달할 수 있다면 세상은 지금보다 훨씬 혼란이 덜할 것입니다.

이렇게 진실에 바탕을 두고 사람들에게 이익이 되는 것을 말하고자 할 때 꼭 염두에 두어야 할 '적절한 때'에 대해 좀 더 이야기 하겠습니다.

적절한 때에 말하는 것은 굉장히 중요합니다. 적절한 때를 고려하지 않고 무분별하게 말해진 사실이나 진실이 사람들이나 사회에 파괴적으로 작용할 수 있습니다.

정신치료에서도 적절한 때를 중요시합니다.

치료자는 환자에게 도움이 될 뭔가를 알려줄 때 적절한 때를 찾습니다. 환자가 받아들일 수 있을 때 환자에게 이야기합니다. 치료자는 먼저 환자를 파악해야 합니다. 왜 병이 났는지, 어떻게 해야 병이 나을 수 있는지를 파악하고 난 뒤 그것을 환자에게 말해 줄 적절한 시기를 찾아야 합니다. 일찍도 안 되고 늦어도 안 됩니다. 적절한 때가 아닌 때 한 해석은 부작용을 가져오고 때로는 파괴적일 수 있습니다.

우리들의 인간관계도 마찬가지입니다. 적절한 시기가 중요합니다.

칭찬과 비방을 받을 때

인간관계에서 또 생각할 수 있는 것이 우리가 살아가면서 받는 남의 칭찬과 비난에 대한 것입니다.

보통은 칭찬을 받으면 우쭐해지고 비난을 받으면 움츠러듭니다. 대부분의 경우 남의 칭찬과 비난에 대해 민감하게 반응합니다. 일희일비

합니다. 하루 종일 기분이 나쁘기도 하고 기분이 좋기도 합니다. 그래서 인간관계가 나빠지기도 합니다. 남이 하는 칭찬과 비난에 대해 지혜롭게 대처하는 것이 중요합니다.

남이 나를 칭찬하거나 비방할 때 어떻게 해야 하는지에 대해 붓다가 『범망경』(디가 니까야 1권 85~87쪽)에서 말한 것을 보겠습니다.

"비구들이여, 그대들은 남들이 나를 비방하고, 법을 비방하고, 승가를 비방하더라도 거기서 적대감을 가져서는 안 되고 기분 나빠해서도 안 되고 마음으로 싫어해서도 안 된다. 비구들이여, 남들이 나를 비방하고, 법을 비방하고, 승가를 비방한다고 해서 만일 그대들이 거기에 자극받아서 분노하고 싫어하는 마음을 낸다면 그것은 그대들에게 장애가 된다. 비구들이여, 남들이 나를 비방하고 법을 비방하고 승가를 비방한다고 해서 그대들이 거기에 자극받아서 분노하고 싫어하는 마음을 낸다면 그대들은 남들이 말을 잘했는지 말을 잘못했는지 제대로 알 수 있겠는가?"

"알 수 없습니다. 세존이시여."

"비구들이여, 남들이 나를 비방하고, 법을 비방하고, 승가를 비방한다면 거기서 그대들은 사실이 아닌 것은 사실이 아니라고 설명해 주어야 한다. '이러하기 때문에 이것은 사실이 아닙니다. 이러하기 때문에 이것은 이렇지 않습니다. 우리에게는 이러한 것이 없습니다. 이것은 우리에게는 알려지지 않은 것입니다'라고."

"비구들이여, 남들이 나를 칭송하거나, 법을 칭송하거나, 승가를 칭송하더라도 거기서 그대들은 즐거워해서도 안 되고 기뻐해서도 안 되며 의기양양해서도 안 된다. 비구들이여, 남들이 나를 칭송하거나, 법을 칭송하거나, 승가를 칭송한다고 해서 만일 그대들이 거기에 자극받아서 즐거워하고 기뻐하고 의기양양하게 되면 그것은 그대들에게 장애가 된다. 비구들이여, 남들이 나를 칭송하거나, 법을 칭송하거나, 승가를 칭송하면 그대들은 거기서 사실은 사실이라고 인정해 주어야 한다. '이러하기 때문에 이것은 사실입니다. 이러하기 때문에 이것은 옳습니다. 우리에게는 이러한 것이 있습니다. 이것은 우리에게 알려진 것입니다'라고."

여기에서도 붓다의 가르침은 진실에 입각해 있습니다. 그리고 사람들에게 진정 도움되는 것에 입각해 있습니다.

상대방이 나를 칭찬하거나 비난할 때 일희일비하며 자기 문제에 걸리지 않고 상대방이 제대로 본 것에 대해 그것을 확인시켜 줌으로써 그것을 더욱더 확고하게 하고, 상대방이 잘못 본 것에 대해서는 그렇지 않다는 것을 보게 하고 납득시킴으로써 상대방이 잘못 되지 않도록 합니다.

사실 남이 우리에 대해 비난하거나 무시할 때 우리의 마음은 안정을 잃기 쉽습니다. 이럴 때 나는 치료자로서 환자들에게 다음과 같이 조언해 줍니다.

남이 우리에 대해 비난하거나 무시하거나 안 좋은 말을 하면 먼저 자기 자신을 빨리 돌아보십시오. 내 자신을 열린 마음으로 돌아보았을 때 그 사람이 말한 것이 나에게서 발견되면 그것을 고치도록 하십시오. 물론 기분은 나쁘지만 그것을 지적해 준 상대에 대해 고맙다고 생각하세요. 내가 그것을 고치지 않으면 앞으로 누군가에게 또 그런 이야기를 들을 수 있습니다. 나를 위해서 고치세요. 고친 만큼 나는 좋아집니다.

그런데 아무리 봐도 내 속에 상대방에게 그런 말을 들을 소지가 없다면 상대방이 나에 대해서 모르고 또는 오해해서 말하는 것이구나. 상대방의 문제구나 하고 생각하세요.

남이 나에 대해 오해할 수도 있다고 생각하고 이럴 때 어떻게 하는 것이 지혜로운지 연구하도록 하세요. 상대방에게 그런 문제를 지적했을 때 받아들일 것 같으면 사실을 말하세요. 그러나 상대방이 잘못 알고 있거나 잘못 생각하고 있는 것을 이야기했을 때 오해와 분란이 더 커질 것 같으면 그때는 가만히 있는 것이 좋습니다.

오해하는 그런 사람은 언제나 있을 수 있는데 그것을 못 받아들이고 화를 내면, 그것은 상대방의 문제를 내 문제로 만드는 것입니다. 그 사람의 문제를 내 문제로 만들면 안 됩니다.

만일 이렇게 나를 돌아보고도 이성적이고 합리적으로 반응하기 어려울 때에는 다음과 같은 요령으로 해 보세요. 사실 평균적인 일반 사람은 어떤 말이나 행동이든 반응을 하는 것이 좋습니다. 겉으로 표현하기 어려우면 속으로라도 해야 합니다. 왜냐하면 아무런 반응도 없이 가만히 있으면 상대방의 말이 자기 속으로 꽉 들어와 박히기 때문입니다. 그래서 이후 오랫동안 그때 반응하지 못한 것에 대해 두고두고 후회와 자책을 하게 됩니다.

이럴 때 상대방과의 관계를 악화시키지도 않고 자기 자신도 영향을 안 받으려면 가볍게 받아치는 것이 좋습니다. 유머나 위트는 난처한 상황을 지혜롭게 넘어가기 위해 생겨났다고 볼 수 있습니다. 유머나 위트는 남을 웃게 하는 것도 있지만, 중요한 것은 난처한 상황에서 여유를 가지는 것입니다. 여유를 가진 속에서 서로 웃을 수 있게 되면 참 좋은 것입니다. 웃진 않을 정도이지만 서로 공존할 수 있는 길을 모색한다면 좋은 일입니다.

정 할 말이 없거나 어떻게 해야 할지 모를 경우는 상대방의 말을 반복하는 것도 하나의 방법입니다. 예를 들면 "너는 말하는 것이 왜 그렇게 촌스럽냐." 할 때 "내가 촌스럽다고요." 하며 상대방이 한 말을 반복합니다. 무슨 말이라도 하는 것이 왜 중요하냐 하면, 상대방으로부터 무시를 받을 때 느끼는 스트레스가 반응하는 말을 통해 밖으로 빠져나갈 수 있는 출구를 찾을 수 있기 때문입니다.

그런데 이런 난처한 상황에서 반응하는 것에 익숙하지 않거나 훈련이 안 된 경우에는 얼떨결에 당한 일이라 반응도 못 하고 그냥 쓱 넘어가는 수가 많습니다.

이런 것에 대비하기 위해서는 평소에 상황이 이상하게 돌아갈 조짐이 보일 때 딱 깨어있는 훈련을 하는 것이 필요합니다. 그래서 상대방의 표정이 좀 이상하거나 이상한 말을 꺼내면 그때 '아 뭐가 안 좋게 돌아가는구나. 정신 차려서 대응해야 하겠다'는 준비태세를 해야 적절한 반응을 할 수 있습니다.

평소 현재에 집중하는 훈련을 하면 이런 순간에 깨어있을 수 있습니다. 몸과 마음에 일어나는 현상을 순간순간 관찰하는 훈련을 하면 미묘한 마음의 움직임을 알 수 있어 뭔가 상황이 이상하게 돌아갈 때 우리가 본능적으로 감지한 것을 분명하게 자각할 수 있어 적절한 대응을 할 수 있습니다.

잘못을 지적한 자와 잘못을 지적받은 자의 태도

우리는 살아가면서 때로는 남에게 잘못하기도 하고 때로는 남이 나에게 잘못하기도 합니다. 내가 남에게 잘못했을 때 나는 남에게 어떻게 해야 하고 남이 나에게 잘못했을 때 어떻게 반응을 해야 하느냐 하는 것은 중요한 문제입니다. 이럴 때가 인간관계에서 갈림길이 됩니다. 관계가 완전히 나빠질 수도 있고 오히려 좋아질 수도 있고 아니면 좋아지지는 않지만 그래도 공존은 가능한 관계가 될 수 있습니다. 그럴 때 어떻게 해야 할지를 생각해 보게 하는 붓다의 말이 있습니다.

『어리석은 자 경』(앙굿따라 니까야 1권 207쪽)의 내용이 그것입니다.

"비구들이여, 두 부류의 어리석은 자가 있다. 어떤 것이 둘인가? 잘못을 범하고도 잘못을 범한 줄 알지 못하는 자와 잘못을 인정하면서 용서를 구하는 자를 받아들이지 않는 자이다.

비구들이여, 두 부류의 현자가 있다. 어떤 것이 둘인가? 잘못을 범하고는 잘못을 범한 줄 아는 자와 잘못을 인정하면서 용서를 구하는 자를 받아들이는 자다."

내가 잘못한 것을 인정하고 용서를 구하고, 남이 자신의 잘못을 인정하고 용서를 구하면 받아주는 것이 지혜로운 자의 태도라는 것입니

다. 아주 뻔하고 상식 같은 말이지만 잘 지켜지지 않는 것이 현실입니다. 이런 것이 지켜지지 않을 때 갈등은 오래가고 분위기는 험악해지고 우리는 투쟁적이게 됩니다.

우리는 우리가 잘못했을 때 어떻게 해야 하고, 남이 나의 잘못을 지적했을 때 어떻게 생각해야 하고, 또 내가 남의 잘못을 지적할 때 어떻게 해야 되는지 경전에서 붓다가 말한 것을 간추려 보면 다음과 같습니다.

먼저 잘못을 범한 사람은 이렇게 생각하는 것이 좋습니다.

'나에게 좋지 않은 생각이 일어나서 내가 말이든 행동이든 잘못을 했다. 그것을 다른 사람이 보고 나의 잘못을 지적하였다. 내가 잘못을 하지 않았다면 그 사람이 지적할 리가 없다. 그러니까 나의 책임이다.

내가 잘못한 것을 보고 그 사람이 기분 나쁘게 이야기해서 나도 기분이 안 좋지만 그것은 내가 초래한 것이다. 내 잘못이다. 잘못을 인정하고 용서를 구해야겠다.'

또 남의 잘못을 지적하고 훈계하는 사람이 가져야 할 태도와 행동, 마음가짐은 다음과 같은 것이 좋습니다.

'그 사람에게 좋지 않은 생각이 일어나 말이나 행동으로 잘못을 했다. 그러니까 내가 봤다. 그러나 그것을 보고 내 기분이 상해서 그 사람이 들으면 기분 나쁘게 이야기 했다. 그것은 내 잘못이다. 그 잘못을 내가 인정하고 용서를 구해야겠다.'

잘못한 사람은 남이 어떻게 나를 책망하고 비난하든, 내가 그런 책망을 받고 비난을 받을 요소가 있다는 것을 보는 것이 중요합니다.

남의 잘못을 책망하고 훈계하는 사람은 자신이 다음과 같은 붓다의 가르침에 입각해 있는지를 보아야 합니다. 사실과 진실에 입각해서 말하고 있는지, 이익이 되게 말하고 있는지, 적절한 때에 말하고 있는지, 자애로운 마음으로 말하고 있는지, 온화하게 말하고 있는지를 살펴보아야 합니다.

이와 같은 점을 항상 염두에 두고 살아간다면 사람과 사람 사이에서 불가피하게 생기는 갈등과 다툼이 오래 가지 않고 갈등과 분쟁으로 인해 서로가 서로에게 주는 상처가 많이 줄어들 것입니다.

◆ 에필로그 ◆

내가 '지금', '여기에서' 무엇을 하고 있는지
아는 것이 중요합니다

나도 전에는 바빠서, 시간이 없어서 수행하지 못한다고 생각했던 적이 있었습니다. 그러나 지금은 그렇게 생각하지 않습니다.

수행이 안 될 때는 안 되는 이유가 분명히 있습니다. 정말 수행을 하고 싶다면 그 이유부터 찾아야 합니다. 수행이 안 될 때는 시간이 없어서 또는 바빠서가 아니라 수행하는 시스템이 안 잡혀 있기 때문입니다.

수행하는 시스템이 잡혀 있으면 언제 어디서나 수행이 가능합니다. 조계종 종정이신 법전 스님이 한국전쟁 때 해인사에 계셨는데 그때는 총소리를 들으면서 참선을 하셨다고 합니다. "그때 참선 외에 뭘 하겠느냐."고 말한 법전 스님의 인터뷰 기사가 기억이 납니다.

나는 가능하면 아침에 눈을 떠서부터 밤에 잠잘 때까지 마음을 챙기려고 노력합니다. 세수하고, 양치질하고, 밥을 먹고, 걷고, 용변보고,

말할 때, 무엇을 볼 때, 들을 때 가능하면 내 자신의 몸과 마음에서 일어나는 현상을 관찰하려고 합니다.

현재 순간에 마음을 챙기는 것의 장애물은 생각입니다. 생각은 주로 과거와 미래에 우리의 마음이 가 있을 때 일어납니다.

현재에 마음을 챙기다가 생각이 일어나면 생각이 일어난 것을 알아차립니다. 그러면 생각의 힘이 약해져 생각에 빠져들지 않고 생각이 올라오기 전에 집중했던 것으로 돌아올 수 있습니다. 이렇게 현재에 집중해 머물 수 있으면 고통이 많이 줄어들게 됩니다.

우리의 고통은 과거와 미래에 대한 생각에서 온다고 해도 과언이 아닙니다. 진료실에서 보는 환자들은 거의 과거나 그 과거를 보상하기 위한 미래에 살고 있는 사람입니다.

현재에 사는 것이 건강한 정신입니다. 현재로부터 멀어지면 멀어질수록 정신이 불건강하고 가장 멀어진 것이 정신병입니다. 스스로 만든 감옥에 갇혀 있는 것을 정신병이라고 볼 수 있습니다.

'현재(순간) 집중을 통한 생각 다스리기' 장에서 인용한 쌍윳따 니까야 『천신품』에 나오는 붓다와 천신의 대화를 보면서 상당히 놀랐습니다. 진료실에서 항상 환자에게 현재에 살 때 정신이 건강해지고 정신장애가 나을 수 있다고 말을 합니다. 그런데 붓다가 직접적으로 현재에 사는 것의 중요성을 강조한 것을 보고 현재에 사는 것의 의미를 더 깊이 생각해 보는 계기가 되었습니다.

내가 바쁜 생활 속에서 이 정도라도 수행을 할 수 있게 된 것은 위빠사나 수행을 접하고부터입니다. 2003년 여름에 한 달간 미얀마 찬메센타에서 수행을 하고 난 뒤 지금까지 나름대로 최선을 다해 수행을 하고 있습니다.

미얀마를 가게 된 것은 그 당시 수행이 잘 안 되었기 때문이었습니다. 수행을 해야지 하면서도 좌선을 하기 위해 앉아지지 않았습니다. 수행의 주제에 집중이 되지 않았습니다. 그래서 수행처에 푹 있다가 오면 수행 시스템이 생기지 않을까 하고 막연히 생각하고 있었습니다. 그러던 차에 우연히 위빠사나에 관한 책을 읽었고 한번 경험할 만한 수행이라는 생각이 들었습니다. 그래서 미얀마로 가서 단기 출가를 하였습니다.

위빠사나 수행은 몸과 마음에서 일어나는 것을 관찰하는 것입니다. 그렇다 보니 수행홀에서는 좌선과 경행 시의 현상을 관찰하지만 수행홀을 나서는 순간부터 일어나는 일상행위도 관찰의 대상이 됩니다. 걸을 때는 걷는 것을, 밥 먹을 때는 밥 먹는 것을, 샤워할 때는 샤워하는 것을, 화장실에서는 용변 보는 것을 관찰합니다. 모든 행위와 생각을 포함한 모든 정신작용이 관찰의 대상이 됩니다. 사실 좌선을 할 때 호흡을, 또는 호흡의 결과 배가 부르고 꺼지는 것을 관찰하는 것도 그것에 집중해서 관찰하는 것입니다. 마찬가지로 어떤 행위든지 집중해서 관찰하면 되는 것입니다.

이러한 경험을 통해 수행은 따로 시간을 내서 특별히 하는 것이 아니라는 것을 알았습니다. 수행처에 가지 않고도 온종일 수행할 수 있다는 희망이 생겼습니다.

수행의 본질은 현재에 집중하는 것이라고 생각합니다. 집중의 대상이 화두가 될 수도 있고, 염불이 될 수도 있고, 경전이 될 수도 있고, 일상생활이 될 수도 있습니다. 집중하여 딴 데로 정신이 가지 않으면 그 집중을 통해 우리는 사물의 본질을 알 수 있습니다.

내 경우 환자를 볼 때 환자에 집중하는 것이 바로 수행입니다. 오로지 환자에 집중할 때 내 마음속에 일어나는 것을 그대로 알 수 있습니다. 그때 그때 마음속에 일어나는 것을 보고 안 좋은 것이 있다면 그것의 영향에서 벗어나는 것 그 자체가 내 마음의 정화입니다. 이러한 작업은 자기 자신을 위해서도 좋지만 환자 치료에도 도움이 됩니다. 자신을 있는 그대로 보려는 노력은 중요합니다.

일상생활을 수행으로 생각하고 뭘 하든지 수행시간을 갖는 것으로 생각하면 재미없고 하기 싫은 것이 없어집니다. 예를 들면 설거지나 진공청소기를 돌리는 것도 그 행위에 집중하는 시간이 되기 때문에 의미 있고 소중한 시간이 되고 깨달음을 주는 시간이 됩니다. 공부하고 좌선하는 시간이나 청소하는 시간이나 본질적으로 똑같은 시간이 되니 차별이 없어집니다. 모든 것에 의미가 생깁니다. 걷는 시간도 마찬가지입니다. 걸을 때 일어나는 현상을 하나하나 관찰하고 느끼면서 걸으니 어디를 가든 싫지 않습니다. 그리고 기다리는 것이 없어집니다.

뭘 기다리는 것은 기다리는 대상은 좋고 현재는 좋지 않다는 것입니다. 예를 들면 방학이 기다려진다는 것은 학기 중인 지금은 좋지 않다는 것입니다. 그렇게 되면 인생이 피곤해집니다.

지금 할 수 있는 일을 하고 즐기고 의미를 찾는다면 기다리지 않게 됩니다. 신호등에서 파란불을 기다릴 것이 아니라 서서 호흡을 관찰하고 있다가 신호등이 바뀌면 가면 됩니다. 누구와 만날 약속을 했는데 내가 먼저 도착하면 그 사람이 올 때까지 내가 할 수 있는 일을 하면 됩니다.

지금까지 내가 하고 있는 일을 이야기했지만 과거를 되돌아볼 때 그렇게 쉬운 일이라고 말할 수는 없습니다.

수행을 포함해서 어떤 일을 꾸준히 하려면 뭐든지 그 일에서 맛을 봐야 하고, 또 어느 정도 해놓아 안 하면 아까울 정도가 되어야 합니다. 영어를 잘하려면, 영어를 하는 재미나 맛을 봐야 되겠지만 또 한편으로는 지금까지 한 영어가 아까워서라도 계속해야 할 정도로는 해놓아야 합니다.

이처럼 수행도 큰 용기를 내어 나름대로 최선을 다해 수행의 즐거움도 맛보고, 어느 정도 해서 안 하면 아까울 정도가 되면 언제 어디서건 하게 되지 않을까 합니다.

참고로 하루 일과를 명상 중심으로 짜보면 다음과 같습니다. 좌선과 보행명상과 같은, 형식을 갖추어서 하는 명상은 출근이나 일상생활을 시작하기 전이나 끝난 후에 정기적으로 하면 좋습니다. 예를 들어 아침에 출근하기 전에 만약 30분을 명상을 위한 시간으로 낼 수 있다면 처음 10분은 보행명상을 하고 나머지 20분은 좌선을 합니다. 한 시간을 낼 수 있다면 처음 30분은 보행명상을 하고 나머지 30분은 좌선을 합니다. 보행명상과 좌선의 시간 비율은 일대일이거나 좌선을 조금 많게 잡으면 됩니다. 그러나 사람에 따라서는 보행명상이 잘 되는 경우는 보행명상을 좀 더 잡아도 됩니다.

보행명상을 좌선보다 먼저 하는 이유는 명상을 처음 시작할 때는 마음이 산만할 수 있기 때문입니다. 보행명상은 좌선보다 움직임이 커서 집중이 잘 되어 잠도 안 올 수 있고 마음을 빨리 가라앉힐 수 있습니다. 그런 후에 좌선을 하면 호흡과 같은 보다 미세한 명상대상에 잘 집중할 수 있습니다.

보행명상을 할 때 허리는 펴고, 눈은 180센티미터나 2미터 정도 앞에 시선을 두면 됩니다. 눈을 그냥 가볍게 그 정도 거리에 둔다는 느낌으로 두면 됩니다. 의식은 걷는 동작 하나하나에 가 있습니다. 손은 앞이나 뒤로 겹치면 됩니다. 그리고 최대한 천천히 걷는 것이 좋습니다. 걷는 동작 하나하나를 놓치지 않고 알아차리려면 숙달이 되기 전까지는 천천히 하는 것이 좋습니다. 만약 보행명상을 10분 하는 경우에는 처음 5분은 오른발, 왼발에 집중하면서 천천히 걷는 것이 좋습니다. 오른발이 나가면 오른발에 집중하면서 걷고, 왼발이 나가면 왼발에 집중하면서 걸으면 됩니다. 그 다음 5분은 3단계 걷기에 집중하면 됩니다. 우리가 걸을 때, 자세히 보면 발을 들고, 내딛고, 내려놓습니다. 이것이 3단계입니다. 걸으면서 발을 드는 것을 알면서 들고, 발을 내디디는 것을 알면서 내딛고, 발을 놓는 것을 알면서 놓습니다. 보행명상을 10분만 할 때는 이렇게 하는 것이 좋습니다.

보행명상이 익숙해지면 이 3단계 걷기에 '의도'를 알아차리는 것을 추가합니다. 발을 들기 전에 먼저 발을 들고자 하는 의도가 항상 있습니다. 그것을 알아차리면서 발을 들고, 발을 내디디려는 의도를 알면서 내딛고, 발을 놓으려는 의도를 알면서 놓습니다. 보행명상이 익숙해지고 30분 정도 보행명상을 할 수 있으면 5분은 오른발, 왼발을 알아차리면서 걷고, 10분은 3단계 걷기를 하고, 나머지 15분은 의도를 알아차리는 3단계 걷기를 하면 됩니다. 보행명상을 할 때 명칭을 붙이는 것도 도움이 됩니다. 예를 들면, 발을 들 때는 '듦' 하고, 내디딜 때는 '내디딤', 놓을 때는 '놓음', 발을 들려고 할 때는 '들려고 함' 등으로 이름을 붙이면 됩니다. 이름을 붙이는 것이 어색하고 명상에 방해가 되면 이름을 붙이지 않으면 됩니다.

걸을 때 걷는 동작을 관찰하는 데 생각이 나면 생각이 난 것을 알아차리고 다시 걷는 동작으로 돌아가면 됩니다. 생각뿐만 아니라 가려움이나 통증이 있어도 그것을 알아차리고 다시 걷는 동작으로 돌아오면 됩니다.

좌선은 보행명상 후에 하는데, 보행명상 후 좌선으로 옮길 때, 보행명상을 하면서 생긴 집중되고 고요한 마음을 좌선으로 연결시키도록 해야 합니다. 좌선은 허리를 펴서 앉는 것이 가장 중요합니다. 다리는 자신에게 편한 자세로 하는 것이 좋습니다. 보통은 다리가 서로 겹치지 않게 놓고 앉으면 다리가 저리지 않고 비교적 오래 앉아 있을 수 있습니다. 손은 양손을 겹치게 해도 되고 양 무릎 위에 놓아도 됩니다. 자신에게 가장 편한 자세를 취하면 됩니다. 그리고 눈은 감습니다. 물론 보행명상을 할 때는 눈을 뜹니다. 좌선을 할 때 눈을 감아도 마음의 눈으로 활발히 호흡 등의 현상을 관찰하기 때문에 잠이 오거나 졸리지 않습니다.

좌선을 할 때는 호흡을 주로 관찰합니다. 코에서 숨이 들어가고 나오는 것을 관찰할 수도 있고, 호흡을 할 때 배가 들어가고 나오는 것을 관찰할 수도 있습니다. 어느 것이든지 관찰하기에 편안한 것을 택하면 됩니다. 이렇게 호흡을 관찰하는 동안 생각이 떠오르면 생각을 알아차리고 다시 호흡으로 돌아옵니다. 만약 가렵거나 다리가 저리면 그것을 알아차리고 다시 호흡으로 돌아옵니다. 그런데 다리가 저린 것이 계속 느껴지면 저린 것을 관찰 대상으로 해서 저린 것을 있는 그대로 알아차립니다. 좌선을 하는 동안 허리가 구부러져서 펴는 것을 제외하면 몸을 움직이지 말고 일어난 느낌을 그대로 관찰합니다.

보행명상과 좌선을 끝내고 난 뒤 잠시 자애명상을 하는 것이 좋습니다. 자애명상은 이 책의 '자애명상으로 분노를 다스린다' 장에서 말한 대로 하면 됩니다.

다시 간단하게 설명하겠습니다. 먼저 나 자신에 대해 '원한이 없기를, 악의가 없기를, 근심이 없기를, 고통이 없기를, 행복하기를' 기원합니다. 나를 괴롭히고 나에게 해로운 원한, 악의, 근심, 고통이 없이 내가 행복하기를 진정으로 바랍니다. 그 다음에 좋아하는 사람, 무관한 사람, 원한 맺힌 사람에게 똑같이 합니다. 자기 자신이나 좋아하는 사람, 무관한 사람을 대상으로 자애명상을 할 때는 별 문제가 없습니다. 그러나 싫어하고 원한이 있는 사람에게는 잘 되지 않습니다. 그럴 때 『청정도론』에 나오는 화를 극복하는 열 가지 단계적인 방법을 기억하여 해결합니다. 일상생활을 하면서 힘든 대상을 보거나 필요할 때 자애명상을 수시로 하면 좋습니다.

이렇게 보행명상과 좌선, 자애명상을 끝내고 일상생활에 들어가면 평소에 하듯이 보통의 속도로 다른 사람과 같이 생활을 하되 현재 하고 있는 일에 집중하면서 합니다. 밥 먹을 때는 밥 먹는 데 집중하고 남과 이야기할 때는 이야기하는 데 집중합니다. 그러다가 생각이 나면 그것을 알아차립니다. 그러고는 다시 하는 일로 돌아옵니다. 생활하면서 하는 일을 하나하나 관찰하는 것이 힘들면 처음에는 몇 가지를 정해 그것을 할 때는 꼭 집중한다고 정해놓는 것도 도움이 됩니다. 예를 들면 전화가 올 때는 꼭 집중한다든지, 문고리를 잡을 때, 또는 화장실에 갈 때, 양치질을 할 때, 걸을 때 등 그때만은 꼭 집중하는 것도 하나의 방법입니다. 그것이 되면 가능하면 온종일 하는 일에 집중하도록 합니다.

일상생활하면서 현재 하는 일에 집중하는 것을 놓치면 놓쳤을 때마다 카드 같은 데 표시하는 것도 도움이 됩니다. 일기처럼 매일 매일 기록하면 명상하는 것을 습관화하는 데 도움이 됩니다.

식사를 할 때마다 다음의 게송을 암송하는 것도, 먹을 때 먹는 것에 집중하고 적절히 먹는 데 도움이 됩니다.

'이 음식이 오기까지 도움이 된 모든 분과 자연에게 고마움을 표시합니다. 이 음식을 재미로, 중독이 되어서, 매력적인 몸을 만들기 위해 먹지 않고, 단지 생존하고 이 몸을 지탱하기 위해, 배고픔의 고통을 없애기 위해, 의미 있는 삶을 이루는 데 도움이 되기 위해 먹겠습니다. 그래서 이미 있는 배고픔의 고통을 없애고, 과식하여 새로운 고통을 만들지 않겠습니다. 내 자신을 유지하고, 허물이 없게 하고, 편안히 살

도록 노력하겠습니다.'

　자려고 누웠을 때는 '불면증을 다스리는 법'에 언급되어 있는 바디 스캔을 하도록 합니다.

　이렇게 아침부터 잘 때까지 순간순간 현재에 집중하려고 노력한다면 처음에는 힘들어도 오래지 않아 수행하는 시스템이 생길 것입니다.

　상처받은 마음의 치유를 위해 이런 수행을 꼭 실천해 보시길 바라며 글을 마칩니다.

정신과 의사가 붓다에게 배운
마음치료 이야기
ⓒ 전현수, 2010

2010년 5월 14일 초판 1쇄 발행
2025년 5월 23일 초판 15쇄 발행

지은이 전현수
발행인 박상근(至弘) • 편집인 류지호 • 편집이사 양동민
편집 김재호, 양민호, 김소영, 최호승, 정유리 • 디자인 디자인선재 • 일러스트 김성준
제작 김명환 • 마케팅 김대현, 김대우, 이선호, 류지수 • 관리 윤정안
제작 유권준, 김희준
펴낸 곳 불광출판사 (03169) 서울시 종로구 사직로 10길 17 인왕빌딩 301호
　　　대표전화 02) 420-3200 편집부 02) 420-3300 팩시밀리 02) 420-3400
　　　출판등록 제300-2009-130호(1979. 10. 10.)

ISBN 978-89-7479-579-5 (03180)

값 17,000원

잘못된 책은 구입하신 서점에서 바꾸어 드립니다.
독자의 의견을 기다립니다. www.bulkwang.co.kr
불광출판사는 (주)불광미디어의 단행본 브랜드입니다.